MARTE Y VENUS

TRABAJA CONMIGO

MARTE Y VENUS:

INTELIGENCIA DE GÉNERO

BARBARA ANNIS
JOHN GRAY

TRABAJA CONMIGO
MARTE
Y VENUS:
INTELIGENCIA DE GÉNERO

OCEANO

Diseño de portada: Ramón Navarro
Fotografía de Barbara Annis: © Lederman
Fotografía de John Gray: cortesía del autor

TRABAJA CONMIGO
MARTE Y VENUS: INTELIGENCIA DE GÉNERO

Título original: WORK WITH ME. THE 8 BLIND SPOTS BETWEEN
    MEN AND WOMEN IN BUSINESS

Traducción: Enrique Mercado

© 2013, John Gray & Barbara Annis
c/o Guillermo Schavelzon & Asoc. Agencia Literaria
www.schavelzon.com

Primera edición en inglés por PALGRAVE MACMILLAN® en los Estados Unidos,
una división de St. Martin's Press LLC, N.Y.

D. R. © Editorial Océano de México, S.A. de C.V.
Blvd. Manuel Ávila Camacho 76, piso 10
Col. Lomas de Chapultepec
Miguel Hidalgo, C.P. 11000, México, D.F.
Tel. (55) 9178 5100 • info@oceano.com.mx

Primera edición: 2013

ISBN: 978-607-8303-25-0
Depósito legal. B-17412-LVI

Hecho en México / Impreso en España
Made in Mexico / Printed in Spain

9003622010713

A mi esposo, Paul Reed Currie, cuyo increíble apoyo,
amor e integridad siempre admiro y aprecio.
Y a mis maravillosos hijos, Lauren, Sasha, Stéphane y Christian;
mis hijos extra, Zachary, Kelly y Jeremy, y mis nietos, Colin,
Cameron, Alaia, Brydan, Jake, Riley y Grayson.
BARBARA

Con amor y afecto a mi esposa, Bonnie Gray, y a nuestras hijas,
Lauren, Juliet y Shannon. Su amor me ha ayudado a ser mejor
y a compartir lo que hemos aprendido como familia.
JOHN

Índice

Agradecimientos

Un agradecimiento especial a Lee Brower, quien tuvo la visión de introducir la idea de reunir a dos expertos globales para combinar sus reflexiones acerca de la vida de negocios y personal.

Gracias a nuestro editor, John Fayad, por su dedicación y trabajo arduo. Gracias también a los miles de hombres y mujeres que participaron en esta labor y que, aseguran, hizo una diferencia duradera en su vida. Gracias a Karen Wolny y el equipo de Palgrave Macmillan, y a nuestra agente literaria, Carol Mann, por llevar esta obra al mundo. Gracias asimismo a nuestros amigos, colegas y clientes por haber hecho tan grandes contribuciones en su esfera de influencia.

BARBARA ANNIS
Deseo agradecer a Lee Akazaki, Kenchiro Akiyama, Jane Allen, Jennifer Allyn, Shahla Aly, Greg Van Asperen, Beth Axelrod, Robin Baliszewski, Jim Beqaj, Jill Beresford, Gina Bianchini, Lynda Bowles, Stephanie Hanbury Brown, Woody Buckner, James Bush, Susan Cartsonis, Kenneth Chenault, Jennifer Christie, Judy Dahm, Christa Dowling, Nancy Elder, Carol Evans, doctora Helen Fisher, Nancy Forsyth, Gaby Giglio, Ed Gilligan, Neena Gupta, doctor Ruben Gur, Bruce Haase, Nadine Hack, Irena Halsey, Jane Hewson, Jan Hill, Arianna Huffington, Swanee Hunt, doctor Joseph Jaworski, Elisabeth Jensen, Sonya Kunkel, doctor George Labovitz, Stan Labovitz, Carolyn Lawrence, Bruce Leamon, Chuck Ledsinger, doctora Marianne Legato, Maria LeRose, Pernille

Spiers-Lopez, Renee Lundholm, Anne Madison, Susanna Margolis, Marguerite McLeod, Ramón Martín, Graciela Meibar, doctor Keith Merron, doctora Anne Moir, Betsy Myers, Lisa Olinda, Hubert Saint-Onge, Paola Corna Pellegrini, Kerrie Peraino, Phyllis Stewart Pires, Allison Pogemiller, Alan Richter, Eiko Saito, Nicole Schwab, Maria Shriver, doctora Janet Smith, Jim Hagerman Snabe, Val Sorbie, Erin Stein, Claudia Studle, Kate Sweetman, Aniela Unguresan, doctor Karin Verland, doctora Elena Vigna, Lara Warner, James Ward, Donna Wilson, Marie Wilson, Oprah Winfrey, doctora Sandra Witelson, Anka Wittenberg y Janet Wood.

Gracias especiales a John Hart, director general del Gender Intelligence Institute y el Impact Center, cuya dedicación y compromiso con la promoción de la inteligencia de género y el liderazgo cooperativo va de la Casa Blanca a nuestros poderosos líderes emergentes.

A las fabulosas y muy comprometidas líderes y empleadas del Women's Leadership Board, Harvard Kennedy School; el Gender Equality Project Geneva, me siento honrada de participar con ustedes en la creación de un mundo donde hombres y mujeres sean valorados por igual y respetados en todos los aspectos de la vida económica, política y social; los extraordinarios miembros del consejo del Institute for Women's Studies in the Arab World (iwsaw) de la Lebanese American University en Beirut, Líbano, por sus perdurables aportes al empoderamiento de las mujeres en el mundo árabe a través del desarrollo, programas y educación, y todas las organizaciones y sus hombres y mujeres que abrazan la inteligencia de género con el deseo de trabajar y triunfar juntos, como American Express, Bentley University, Blake, Cassels & Graydon, bmo Financial Group, Choice Hotels International, cibc, Costco, Crayola, Credit Suisse, Danish ceo Network, Deloitte, el Departamento de Justicia, el Departamento de Defensa Nacional, Deutsche Bank, Disney, Dove-Unilever, eBay, EDS, Electrolux, Federal Business Development Bank, Financial Times, Ford Motor Company, Fordham University, Goldman Sachs, Goodman & Carr, Greenberg Traurig, Harvard University, hsbc Bank, IBM, ikea, Imperial Oil, Industry Canada, Kellogg's, kvinfo, Johnson & Johnson, Lever Ponds, Levi Strauss, Mattel, McDonalds, Microsoft,

Molson, Motorola, National Defense Canada, Nissan, Novartis, Oliver Wyman, Pax World, Pearson Education, Pfizer, Prentice Hall, PricewaterhouseCoopers, RBC Financial, RBC Investment Group, SAP, Scotia Bank, SMBC, Sunlife Insurance, Swedish Chamber of Commerce, Symcor, Tambrands, Toshiba, Treasury Board, UBS Investments, Unilever, Wells Fargo Women of Influence, Wood Gundy Securities, Xerox y Xstrata.

JOHN GRAY

Gracias a mi esposa, Bonnie Gray, por su continuo amor y apoyo en nuestra relación personal, así como en la oficina, donde sigue actualizándome sobre cómo apoyar a las mujeres con las que trabajamos. Gracias también a nuestras tres hijas y sus respectivas parejas: Shannon y Jon, Juliet y Dan, y Lauren y Glade, y a nuestros adorables nietos, Sophia, Bo, Brady y Makena.

Muchas gracias a mi equipo, que hace posible este trabajo. A mi asistente ejecutiva, Hallina Popko; Jon Myers, director de mercadotecnia de MarsVenus.com; Marcy Wynne, directora de servicio al cliente; Glade Truitt, directora de producción de video de mi blog diario en internet; Jeff Owens, director de AskMarsVenus.com; Rich Bernstein, presidente y director de MarsVenusCoaching.com y Mars Venus Coaching Training; Amy Kamstra, gerente de Mars Venus Coaching Trainings, así como a los siguientes Mars Venus Executive Coaches en todo el mundo: Karen Leckie, Lesley Edwards, Alan Ogden (Canadá), Rosa Botran (Guatemala), Jessy Keller (México), Dalal Al Janaie (Kuwait), Kal Sharaf (Jordania), Michele Festa, Caterina Tornani (Italia), Michael Kubina (Alemania), Nesan Naidoo (Australia), Niru Kumar (India), Melodie Tucker, Liza Davis, Susan Berke y Lyndsay Katauskas (Estados Unidos).

Adaptar el mensaje de Marte/Venus para vencer los retos de las muchas y muy diversas compañías y organizaciones que se enlistan en seguida afinó y dio forma a las ideas de *Trabaja conmigo* para mejorar la comunicación entre hombres y mujeres en su vida profesional y personal. Gracias a AIG Financial, Allstate Insurance, American Airlines, American Mothers Convention, America Online (AOL), American Society of

Bariatric Physicians, Anthony Robbins Company, ARCA Enterprises, AT&T, BermanBraun, Better Business Bureau, Boeing Company, Book Passage, Borders Bookstores, California's Women Conference, Central Intelligence Agency, Charles Schwab, Chopra Center for Wellbeing, Coca Cola Company, Commonwealth Bank, Commonwealth Club, Coors Brewing Company, Crucial.com, Daimler-Chrysler, Dr. Oz and ZoCo Productions, Emerson University, eWomen Network, EXL, Ford Australia, Ford Motor Company, Governor of Utah Marriage Day, Harvey Mackay Roundtable, IBM, ICMI Speakers Bureau-Australia, Isagenix, Johnson and Johnson, Kmart, Kuwait Oil Company, Lifestyle Medicine Summit, Lucent Technologies, Luxor, McDonald's, Merck Pharmaceuticals, MGM Resorts International, Microsoft, Mortgage and Finance Association of Australia, National Association for Hospice and Home Care, National Broadcasting Company, National Institute of Standards and Measurements, National Public Radio, National Speakers Association, Natural Factors, Nightingale Conant, Nokia, Oprah Winfrey and Harpo Productions, Oracle, Pachamama Alliance, Parker Chiropractic Seminars, Pat Vitucci and Associates, Peak Potentials, Pollack PR Marketing Group, Preferred Nutrition, Princess Cruise Lines, Public Broadcasting Service, Rotary Club, Sheraton Towers International, Smart Marriages, Society For Human Resource Management, Sony Pictures, Stanford University, Suisse Vitamins, Summit Entertainment, Suzanne Somers, TED, Toyota Australia, Toys "R" Us, Transformational Leadership Council, U.S. Army, Wal-Mart, Walt Disney Corporation, WPO/YPO y YourTango.

Introducción

¿**A**lguna vez te has sentido como en las frases siguientes** u oído comentarios como éstos de amigos o compañeros de trabajo?

> "Estoy cansada de que me excluyan y no se tomen en cuenta mis ideas."
>
> "Ser el mejor candidato para el puesto no significa nada en este sitio."
>
> "Debo tener mucho cuidado con lo que digo y hago."
>
> "No puedo actuar como no soy, y no lo haré."

O tal vez los escenarios siguientes te describan a ti, o a alguien que conoces.

Susan se graduó como la mejor de su grupo de maestría en administración de empresas, y consiguió un puesto bien remunerado en una empresa importante. Le gusta mucho colaborar. Se distingue por crear alianzas y desarrollar las relaciones consecuentes. Esto puede verse en su cada vez más amplia base de clientes. A la gente le gusta hacer negocios con ella.

Ahora Susan intenta, en vano, amoldarse a los hombres de su oficina. No tenía idea de que la cultura de su empresa fuera tan competitiva. Las cosas no eran así en la universidad. No cree tener posibilidades reales de ascenso, pese a sus contribuciones. Harta de sentirse poco valorada y excluida, está buscando empleo en una compañía en la que se le reconozca y se le brinde espacio para desarrollarse.

A Bill le gusta mucho competir. Para él, trabajar es como una justa deportiva cotidiana, y el almuerzo el medio tiempo. Él es bueno para la planeación estratégica, y un hombre de acción. Está en su elemento cuando trabaja y resuelve problemas solo. Sus evaluaciones de desempeño reflejan sus logros. La compañía valora mucho sus esfuerzos.

Pero a Bill se le dificulta trabajar en equipo y esperar a que se tomen decisiones. Y ahora ya no se le permite trabajar independientemente y actuar en formas que otros consideran "demasiado rápidas e intempestivas". Cree haberle dicho algo incorrecto en la última reunión a una de las ejecutivas, pero no sabe qué fue. Se siente malinterpretado. Titubea; percibe algo, pero no sabe cómo corregirlo.

Los autores de este libro solemos oír comentarios y casos como éstos en nuestros talleres y seminarios. Conocemos a Susan y a Bill. Son individuos reales, y no son los únicos. Hay millones como ellos, estancados, frustrados o a punto de dejar su empleo, y no a causa de sus aptitudes, sino porque no saben cómo trabajar eficazmente con personas del género opuesto.

Todos queremos trabajar más exitosamente unos con otros, pero no sabemos cómo hacerlo. No entendemos por qué las mujeres u hombres con quienes laboramos se comunican, resuelven problemas, toman decisiones y lidian con el estrés como lo hacen. Tal vez mujeres y hombres vemos lo mismo, pero a través de lentes completamente distintos, a menudo pensando y hablando sin tomarnos en cuenta unos a otros.

La opinión imperante de que hombres y mujeres no son diferentes entre sí, tienen las mismas aspiraciones y deben alcanzar sus metas de la misma manera es justo el motivo de que hoy experimentemos un colapso cultural, y no el avance en igualdad que esperábamos para este momento.

En nuestra ciega búsqueda de la igualdad de género, nos metimos en un callejón. Al querer que las mujeres actuaran menos como ellas mismas y más como los hombres, y al reprobar a los hombres por comportarse como tales, pusimos en marcha un ciclo perpetuo de comunicación anómala y malentendidos. No estamos siendo auténticos unos con otros, y menos aún con nosotros mismos.

Confluencia

Las revelaciones suelen colocarnos en caminos que nos llevan a mayores descubrimientos, y a veces a sinergias asombrosas.

Como autores que se desenvuelven en campos similares, conocemos muy bien nuestros respectivos trabajos. El mensaje de John Gray en su libro pionero *Los hombres son de Marte, las mujeres son de Venus* tuvo impacto global. Mediante historias y ejemplos con los que la gente podía identificarse, él reveló por qué y cómo mujeres y hombres se comunican, piensan, sienten y reaccionan de modo diferente, lo que mejoró miles de relaciones y salvó matrimonios. De igual manera, Barbara Annis, en su labor sobre la inteligencia de género y el liderazgo incluyente, promovió un cambio transformacional en las actitudes culturales ante la importancia de la unidad de los géneros para el éxito personal. Su libro *Same Words, Different Language* (Mismas palabras, lenguaje diferente) ayudó a hombres y mujeres orientados a su carrera a eliminar obstáculos de desarrollo profesional y satisfacción personal y a descubrir un nuevo nivel de conversación y colaboración.

Juntos, como autores, descubrimos que nos dirigíamos a los mismos individuos, aunque en dos terrenos distintos: ayudar a hombres y mujeres como compañeros de trabajo, unidos por el deseo de tener éxito, a hallar más comprensión y éxito en su vida laboral, y ayudarlos como pareja, unidos por el deseo de amar, a hallar más comprensión y confianza en su vida personal.

Lo que nos hizo confluir, y el motivo de que hablemos juntos en este libro, fue el hecho de que esos dos mundos —nuestras dos vidas— ya no están tan separados como lo estaban cuando iniciamos nuestro respectivo viaje.

En paralelo con el deseo de hombres y mujeres de comprender y ser comprendidos en el trabajo y el hogar está una necesidad creciente de hallar congruencia en la vida laboral y personal. Buscamos formas de orquestar nuestro trabajo, relación y responsabilidades de tal manera que todos se sientan reconocidos y realizados. Pero con frecuencia no percibimos las necesidades y expectativas de los demás, y solemos ser incapaces de expresar y satisfacer nuestras propias necesidades.

Advertir nuestros puntos ciegos

Cuando conducimos un automóvil, nuestros espejos laterales y retrovisor no revelan todo lo que necesitamos ver. Tenemos puntos ciegos, y volteamos para no pasar nada por alto. No oponemos resistencia al hecho de que tenemos puntos ciegos ni negamos que existen; aceptamos su presencia, y hacemos cuanto podemos para mejorar nuestra visión. Actuamos así para no poner en riesgo a los demás; por deferencia a quienes nos rodean; para cuidar de nosotros mismos.

Muy similares son las obstrucciones que impiden a hombres y mujeres ver al otro género bajo la luz más clara y mejor posible —lo que nosotros llamamos "puntos ciegos de género"—, suposiciones incorrectas tanto de hombres como de mujeres, un bagaje estereotipado que sigue causándonos una mala comunicación y exacerbando nuestros malentendidos.

Hombres y mujeres quieren verse con claridad unos a otros, pero no saben interpretar con acierto al género opuesto. No pueden comunicarse de modo convincente. No saben cómo o para qué escuchar. Hacen su mejor esfuerzo por trabajar eficazmente juntos y hallar mayor satisfacción en su vida personal, pero se quedan cortos en muchos sentidos.

El propósito de este libro es exponer y eliminar de una vez por todas nuestros puntos ciegos de género. Ya es hora de un cambio cultural en nuestra manera de pensar. Lo que necesitamos hoy más que nunca es un nuevo nivel de conciencia y atención a nuestras necesidades mutuas, una comprensión profunda que nosotros llamamos "inteligencia de género".

Desarrollo de la inteligencia de género

¿Qué entendemos por "inteligencia de género"? Un conocimiento intrínseco de la naturaleza de hombres y mujeres más allá de lo físico y lo cultural. Una comprensión y apreciación de nuestras diferencias. No suponer que todos somos iguales y tolerar nuestras diferencias cuando aparecen. Tampoco modificar nuestro comportamiento, o aprender nuevos que no son auténticos.

La inteligencia de género concede que el género está en función de la naturaleza y la educación, moldeado primero por la naturaleza y configurado después por la sociedad y la cultura. Sólo si comenzamos por entender la naturaleza de nuestras diferencias podremos hacernos una idea de cómo cultivarlas, desarrollarlas y complementarlas, en vez de negar e inhibir nuestra singularidad y la del otro género.

La principal queja de las mujeres en el trabajo es no sentirse valoradas o reconocidas, porque los hombres suelen juzgar mal sus intenciones, malentender sus actos y no admitir sus fortalezas. Y no es que ellos no quieran comprender; simplemente no saben cómo descifrar los pensamientos y actos de las mujeres. Lo mismo puede decirse de ellas. Suelen malinterpretar las intenciones y conductas de los hombres porque no comprenden qué los impulsa a pensar y actuar como lo hacen.

No sabemos cómo trabajar mejor con las mujeres y hombres en las oficinas y cubículos junto al nuestro, o en las salas de juntas, o en nuestros equipos, o en una comida, o con quien ocupa la oficina principal. Sentimos que debemos cuidarnos de lo que decimos, y a veces ni siquiera sabemos qué decir. Nuestro reto en el trabajo no es nuestra aptitud para ejercer nuestras labores, sino nuestra ineptitud para engranar auténticamente con el otro género.

La inteligencia de género permite a mujeres y hombres entender la manera de pensar y actuar de cada cual. Expone y elimina nuestros puntos ciegos. Nos eleva a un nuevo nivel de conversación. Y nos anima a incluirnos unos a otros y a trabajar conjuntamente con más seguridad y mejor disposición, no esperando que todos pensemos y actuemos igual, sino buscando y valorando la complementación de nuestras diferencias.

Trabaja conmigo revela, por primera vez, los resultados de más de cien mil afirmaciones cuantitativas y cualitativas de hombres y mujeres, obtenidas mediante una eficiente encuesta de diagnóstico personalizado que describe las actitudes francas de mujeres y hombres en el trabajo. Esta matriz predictiva analiza las respuestas de mujeres y hombres para revelar no solo cómo, sino también *por qué*, cada género valora y prioriza nociones específicas. El resultado es una incomparable base de datos de conocimientos sobre género, sin parangón en ninguna otra entidad actualmente involucrada en el estudio y reporte de cuestiones de género.

Surgidos de nuestros datos y compartidos en la primera parte de este libro, los ocho puntos ciegos de género son las principales suposiciones falsas y opiniones equivocadas que hombres y mujeres tienen entre sí, y que en muchos sentidos creen acerca de ellos mismos. En tales capítulos definiremos cada punto ciego usando nuestras propias investigaciones, tanto como los más recientes estudios de género de centros de investigación, consultorías y universidades importantes. De nuestros talleres y sesiones de *coaching* ejecutivo privadas, compartimos casos de negocios contemporáneos de hombres y mujeres atrapados en los puntos ciegos de género, informes reales como los de Susan y Bill que dan vida a los datos con los que tú puedes identificarte.

A todo lo largo de este libro atacaremos de frente el intenso debate sobre si nuestras diferencias de género son biológicas o sociales. Descubrimientos de neurocientíficos, biólogos y psicólogos han confirmado —sin lugar a dudas— que muchas de esas diferencias están determinadas por la estructura cerebral de hombres y mujeres, y que influyen en la manera en que cada género procesa información, racionaliza las situaciones, se comunica, toma decisiones, lidia con el estrés y engrana con el mundo.

Al explorar los ocho puntos ciegos de género, hallarás las respuestas a las preguntas clave que hemos formulado en los títulos de nuestros capítulos, interrogantes que exponen tanto puntos ciegos como sus fuentes de género. ¿Los hombres deben cambiar, escuchan y reconocen a las mujeres y de verdad son insensibles? ¿Las mujeres son excluidas, demasiado emocionales y hacen demasiadas preguntas?

Las mujeres no están tan satisfechas como los hombres en el centro de trabajo actual. De la sala del consejo a la de juntas y el centro de atención telefónica, ellas se sienten valoradas de manera diferente a los hombres. Se sienten subestimadas por sus ideas y excluidas de eventos y oportunidades de ascenso. Los hombres, por su parte, suelen sentirse a gusto en la cultura corporativa actual. Su punto ciego es no saber cómo su comportamiento en este entorno principalmente diseñado por hombres afecta a las mujeres, y el de ellas suponer que la conducta de los hombres es intencional.

Cómo queremos ser reconocidos suele reflejarse en la forma en que expresamos reconocimiento; es decir, tendemos a dar tal como esperamos recibir. Por esta razón, es importante entender cómo se sienten reconocidos los hombres, a fin de comprender por qué a menudo no expresan correctamente su reconocimiento a las mujeres. El punto ciego de los hombres a este respecto es suponer que las mujeres buscan reconocimiento por las mismas razones que ellos, suposición cuya falsedad demostraremos.

Hay muchos momentos de "¡ajá!" en nuestros talleres, y a muchos hombres les sorprenden los retos y barreras que las mujeres enfrentan a diario en el trabajo, obstáculos a su éxito profesional y personal. Las mujeres proceden rápidamente a enlistar sus desafíos, y hemos descubierto que la experiencia de sentirse excluidas suele encabezar su lista. Ellos expresan aprensión e incertidumbre, el hecho de que con frecuencia sienten que, en el trabajo, deben andarse con pies de plomo con las mujeres. Enlistaremos ejemplos de las situaciones en las que los hombres dicen sentirse más incómodos y tener el cuidado extra de no ofender o provocar reacciones no deseadas.

El estereotipo de que las mujeres "hacen demasiadas preguntas" es tan antiguo que hoy parecería que los hombres hacen más por controlar esa inclinación que por admitir su increíble fortaleza.

Lo que no cesa de asombrarnos son las semejanzas de los retos que enfrentan las mujeres al trabajar con hombres. Más allá del país de que se trate, ellas suelen admitir que su principal problema es que los hombres no las escuchan. Ellos tienden a sorprenderse al oír esto, y su respuesta usual es: "¡Claro que escuchamos!". Aquí descubrirás diferentes modos de escuchar y cómo comunicar mejor que los otros han sido oídos.

Y, sí, las mujeres son emocionales, y tienden a expresar sus satisfacciones, pasiones y frustraciones más a menudo que los hombres. ¿Pero esto significa que son *demasiado* emocionales? Acerca de la cuestión de la insensibilidad, consideraremos las diferencias en el modo en que hombres y mujeres observan las cosas, la forma en que reaccionan a su entorno, su interés en los detalles y si el problema es olvido o indiferencia.

En la segunda parte del libro, "Desarrollo de nuestra inteligencia de género", compartiremos ejemplos de cómo mujeres y hombres están descubriendo maneras de trabajar juntos más eficazmente, y encontrando en ello satisfacción personal y una sensación de realización en su carrera.

A lo largo de este libro, los hombres descubrirán formas de inspirar confianza en las mujeres, y las mujeres de inspirar credibilidad en los hombres. Cada género hallará modos de tender un puente entre sus diferentes valores, y de complementar sus respectivas fortalezas manteniendo al mismo tiempo su autenticidad personal. Mujeres y hombres descubrirán cómo conseguir mayor armonía trabajo-vida y cómo reducir su estrés lo mismo en el trabajo que en el hogar.

Éste no es un libro de "colorea por números" que te dirá qué hacer en cada situación, para hacerte creer que posees plena inteligencia de género. Este viaje consiste, en cambio, en incrementar tu comprensión y conciencia personal, a fin de que el proceso de aprendizaje te resulte más auténtico. Consiste en ampliar tu inteligencia, volverte más atento y profundizar tu comprensión de cómo y por qué hombres y mujeres piensan y actúan como lo hacen.

Trabaja conmigo te permitirá asomarte a la mente del otro género y descubrir cómo dejar de malinterpretar y ser malinterpretado. Aprenderás a ponerte en los zapatos del otro género, a escuchar de verdad y a hacer entender tu mensaje más efectivamente.

Mayor comprensión sólo podrá llevar a mayor reconocimiento mutuo, y a la constatación de que nuestras diferencias de género pueden ser increíblemente complementarias. Las ideas obtenidas de este libro te enseñarán a dejar de culpar a los demás, a mirar por primera vez al otro género sin anteojeras, a valorarlo, a querer trabajar con él y a buscar mayor éxito y satisfacción en tu vida personal y laboral.

En nuestros talleres y seminarios, mujeres y hombres suelen preguntar cómo aparecen en su vida personal los puntos ciegos de género omnipresentes en su vida laboral. No sólo esperan aprender a tener más inteligencia de género en el trabajo, sino que también quieren entender cómo afectan los puntos ciegos de género sus relaciones fuera del trabajo. En este libro ofreceremos breves destellos del *lado personal* de la vida, y exploraremos el modo en que los puntos ciegos de género afectan la vida de la pareja, padres e hijos, y novios.

Descubrirás asimismo que, una vez emprendido este viaje, querrás que la inteligencia de género sea una búsqueda constante. Te verás preguntándote a menudo: "¿Estoy usando mi inteligencia de género?". Buscarás sin cesar oportunidades de llegar más hondo en ti y hallar maneras de compartir tu auténtico yo con el otro género.

Comencemos ahora este viaje juntos.

1 ¿De veras somos iguales?

Lorenzo, banquero de inversión durante más de veinte años, dirige una rentable sucursal en Dallas, Texas. Tiene un equipo excelente de empleados entregados, a quienes les gusta trabajar juntos. Judy, una de las dos mujeres de su equipo, siempre se ha sentido un poco incómoda con las ocasionales bromas, algo subidas de tono, de Lorenzo durante las reuniones de equipo, así como con sus cumplidos acerca de su atuendo, pero lo considera un buen jefe. Sin embargo, no sabe cómo retroalimentarlo. No sabe exactamente cómo decirle que su trato no le agrada, ni puede predecir cómo reaccionará. "Esto podría cambiar el curso de mi carrera", piensa.

Por correo electrónico, ella pide ayuda entonces al departamento de recursos humanos (RH), en Houston, y RH cumple su función presentando un informe sobre Lorenzo y poniéndose en contacto con el departamento legal. Ambos departamentos se reúnen con Judy, y en su empeño por llegar a una solución ortodoxa, la reubican en otra sucursal, resultado que ella no esperaba y que, por supuesto, tampoco Lorenzo quería, ya que Judy era una de sus colaboradoras más eficientes.

El viaje de quince minutos al trabajo se convierte ahora para Judy en un trayecto de dos horas, tiempo diario de traslado más que suficiente para reflexionar en lo ocurrido y en la razón de que todo se haya desencadenado tan rápido.

Ante la necesidad de desahogarse, Judy cuenta su caso a un amigo abogado. Él le sugiere que tiene excelentes argumentos contra Lorenzo y la anima a demandar a la compañía. Judy sigue su consejo, gana el pleito, acepta una suma no revelada y se retira.

Todo esto confunde a Lorenzo. "No creí hacer nada malo. No era mi intención perjudicar a nadie." La compañía afronta lo único que puede hacer y lo despide. La posibilidad de que él consiga otro empleo es nula ahora, con esa acusación de acoso sexual en su historial. ¡Su carrera está acabada! Él pregunta a su abogado personal si tiene argumentos a su favor y termina demandando a la compañía por no haberle ofrecido suficiente capacitación en acoso sexual. Lorenzo gana el juicio y se retira.

Él ignoraba que sus palabras tuvieran tal efecto en Judy. No era su intención insultarla ni "cosificarla sexualmente", tal como se afirmó en el tribunal. "¡Creí que la halagaba, que la hacía sentirse bien consigo misma!"

Judy sabía que él no pretendía acosarla. Ella quería conservar la relación y su empleo, y no ofender a Lorenzo, pero se sentía incómoda y no sabía cómo decírselo. Su petición de apoyo a RH puso en marcha una maquinaria litigiosa que resultó en un costoso arreglo para la compañía, la salida de Lorenzo y el atascamiento de Judy en el tráfico.

¿Por qué esto debería importarnos?

Considerando los costos, muchas compañías tienen razones de sobra para temer juicios por acoso sexual. Hoy los demandantes reciben en promedio doscientos cincuenta mil dólares si ganan el caso. Además, la compañía acusada tiene que pagar todas las costas legales. Un arreglo puede costar a una empresa decenas de miles de dólares, ¡pero un veredicto en contra puede significarle millones!

La U.S. Equal Employment Opportunity Commission (Comisión Estadunidense de Igualdad de Oportunidades en el Empleo) ha recibido un promedio de doce mil demandas de acoso sexual cada año en los últimos diez. Tomando en cuenta la amplia extensión de los programas de capacitación en diversidad desde la década de 1990, sería de esperar que ese número hubiera disminuido. Cada año, la mitad de tales acusaciones se desechan por falta de "causa razonable". Las que prosperan cuestan a los patrones aproximadamente cincuenta millones de dólares anuales.[1]

Luego están los costos personales. Las compañías adoptan políticas para impedir toda posibilidad de mala conducta, como prohibir a supervisores reuniones a puerta cerrada con subordinadas. A los hombres les incomoda viajar o tener incluso una comida de negocios con una colega. No quieren que sus intenciones, en *cualquier* conducta, sean malinterpretadas. La triste ironía es que la imposibilidad de reunirse en privado, o viajar con el jefe u otros colegas, puede limitar las oportunidades de desarrollo profesional de una mujer.

Por qué fracasó la equidad de género

El caso de Lorenzo y Judy es real, aunque nombres y lugares fueron alterados para proteger la identidad de los involucrados. Pero señala lo ciegos que hombres y mujeres son ante las intenciones y expectativas de la otra parte en los centros de trabajo de hoy. Es indudable que existen conductas inapropiadas. Aun así, gran parte son involuntarias, resultado de malentendidos y comunicación anómala entre hombres y mujeres, que no tienen idea de por qué el otro género piensa y actúa como lo hace.

En nuestros talleres de inteligencia de género y mediante encuestas a profundidad en los últimos veinticinco años de más de cien mil hombres y mujeres sobre cuestiones de género en el trabajo, hemos descubierto que no es que los hombres no quieran comprender, sino que simplemente no saben *cómo* interpretar los pensamientos y acciones de las mujeres. Lo mismo puede decirse de ellas. Tienden a malinterpretar las intenciones y actos de los hombres, pero creen saber qué causa que piensen y actúen como lo hacen.

En realidad, hombres y mujeres no suelen saber cómo actuar con la otra parte y cómo reaccionar ante ella. Muchos hombres admiten no entender a las mujeres. El comportamiento masculino es más predecible, pero no entender o no hacer el esfuerzo de entender puede llevar a evitación, y a un trabajo insatisfactorio en común. Tanto hombres como mujeres dudan a menudo para decir lo que piensan o para actuar en formas que consideran auténticas.

DATOS DE GÉNERO[2]

- Nueve por ciento de los hombres dice "entender a las mujeres".
- Sesenta y ocho por ciento de las mujeres dice "entender a los hombres".

En nuestros talleres, *las mujeres suelen decir*:

- "Los hombres tienden a tomar decisiones rápidas. Yo preferiría que se hablara más del tema."
- "Él no puede dejar de ver su computadora cuando le hablo."
- "Me gusta hacer preguntas. Esto no significa que sea indecisa o poco comprometida."

Los hombres suelen decir:

- "Por lo general estoy en mi elemento cuando puedo pensar y trabajar solo."
- "Las mujeres de mi equipo hacen muchas preguntas, lo que comúnmente entorpece el avance."
- "Tiendo a abstenerme de dar retroalimentación crítica a las mujeres."

Un problema grave es que nos empeñamos demasiado en ser "iguales", lo que al correr de los años ha terminado por significar "actuar igual". Desde el movimiento por la igualdad iniciado a principios de la década de 1970, se nos ha condicionado a creer que hombres y mujeres piensan y actúan igual; pero cuarenta y tantos años después, es evidente que esto no ha dado resultado. No nos sentimos valorados ni reconocidos por lo que somos. Nos cuesta trabajo hacernos entender. Nuestras intenciones pueden ser buenas, pero con frecuencia se nos malinterpreta.

Estamos inhibiendo nuestra verdadera naturaleza y tratando de actuar igual en vez de actuar como nosotros mismos. Se nos alienta a competir, más que a buscar modos de complementarnos, y esto ha creado estrés innecesario e insatisfacción en nuestra vida laboral y personal.

El hecho es que hombres y mujeres somos diferentes. Hacemos diferente casi todo. Nos comunicamos, resolvemos problemas, priorizamos, tomamos decisiones, resolvemos conflictos, manejamos emociones y lidiamos con el estrés en forma diferente.

Una de las sesiones más reveladoras de nuestros talleres es cuando mujeres y hombres se dividen en grupos e identifican sus principales retos al trabajar con el otro género. Estando juntos, apenas si mencionan retos, pero sepáralos y la lista empezará de inmediato. Lo interesante es que, sea cual fuere el país, los retos que hombres y mujeres enfrentan al trabajar en común son prácticamente iguales. Hombres y mujeres del mundo entero comparten patrones similares de actitudes y comportamientos, pese a sus diferencias en formación, educación o cultura.

La idea de la equidad de género no está funcionando en ninguna parte, ni siquiera en la progresista Escandinavia, sede de algunos de los países más avanzados del mundo en equidad de género. Noruega, por ejemplo, fue uno de los primeros en adoptar leyes para obligar a las compañías a reclutar mujeres en los niveles directivos. Desde la década de 1980, esos países han dado el ejemplo en el otorgamiento de más derechos a las mujeres, como la opción de los horarios de trabajo más flexibles entre todas las naciones desarrolladas. Aun así, los países nórdicos siguen estando por debajo del promedio global en porcentaje de mujeres en alta dirección.[3]

Es fácil proclamar que "todos somos iguales" y proceder a tratarnos igual; pero una vez pasada la fiebre, hombres y mujeres seguimos malinterpretando y siendo malinterpretados por la otra parte. No nos valoramos mutuamente, y aún estamos lejos de descubrir que nos complementamos.

No somos iguales

Desde la década de 1990, investigadores en neurociencias han hecho grandes avances en la identificación de diferencias de género en la anatomía, procesos químicos y funciones cerebrales humanos. Estudios del cerebro de más de un millón de participantes, en más de treinta países, han demostrado concluyentemente que diferencias fisiológicas en los cerebros masculino y femenino influyen en el lenguaje, la memoria, la emoción, la visión, la audición y la orientación espacial.

Aunque somos biológicamente distintos, esto no quiere decir que un sexo sea superior o inferior al otro. Pero aun ante tantas evidencias científicas, muchos siguen creyendo firmemente que, aparte de la apariencia física y la capacidad reproductiva, hombres y mujeres son iguales. Sostienen que las diferencias de género en actitudes y conductas son mero resultado de la interacción en sociedades dominadas por hombres, y que esta dominación opresiva a lo largo de generaciones ha relegado a las mujeres a roles asistenciales específicos. Esto es como si ser biológicamente diferentes a los hombres sólo pudiera significar ser débiles o inferiores. La ciencia se utiliza de este modo para justificar la permanencia de las mujeres en roles de escaso valor, o "asistenciales".

Nosotros aceptamos que ha habido y sigue habiendo opresión en el mundo, de sutil a brutal. Considérese esto: en los últimos cincuenta años han muerto más mujeres por el simple hecho de serlo —en particular en China, la India y Pakistán— que todos los hombres caídos en las guerras del siglo xx.[4] Sin embargo, creemos que gran parte de la subestimación de las mujeres en el mundo se debe a la falta de "inteligencia de género".

La inteligencia de género es una conciencia activa que ve las diferencias de género como fortalezas, no como debilidades. Es la comprensión de que tanto la naturaleza como la educación desempeñan un papel importante en la vida de una persona. La medida en que nuestras diferencias son moldeadas por la biología o por la familia, la educación y la cultura no es una pregunta que pueda responderse fácilmente, ya que no existe una fórmula general aplicable a todos. El equilibrio de la influencia biológica y social es exclusivo de cada individuo y situación.

Continuar creyendo que las diferencias de género se deben total o aun predominantemente a la influencia social es negar nuestra naturaleza. Se nos ha condicionado a creer que hombres y mujeres somos iguales. Con frecuencia damos por sentado que el género opuesto piensa y actúa igual que el propio, y solemos subestimar las diferencias cuando aparecen.

Esperar semejanzas de más

De los ocho puntos ciegos de género en este libro, la creencia en la "igualdad" es el mayor obstáculo a una mejor visión recíproca. Ésa es la suposición de fondo en la mayoría de las expectativas falsas que hombres y mujeres tienen unos de otros, y la fuente de casi todos nuestros malentendidos y comunicación anómala.

Pese al hecho de que hoy las mujeres componen la mitad de los mandos medios en casi todas las industrias, el mundo laboral al que entran ha sido diseñado —en su mayor parte— por hombres para hombres. Considerados en conjunto, los hombres se sienten muy a gusto en ese entorno, y por lo general no perciben ninguna necesidad de cambio. Pero ese entorno suele ser incómodo para las mujeres, que prácticamente no tienen otra opción que adaptarse al estilo masculino de trabajar.

Los hombres no planearon intencionalmente eso como una forma de excluir a la mujeres. Simplemente, cuando hace generaciones se desarrolló la estructura corporativa, la mayoría de la fuerza de trabajo constaba de hombres. Así, ellos escribieron las reglas básicas de la práctica de negocios, las cuales han vuelto más efectivas y eficientes a lo largo de los años, en la conducción de equipos, manejo de juntas, priorización de asuntos y toma de decisiones. Aun cómo y dónde socializar después del trabajo —desde salidas a jugar golf hasta clubes para caballeros— se basa en las preferencias de los hombres.

En nuestros talleres tenemos por costumbre pedir a los hombres que reflexionen y hablen de sus reglas tácitas, las políticas y procedimientos en los que nunca pensarían si no se les pidiera hacerlo. He aquí una síntesis de lo que ellos tienden a identificar como sus códigos de conducta. Además, las reglas de participación en el trabajo son prácticamente las mismas, sea que los talleres se realicen en Denver, Dinamarca o Dubái.

- "El esfuerzo de que todos trabajemos juntos es relevante, pero lo que más importa son los resultados."
- "Ofrecer apoyo a un hombre es sugerirle que es incapaz. Dejarlo resolver solo las cosas lo hace más fuerte. Si necesita ayuda, la pedirá."
- "Si un hombre no habla en una reunión, no hay que obligarlo a hacerlo preguntándole: '¿Tú qué piensas?'. Si tiene algo que decir, lo dirá."
- "No muestres tus emociones. Esto significa que eres débil. Conserva la calma y la seguridad en ti mismo."
- "Negocios son negocios. No los conviertas en algo personal ni te los tomes personalmente."

Es difícil que los hombres quieran mejorar sus reglas. ¿Por qué habrían de hacerlo? Se sienten auténticos y motivados en su entorno, lo que revela otra importante regla suya: "Si no se ha roto, no lo compongas".

Al entrar a trabajar, las mujeres tienen dificultades para adaptarse a ese entorno. Preferirían que éste se adaptara a ellas, para poder sentirse auténticas y motivadas:

- "El viaje es tan importante como el destino. Si mejora el desempeño, se alcanzará la meta."
- "Ofrecer apoyo a una mujer la hace sentirse incluida, y le permite aportar algo a cambio."
- "A las mujeres les gusta que les pregunten: '¿Tú qué piensas?'. Esto las invita a compartir sus ideas."

- "Mostrar emociones no es mostrar debilidad. Las emociones son una fuente de fortaleza, y a menudo de pasión."
- "Las mujeres tienden a tomarse personalmente las cosas, y a interiorizarlas: '¿Qué pude haber hecho mejor?'."

Los hombres conocen las reglas, las cumplen todos los días y por lo general esperan que también las mujeres las cumplan. No son intencionalmente excluyentes o indiferentes, sólo que no saben que no saben.

Durante demasiado tiempo, la solución "somos iguales" a esto ha sido que las mujeres adopten la conducta masculina para encajar y avanzar en la jerarquía masculina. La mayoría de los programas de capacitación, talleres, seminarios y libros de tema corporativo se dedican a enseñar a las mujeres a pensar y actuar como los hombres para poder triunfar. Ejemplos de tales actividades de capacitación en conducta masculina se darán en capítulos posteriores. En uno de ellos se describirá una serie de programas de capacitación en asertividad diseñados para ejecutivas de Silicon Valley, en California, a principios de 2000; esa capacitación sacaba a relucir su agresividad más que su asertividad.

"¡Aquí veo sólo un modelo de liderazgo!"

Una candidata a la dirección general de una compañía de Fortune 100 asiste a un muy costoso curso de capacitación en liderazgo de cuatro días de duración, impartido por una prestigiada universidad del noreste de Estados Unidos. Ese mismo curso se ha ofrecido a ejecutivos y funcionarios durante más de treinta años, y ha sido objeto de algunas actualizaciones, con nuevos estudios de caso y desarrollo de rasgos de liderazgo.

La candidata a la dirección general y el instructor conversan antes de que principie el primer día de clases y ella dice: "He notado que los hombres y mujeres de mi equipo practican su liderazgo de diferente manera. ¿Aquí se explorarán diferencias de género en liderazgo en los próximos cuatro días? Casi la mitad de los asistentes somos mujeres, y aquí sólo veo un modelo de liderazgo, así como más tareas individuales que grupales".

El instructor contesta: "Nos concentraremos en los principios del liderazgo formal, como tener una visión, mostrar integridad, asumir la responsabilidad, consolidar la confianza y perseguir metas. Estos principios son compartidos por hombres y mujeres por igual".

Ella piensa: "Yo muestro mi integridad y consolido la confianza de otra manera. Y perseguir metas no es mi único interés. *Comparto* mi liderazgo. Estos cuatro días no están diseñados para eso".

Y tiene razón. Una encuesta reciente de McKinsey & Company entre nueve mil líderes del mundo entero, para medir la frecuencia de uso de las nueve conductas de liderazgo que mejoran el desempeño organizacional, reveló que mujeres y hombres exhiben fortalezas de liderazgo diferentes pero complementarias:[5]

Tabla 1.1

FORTALEZA DE GÉNERO	LOS NUEVE RASGOS DEL LIDERAZGO
Las mujeres aplican más que los hombres	• desarrollo humano • expectativas y recompensas • modelo a seguir
Las mujeres aplican ligeramente más que los hombres	• inspiración • toma participativa de decisiones
Mujeres y hombres aplican por igual	• estimulación intelectual • comunicación eficiente
Los hombres aplican más que las mujeres	• toma individual de decisiones • control y acción correctiva

Las cinco conductas que las mujeres aplican más o ligeramente más que los hombres —desarrollo humano, expectativas y recompensas, modelo a seguir, inspiración y toma participativa de decisiones— son cada vez más críticas para atraer y retener talento y crear una modalidad conjunta de liderazgo con la cual triunfar en un mercado diverso y global.

Setenta por ciento de los directores generales de las compañías encuestadas en este estudio de McKinsey admitieron que los altos ejecutivos de sus empresas carecían de esos cinco rasgos específicos. Es lógico, entonces, que sólo uno de cada cinco de esos ejecutivos hayan sido mujeres.

Subestimamos las diferencias

Cuando en nuestros talleres presentamos investigaciones científicas sobre el cerebro y damos ejemplos de cómo y por qué la biología cerebral desempeña una parte importante en la creación de nuestros pensamientos y acciones, hombres y mujeres por igual sienten un gran alivio. Esto se debe a que al fin comprenden que no hay nada *malo* en su naturaleza.

Los momentos de "¡ajá!" son asombrosos cuando ambos géneros se dan cuenta juntos —por primera vez— de que sus diferencias no son debilidades sino fortalezas, malinterpretadas, subestimadas y a menudo criticadas. Gran parte del estrés de la vida laboral y de la sensación de no realización se deben al intento de aplastar nuestras diferencias y actuar igual.

Hoy la mayoría de la gente se siente insatisfecha en su trabajo, y un estudio internacional de Gallup brinda una ilustración elocuente de lo baja que es en realidad la moral de los empleados. En ese estudio se interrogó a 1.7 millones de trabajadores de ciento un compañías de sesenta y tres países. Se les preguntó si "creían tener la oportunidad de hacer su mejor esfuerzo cada día" en su empleo. Sólo veinte por ciento opinó que tenía la oportunidad de poner en juego sus fortalezas y talentos personales en el trabajo.[6]

"Pasé quince años subiendo este escalafón"

Sophia, nueva vicepresidenta ejecutiva de diversidad global de una de las compañías de software más grandes del mundo, y Prianka, su vicepresidenta, pasaron un mes preparando su presentación al consejo de administración sobre sus planes de diversidad de género para la organización. Están orgullosas de las ideas creativas y programas de su equipo de recursos humanos, que podrían colocar a la compañía como líder en diversidad de la industria de software en los próximos diez años. Les emociona la oportunidad de discutir con el consejo los detalles de sus iniciativas.

Ambas vuelan a Europa desde la costa oeste de Estados Unidos para reunirse por primera vez con el jefe de Sophia, William, y presentarse ante el consejo. La mañana de la reunión, el jefe de Sophia le informa que él presentará los planes de diversidad. Durante su exposición, William pasa rápidamente por muchos de los matices y puntos importantes que ellas habían incorporado minuciosamente en el plan.

Las dos mujeres, sentadas en la segunda fila junto a la pared y no en la mesa, escuchan mientras el consejo, integrado exclusivamente por hombres, destroza su presentación y aborda de inmediato la oportunidad y costo del plan.

En el vuelo de regreso, ambas mujeres comparten su experiencia y lo que podrían haber hecho de otra forma para obtener un resultado distinto. Sophia comprende que todo se vino abajo cuando William dijo que él haría la presentación. "No tuvo fe en mí. Creyó que no sabría desenvolverme frente a un consejo integrado sólo por hombres."

Si Sophia hubiera sabido formular su conversación con William y hubiera insistido diciendo: "¡Dedicamos un mes, incluidos fines de semana, a armar esta presentación, y si nos permites darla haremos un trabajo notable!", tal vez habría podido obtener una respuesta diferente de William.

Por lo general, un hombre entiende un "no" como "¡todavía no!", y una mujer como "es definitivo". Quizá William supuso que si esas mujeres realmente creían en sí mismas, habrían insistido en presentar el plan.

Ésta es una variante de una de las reglas masculinas ya mencionadas. Al no objetar ni imponerse, es probable que a William le haya dado la impresión de que ellas no estaban preparadas o no se sentían lo bastante seguras para presentarse ante el consejo.

Los hombres no saben cómo van a entender sus acciones las mujeres, y ellas cómo serán interpretadas sus reacciones por los hombres. Un hombre supone que el efecto que tiene en una mujer es igual al que tendría en un hombre.

Si quienes elaboraron ese informe hubieran sido hombres, muy probablemente William no habría insistido en presentarlo. Pero de haber querido hacerlo por razones de control, aquellos dos hombres, sabiendo que podían hacer un buen trabajo, habrían insistido en presentarlo, y no habrían tomado de modo personal sino competitivamente la insistencia de William.

El punto ciego de William tuvo un impacto en esas dos mujeres. En el vuelo de regreso, Sophia dijo a Prianka que renunciaría a su nuevo puesto y dejaría la compañía. "Pasé quince años subiendo este escalafón, y sacrificando mi vida personal. Pasamos un mes trabajando en esa presentación, y quince horas de vuelo a cada destino, y ni siquiera se nos invitó a sentarnos a la mesa. No me siento valorada ni reconocida aquí."

Sin inteligencia de género, hombres y mujeres jamás entenderán ni reconocerán de verdad su auténtica y complementaria naturaleza. Así como ellos deben comprender cómo y por qué las mujeres piensan y actúan como lo hacen, ellas deben comprender lo mismo acerca de los hombres. Sólo mediante una introspección más profunda, y la revelación y eliminación de los puntos ciegos, hombres y mujeres podrán trabajar y triunfar juntos con seguridad en sí mismos y espíritu de cooperación. El modelo del pasado —equidad de género por medio de la igualdad en número y conductas— nos ha traído a la situación presente. La equidad de género en oportunidades y la valoración de nuestras diferencias nos harán realmente iguales.

Números

Desde la década de 1960, se ha alentado a más mujeres jóvenes a ingresar a las universidades y obtener licenciaturas, maestrías y doctorados. Algunos creían que si las universidades admitían y graduaban a más mujeres, la sociedad sería más equitativa. Las mujeres se graduarían, aplazarían el matrimonio, entrarían en muchos campos y avanzarían al liderazgo en equilibrio con los hombres.

¿Dónde nos encontramos ahora?

Desde 1982, la mayoría de los egresados de universidades estadunidenses han sido mujeres, las que han recibido la mayor parte de los títulos de licenciatura y posgrado. El año 2009 fue la primera ocasión en que se doctoraron más mujeres que hombres, con base en décadas de cambio, desde la de 1960, en la condición femenina en la educación superior estadunidense.[7] En América, Europa y Asia, hoy las mujeres tienen más años de escolaridad que los hombres, y en numerosos países el porcentaje de mujeres que asisten a escuelas técnicas y universidades es mayor que el de hombres.

Desde los años ochenta, mujeres han ocupado más de la mitad de los puestos de mandos medios en las compañías de Fortune 500. Pero en ese mismo periodo, de treinta años, el porcentaje de mujeres ascendidas a altos puestos siguió siendo bajo, y apenas si registró cambio alguno.

"A este paso, ¡estaré cerca de retirarme!"

Lois fue durante quince años gerenta de producto de una compañía de tecnología antes de que se le nombrara directora de desarrollo de productos de software. Había reclutado a universitarios en su departamento, y en menos de tres años se encargaba de que se les ascendiera por encima de ella, a direcciones y, de ahí, hasta altos puestos ejecutivos.

Una noche después del trabajo, ella conversa con una amiga:

—Invierto más tiempo y tengo más responsabilidades que casi todos en mi departamento. Dejé de lado mi vida personal y asumí la carga de trabajo de mi equipo. Cuando llegue a vicepresidenta, de ser el caso, estaré cerca de retirarme.

—Lamentablemente, quizá tu única manera de ascender sea salirte —sugiere su amiga.

—Me gusta trabajar con los ingenieros. Ellos me confían la representación de sus soluciones y la solicitud de recursos a la dirección. Prefieren resolver problemas que andar pidiendo presupuestos, y los entiendo. Para ellos sería una desgracia que yo me fuera.

Hoy, menos de veinte por ciento de los altos ejecutivos estadunidenses son mujeres, cifra no muy diferente al catorce por ciento de 1996. Menos de tres por ciento de los directores generales son mujeres, lo que no ha cambiado desde 1996. Globalmente, sólo veinte por ciento de los puestos de alta dirección son ocupados por mujeres.[8]

Durante más de treinta años hemos jugado a los números, tratando de atacar el problema del desequilibrio de género mediante el hecho de imponer políticas de acción afirmativa y estándares numéricos en las organizaciones. Pero esos esfuerzos no suelen durar. Las cuotas tienden a causar resentimiento en los hombres, que ven el proceso como inmerecido e injusto, y frustración en las mujeres, que acaban por marcharse, o se quedan y se desentienden, por no sentirse valoradas ni reconocidas en entornos corporativos dominados por hombres.

Muchas mujeres no experimentan satisfacción ni realización personal en su vida laboral, sensación que invade su vida privada y crea desequilibrios de tiempo. Sus niveles de estrés son imposibles de cuantificar, con tantas cosas que hacer y muy poco tiempo para cualquiera de ellas.

Aunque los hombres también sufren de escasez de tiempo, pueden aislar ideas en disputa más fácilmente que las mujeres, y concentrarse en sus necesidades una por una. El problema para ellos es que la presión de desempeño ha generado para muchos un desequilibrio perpetuo en su vida, una concentración casi exclusiva en el trabajo. La fuente de estrés para los hombres es tener que sacrificar su vida personal, trabajar mucho tiempo y ofrecer resultados.

"El mouse es mi cadena"

En un taller reciente, Kevin, que acaba de ser padre, empieza a describir la dicha de la paternidad, pero termina explicando lo difícil que le es hallar tiempo para su hija, ¡ya desde este momento!

"No puedo menos que llevarme trabajo a casa. Compito por mi puesto cada día, y necesito el par de horas extra después de cenar para terminar el trabajo inconcluso. Lo que más me preocupa es no poder pasar nunca tiempo de calidad con mi hija y mi esposa, pero tengo que echar esa preocupación de mi mente y mantenerme concentrado en la meta.

"No entiendo. Mi papá dejaba su trabajo en la oficina todas las noches, y llegaba a casa y pasaba tiempo con la familia. Jugaba golf cada fin de semana. Yo no puedo reservar seis horas *un* solo fin de semana. Pero él no tenía smartphone ni laptop con WiFi. Mi computadora es mi grillete, y el mouse mi cadena. Tengo que dar resultados por mi familia. Ni modo. Es lo que se espera de mí."

En 1980, sólo veinticinco por ciento de los hogares de América del Norte eran de parejas de carrera dual. Esa cifra es superior ahora a ochenta por ciento, igual a la proporción de ocho de cada diez en todo el mundo. Dos dinámicas impulsan ese aumento sostenido e irreversible en el número de mujeres que se integran a la fuerza de trabajo: la necesidad económica y la ambición femenina.[9]

Una visión de posibilidades

Imponer el cambio o idear planes de reclutamiento para "duplicar en cinco años el porcentaje de mujeres en la alta dirección" no garantizará mejores resultados sin más inteligencia de género. Las compañías que dirigen con inteligencia de género —enseñando a los hombres a entender el valor excepcional que aportan las mujeres y enseñando a las mujeres las razones de que ellos piensen y se comporten como lo hacen— tienen mucho más éxito en el ascenso al unísono de mujeres y hombres. Son más capaces de sostener el equilibrio de género en todos los niveles de la organización.

Las compañías que no entienden eso se están quedando atrás. Hoy, las jóvenes se niegan a aceptar las barreras del pasado. Quieren vivir con todo su potencial, y perseguirán sus intereses pese a cualquier obstáculo. No tolerarán que se les excluya o ignore, y buscarán organizaciones que respeten, empleen, desafíen y promuevan su inteligencia, talentos y habilidades.

"Ni siquiera llegué a la lista corta"

Antes de que Hannah se sentara siquiera en nuestra sesión de *coaching* privada, explicó, "en términos inequívocos", que intentar convencerla de no renunciar a su puesto era tiempo perdido, así que ésta estaba destinada a ser una entrevista postsalida. Hannah acababa de renunciar a su puesto como vicepresidenta de tecnología de información de una de las diez compañías de desarrollo de software más importantes del mundo. Con su antigüedad y logros, se habría pensado que ella sería la nueva directora de información, dado que su jefe se retiraría para fin de año.

"Yo fui quien dio el discurso de despedida en mi preparatoria, y luego terminé ciencias de la computación en Cal Tech", recordó. "A fines de los ochenta, había apenas un puñado de mujeres en la industria, rodeadas por jóvenes muy concentrados y detallistas llegados de todas partes, en particular la India y China. Yo me sentía a gusto en el lenguaje y la cultura nerds. Me parecían reales. Pero la programación pura me interesaba menos que el diseño y propósito; lo mío era ponderar los esfuerzos, el valor social.

"En la universidad había mucha más colaboración con los hombres del grupo de la que hay en nuestros equipos de desarrollo en el trabajo. Aprovechábamos las ideas y esfuerzos de todos y dábamos con las mejores soluciones. Me sentía incluida. Todos teníamos el respaldo de los demás.

"Me siento culpable por dejar mi puesto, pero no veo ninguna carrera para mí en ese sitio. Ni siquiera llegué a la lista corta de candidatos para el puesto de director de información. En ese lugar, los hombres exceden a las mujeres en diez a uno, así que aun si me hubieran dado el puesto, habría sentido que lo gané por mi género, no por mis logros. Y te aseguro que muchos hombres de mi división habrían pensado lo mismo. ¡Sí, *ésa* habría sido una gran atmósfera de trabajo!

"Un grupo de amigos de la universidad me buscó en fecha reciente. Están formando una pequeña compañía, y esperan recibir capital de riesgo para la nueva aplicación que desarrollan. Quieren que yo sea la presidenta. Se trata de tecnología de punta en la que las tres principales empresas de software ya han mostrado gran interés. Ganaré mucho menos ahora, pero mucho más cuando consigamos esos contratos, ¡y los conseguiremos!"

Vemos esta creciente impaciencia e intolerancia en mujeres de todos los continentes. Hoy, jóvenes indias sumamente instruidas y ambiciosas muestran poca lealtad a las compañías que se interponen en su desarrollo profesional. Las empresas indias tienen dificultades para retener a su talento femenino. Las jóvenes saltan de una compañía a otra, en busca de organizaciones que las valoren, les brinden el sueldo más alto posible y les ofrezcan las mejores oportunidades profesionales y de ascenso.

Una mejor medida de equidad de género

La consecuencia imprevista de cuarenta años de igualdad impuesta de género no necesariamente ha allanado el camino a una mayor equidad entre hombres y mujeres. Hoy la mayoría de las mujeres en nuestros talleres, sin ceder en el frente de su carrera, tiende a definir la equidad de género y a evaluar la presencia de ésta en forma muy distinta.

Aunque la igualdad de oportunidades y salarial sigue siendo muy valorada (como debe ser, puesto que no es universal todavía), las mujeres expresan la equidad de género como la posibilidad de llevar su ser auténtico al trabajo, y de ser igualmente valoradas por la diferencia de sus ideas, decisiones y liderazgo, no por la igualdad.

La ceguera de género ha producido puntos ciegos de género, suposiciones completamente equivocadas de mujeres y hombres que persisten en ausencia de la verdad. Estos puntos ciegos son justo la causa de nuestra comunicación anómala, malentendidos, desconfianza, frustración y resentimiento.

La única solución para lograr un cambio cultural de actitud y sostener cualquier cosa semejante al equilibrio de género y el carácter incluyente es entender qué ocurre en verdad en la mente de mujeres y hombres en el trabajo. Tal mentalidad de inclusión —la esencia de la "inteligencia de género"— consiste en admitir que hombres y mujeres no son iguales ni fueron hechos para serlo. La autenticidad personal es lo que aumenta y sostiene la equidad de género, no que las mujeres actúen como hombres y los hombres como mujeres. Nuestra mayor fortaleza —nuestra igualdad— reside en nuestras diferencias, y el verdadero camino a la felicidad y la realización personal está en comprender, apreciar, valorar y aceptar esas diferencias.

Resulta fascinante que hoy existan tantos estudios sobre el éxito experimentado por hombres y mujeres en equipos mixtos. Estudios conductuales demuestran que los grupos mixtos, en los que todos se sienten a gusto y todas las opiniones son escuchadas, tienen más probabilidades de desafiar las normas establecidas y obtener las mejores ideas.[10]

Esto no se debe a que hombres y mujeres sean básicamente diferentes, o a que ellas sean más listas, empáticas o mejores que ellos. Se debe a que unas y otros aportan diferentes puntos de vista y experiencias, y, por lo mismo, ofrecen una serie de perspectivas y valores más rica al proceso de toma de decisiones.

En los capítulos siguientes se explorará cada uno de los puntos ciegos de género que impiden a hombres y mujeres trabajar y tener éxito juntos. Se explorarán asimismo las investigaciones científicas del cerebro que influyen en cómo y por qué hombres y mujeres piensan y actúan como lo hacen. Y se expondrán casos de hombres y mujeres deseosos de entender mejor a sus compañeros de trabajo, amigos, pareja e hijos. Estos casos nos harán confluir, y nos ayudarán a darnos cuenta de que no estamos solos, sino de que somos totalmente normales en nuestra forma de pensar, sentir y actuar, en cómo decidimos trabajar y cómo queremos vivir.

LOS OCHO PUNTOS CIEGOS DE GÉNERO

2 ¿Las mujeres quieren que los hombres cambien?

Las mujeres dicen: "Se puede mejorar".
Los hombres dicen: "Si no está roto, ¿para qué arreglarlo?".

Las mujeres no se sienten hoy tan satisfechas en el trabajo como los hombres. De la sala del consejo a la de juntas y al centro de atención telefónica, se sienten valoradas diferente que ellos. Creen que no se toman en cuenta sus ideas y se sienten excluidas de acontecimientos y oportunidades de ascenso. Suelen pensar que tienen que trabajar más que los hombres para demostrar que valen, y que su destreza y compromiso se ponen en duda.

Los hombres, por su parte, se sienten a gusto, en general, con las reglas de acción en la cultura corporativa de hoy. No saben cómo afecta su conducta a las mujeres, o no creen actuar intencionalmente en su contra. Suponen simplemente que ellas están dispuestas a ejercer el trabajo como ellos suelen hacerlo, ya sea que implique priorizar asuntos, resolver problemas, formar parte de equipos, dirigir a otros o tomar decisiones.

Deliberadamente o no, los enredos y malentendidos de hombres y mujeres respecto de los significados, acciones y reacciones de la otra parte les dificultan trabajar juntos en una forma auténtica y productiva. Muchas veces las mujeres no se dan cuenta de las buenas intenciones de los hombres, mientras que ellos suelen ignorar el valor de la manera de pensar de las mujeres.

"¡Nuestra fecha límite es agosto!"

Benton inicia la junta con un recordatorio severo:

–Nuestra fecha límite es agosto. Tenemos cuatro meses para actuar juntos y garantizar que nuestros lanzamientos de hardware y software ocurran al unísono. Mike, ¿cuál es la situación de nuestros ingenieros de hardware? ¿Estarán listos para la prueba beta en julio?

Mike responde rápidamente:

–Tenemos reuniones de desarrollo dos veces a la semana. Eso está volviendo locos a los ingenieros, pero quiero estar seguro de que cumpliremos la fecha de la prueba beta.

–Perfecto —dice Benton—. ¿Y los desarrolladores de software, Elizabeth?

–Están haciendo un gran esfuerzo para cumplir la fecha de la prueba beta —responde ella, y añade—: Pero creo que en este momento deberíamos involucrar al departamento de servicio al cliente. Los desarrolladores piensan que habrá muchas preguntas de grupos de usuarios, y que si esas cuestiones se atacan ahora, nos ahorraremos a la larga muchos trastornos.

La voz de Benton se vuelve más apremiante:

–No voy a sacrificar nuestro empuje en desarrollo de software para abordar cuestiones que podrían no surgir nunca. Debemos cumplir la fecha de lanzamiento, o no tendremos clientes de los que preocuparnos.

La junta concluye y Benton regresa a su oficina en compañía de Mike y dice:

–No creo que Elizabeth esté dando la talla. No me parece que entienda. Si no cumplimos la fecha límite, estamos fritos. Quiero que vayas a sus reuniones de software.

En nuestro taller descubrimos que Benton tenía razones de sobra para insistir en la fecha de lanzamiento de agosto, dado que la competencia estaba por lanzar un producto parecido a fin de año. Pero también Elizabeth estaba en lo cierto acerca de la posibilidad de que los problemas de software agobiaran al departamento de servicio al cliente. El software operó bastante bien en la prueba beta, pero el número de quejas de los clientes forzó a un rediseño tres meses después del lanzamiento.

Todos queremos poner a diario lo mejor de nosotros mismos en el trabajo. Pero nuestras suposiciones falsas y malentendidos de los pensamientos y manera de proceder de la otra parte nos impiden todo avance real en nuestra comprensión. Esas suposiciones incorrectas se reflejan incluso en nuestros datos. Hay una importante brecha de género en el modo en que hombres y mujeres ven la satisfacción laboral y oportunidades de ascenso de ellas.

DATOS DE GÉNERO[1]

- Cincuenta y ocho por ciento de los hombres cree que las mujeres tienen iguales oportunidades de avance que ellos. Sólo veinticuatro por ciento de ellas comparte esta opinión.
- Ochenta y tres por ciento de los hombres cree que hombres y mujeres experimentan el mismo nivel de satisfacción laboral.
- Noventa y tres por ciento de las mujeres cree que los hombres tienen satisfacción laboral. Sólo sesenta y dos por ciento de ellas experimenta esa misma satisfacción.

Por qué las mujeres quieren que los hombres cambien

Considera las tendencias de las últimas décadas y comenzarás a entender por qué las mujeres no sólo quieren que los hombres cambien, sino también *necesitan* que lo hagan para crear un entorno de trabajo menos estresante y más complementario.

Hace dos generaciones, quizá era una opción que una mujer siguiera una carrera profesional, pero hoy es una necesidad económica. No obstante, el entorno laboral al que ellas se incorporan no ve con buenos ojos la forma en que las mujeres se comunican, colaboran y participan en los negocios en general. Cuando ellas dicen que quieren que los hombres cambien, en realidad les están pidiendo quitar los obstáculos para su éxito y valorar sus contribuciones. Esto no está sucediendo en absoluto en la medida en que las mujeres quisieran, y de ahí que suelan sentirse excluidas y subestimadas.

En nuestros talleres de inteligencia de género, las razones más citadas de por qué ellas creen que los hombres deben cambiar son:

- No se toman en cuenta las ideas de las mujeres, y sus intereses son ignorados.
- Se sienten excluidas desde oportunidades de ascenso hasta eventos sociales informales.
- Sienten que tienen que trabajar más que ellos por el mismo nivel de reconocimiento.

Exploremos con más detalle estas áreas para comprender por qué las mujeres piensan así y por qué los hombres no están conscientes del descontento generalizado de ellas.

Las mujeres sienten que no se les toma en cuenta

Las mujeres suelen sentir que sus ideas y forma de trabajar no tienen el mismo peso, valor o importancia que el modo de hacer negocios de los hombres. En nuestros talleres, ellas nos cuentan sus experiencias en las reuniones cuando plantean un asunto importante, sólo para ser ignoradas o desestimadas por los hombres en la sala. Pero cuando, minutos más tarde, un hombre saca a colación el mismo tema, todos le conceden extrema atención.

Las mujeres hacen comúnmente más preguntas que los hombres, no sólo en un afán de claridad, sino también para crear un ambiente de participación y creación de consensos. Los hombres, por su parte, tienden a aislar y eliminar asuntos para llegar a decisiones rápidas.

"¡Tenemos una hora!"

La reunión con el cliente se prolonga más de lo que Peter pensaba. En los últimos treinta minutos, lo único que ha podido hacer es ver el reloj y pensar: "No podemos perder nuestro vuelo". Pero esto no parece inquietar a Mary, su asociada. Peter piensa: "¿Por qué ella sigue haciendo preguntas?". La interrumpe a media frase en el siguiente asunto que ella plantea, diciendo:

—Mary, eso no es algo que deba preocuparnos por ahora.

Avergonzada, aunque intentando no demostrarlo, Mary mira a Peter, quien parece haber estado en otra parte en los últimos treinta minutos. "¿Qué le preocupa tanto? ¿No se da cuenta de que el cliente ya notó su indiferencia?"

Peter vuela ahora al aeropuerto, sin oír una palabra de lo que Mary dice mientras planea en su mente la próxima hora: "Veinticinco minutos al lugar de renta de autos, diez minutos para tomar el autobús, veinte para pasar por seguridad. ¡No llegaremos nunca!".

—Habría preferido que no interrumpieras mis últimas preguntas al cliente, Peter —dice Mary—. Necesitamos esa información, y quería ver su reacción de frente.

—No te interrumpí —replica Peter, maniobrando en medio del lento tráfico—. Me parece que la reunión estuvo bien. Sólo que se alargó demasiado.

Los hombres no creen ser displicentes. Hacen lo que creen correcto y no piensan en el efecto de sus actos en las mujeres. Cuando un hombre oye decir a una mujer que se siente ignorada o que sus ideas son marginadas, su primera reacción es pensar en sus experiencias para intentar recordar alguna vez en que él haya tratado a una colega de esa forma. Si no puede recordar una ocasión así o no puede verse comportándose intencionalmente de esa manera, siente que se le culpa injustamente de lo que otros hacen.

Los hombres quieren trabajar bien con las mujeres, tanto como ellas con ellos. Unos y otros quieren dar todos los días lo mejor de sí mismos en el trabajo. Pero hombres y mujeres piensan y actúan diferente, y no entienden por qué el otro género no puede comportarse como ellos lo harían en la misma situación.

En el espíritu de ensanchar nuestra conciencia y dar voz a parte del descontento expresado por las mujeres, he aquí algunos ejemplos de cómo, sin darse cuenta, los hombres las desdeñan al seguir un curso de acción quizá comprensible para ellos y otros hombres, pero que tiende a impedir a las mujeres participar en forma acorde con su sensibilidad:

LO QUE DICEN LOS HOMBRES	LO QUE DICEN LAS MUJERES
"Eso no tiene nada que ver. Debemos concentrarnos en lo decisivo y factible ahora."	"Esto parece relevante y podría tener impacto en nuestra decisión. Todo debe tomarse en cuenta."
"Sólo dos personas se han quejado de eso, así que no creo que merezca nuestra atención."	"Podría haber otros doscientos con esa misma queja. Vale la pena examinar el problema y resolverlo."
"¡Tomemos una decisión y sigamos, o pasaremos aquí todo el día!"	"Me gustaría pedir a todos, por última vez, su parecer antes de que tomemos una decisión."
"Hay un riesgo implícito, pero vencer a la competencia en el mercado vale la pena."	"Para minimizar el riesgo, revisemos una vez más las opciones. Quizá no seamos los primeros en llegar al mercado, pero tendremos un producto sólido."

Se da un *impasse* cuando las mujeres no se percatan de que las acciones de los hombres no son intencionalmente displicentes. Y ellos no ven que su conducta, en gran medida parte de la cultura corporativa dominada por hombres, les hace sentir a ellas que sus ideas no se toman en cuenta. Ellos sencillamente no comprenden ni reconocen el valor excepcional que aportan las mujeres, y ellas no saben cómo formular la conversación de tal manera que los hombres puedan identificarse, y actuar en consecuencia.

Las mujeres se sienten excluidas

Cuando las mujeres dicen sentirse excluidas, comúnmente expresan su frustración de que se les ignore para los ascensos, se les relegue de las conversaciones masculinas antes y después de las juntas o se les deje fuera de los convivios al salir de trabajar —la famosa reunión posterior a la reunión—, en los que a veces se consuman decisiones importantes.

Los hombres no creen excluir intencionalmente a las mujeres. Cuando se les dan ejemplos de acciones que tienden a excluirlas, parecen sorprendidos y no conscientes de su comportamiento. Incluso intentarán recordar ocasiones en las que hicieron un esfuerzo por ser incluyentes, sólo para defenderse. "La invité una vez pero no quiso ir. Supuse que no le interesaba ir a tomar una copa con los amigos después del trabajo."

"¡También formamos parte de este equipo!"

Mary Lynne, contadora ejecutiva de una de las cuatro grandes empresas auditoras estadunidenses, cree que nunca subirá en la organización, pese a su trayectoria estelar. Como una de las dos mujeres en su equipo de auditoría, de diez miembros, describe su frustración de esta manera:

"Las reuniones en la oficina son importantes, claro, pero las verdaderas decisiones se toman más tarde, entre tragos y puros. A mí me han invitado muy rara vez a esas reuniones informales. Cuando *nos* invitan a Christine y a mí, los hombres están en su círculo divirtiéndose, burlándose unos de otros, lanzándose pullas y gastando sus clásicas bromas masculinas. No niego que tengan derecho a afianzar sus vínculos, pero nosotras también formamos parte de este equipo. No necesariamente queremos participar en su conversación como de vestidor deportivo, pero tampoco queremos sentirnos excluidas."

Los hombres suponen que las mujeres no querrán trabajar en una industria o compañía dominada por hombres, recorrer largas distancias en pos de una oportunidad de empleo, estar presentes en partidas de golf u otras salidas con los clientes, hablar de deportes o engranar en el humor masculino antes de una junta, o reunirse después del trabajo a tomar una copa. Algunos dicen no entender por qué habrían de renunciar a sus eventos sociales con amigos. Razonan que las mujeres se sienten mejor forjando vínculos con otras mujeres, justo como ellos prefieren hacerlo con otros hombres.

He aquí algunos ejemplos de cómo, sin darse cuenta, los hombres excluyen a las mujeres al no pensar en actuar en formas más incluyentes o al suponer que conocen las intenciones femeninas:

LO QUE DICEN LOS HOMBRES	LO QUE DICEN LAS MUJERES
"Él se quedó con el puesto porque supusieron que ella no querría mudarse a Alemania."	"A ella le habría gustado tener la oportunidad de tomar esa decisión."
"Nuestro encuentro anual de golf ha sido siempre la mejor manera de consolidar la relación con nuestros mejores clientes."	"Dado que muchos de nuestros clientes ejecutivos son mujeres, deberíamos ofrecer opciones al golf. ¡Hagamos una encuesta entre ellos!"

LO QUE DICEN LOS HOMBRES	LO QUE DICEN LAS MUJERES
"Simplemente decidimos ir a tomar una copa después. No creímos que quisieran acompañarnos."	"Planeemos algunos eventos sociales para todo el equipo, no sólo para los hombres. ¡Ahora las mujeres componemos la mitad del equipo!"
"Estábamos hablando de cosas de hombres."	"Es muy molesto que los hombres en la sala se callen cuando entro yo."

Los hombres pueden reaccionar diciendo que a veces ellos también se sienten excluidos de una oportunidad de empleo, decisión de negocios o evento social. Lo que no comprenden es que las mujeres piensan que se les excluye por el solo hecho de serlo. Muchas tienden a sentirse así todo el tiempo. La mayoría de los hombres ni siquiera puede imaginar qué se siente enfrentar una forma de exclusión todos los días de su vida laboral, pese a su capacidad o don de gentes.

Las mujeres sienten que deben trabajar más

Muchas mujeres sienten, por lo común, que sus supervisores y compañeros no cesan de ponerlas a prueba, y de dudar incluso de su capacidad. Piensan que deben trabajar más que sus compañeros para demostrar que merecen el mismo reconocimiento.

Los hombres suelen ser juzgados por su potencial, mientras que a las mujeres se les evalúa por sus logros. Un "joven radical" podría ser considerado un "diamante en bruto" que sólo necesita una oportunidad para mostrar de lo que es capaz, en tanto que una mujer tiene más probabilidades de ser vista como una principiante que todavía no cumple los requisitos para el puesto.

"El doble de esfuerzo, pero la mitad de valiosa"

Durante una sesión de desahogo en nuestros talleres, cuando hombres y mujeres se dividen para referirse a los retos de trabajar con personas del otro género, una mujer explicó lo que entendía por tener que trabajar más que los hombres: "A veces siento que debo trabajar el doble que los hombres de mi división para que se me considere la mitad de valiosa. Siempre soy la primera en llegar y la última en irse. Mi unidad de negocios genera más producción con menos errores de control de calidad que cualquier otra, y nuestros márgenes de utilidad son sistemáticamente más altos. La medida real está en nuestra menor rotación. Somos una empresa sujeta a grandes presiones de tiempo, aunque los líderes de las demás unidades podrían pensar que de lo que se trata es de ofrecer resultados. No se dan cuenta de que exprimen a sus empleados. Nosotros no hemos tenido un solo cambio de personal en dos años. Eso significa cero costos de rotación y de capacitación y menos errores de producción. Ésta es una de las razones de que nuestros márgenes sean mucho más altos. [...] Nunca seré considerada para la gerencia general. Eso querría decir que mis políticas se aplicarían en las demás unidades, y no creo que los hombres lo soportaran".

En nuestras entrevistas personales, los hombres comúnmente admiten que les resulta más fácil trabajar con hombres que con mujeres, sobre todo cuando se trata de una persona que no conocen. Muchos dicen que entienden y se relacionan mejor con otros hombres, y algunos incluso admiten que suelen sentirse más seguros trabajando con hombres que con mujeres. La tendencia masculina a preferir trabajar con otros hombres es evidente en particular en campos tradicionalmente dominados por ellos, donde las mujeres no tienen mucho tiempo de estar presentes, como ciencia, tecnología, litigios, manufactura, venta de automóviles, agencias del orden público y fuerzas armadas.

Cuando la conducta desdeñosa o excluyente de los hombres puede ser resultado de pensamientos y acciones instintivos, la puesta a prueba y en duda de la aptitud de las mujeres podría tener motivaciones culturales.

LO QUE DICEN LOS HOMBRES	LO QUE DICEN LAS MUJERES
"Creo que él tiene grandes planes a futuro. Es un líder visionario con gran potencial."	"Hay que ascender a los individuos con base en sus logros tanto como en su potencial."
"Éste ha sido tradicionalmente un campo masculino. No creo que te sientas bien en él a largo plazo."	"Ahora hay más mujeres en este campo que antes. Una manera diferente de pensar producirá nuevos descubrimientos."
"¿Por qué no hace él la presentación ante el consejo? Quizá los consejeros lo preferirían."	"La presentación debe hacerla quien pueda exponer mejor la información y explicar los datos."
"Pienso que aquí todos trabajamos con empeño. No veo que a las mujeres se les ponga a prueba más que a cualquier otro miembro del equipo."	"A veces siento que debo trabajar el doble que los hombres de mi grupo para obtener la misma evaluación y reconocimiento."

En nuestros talleres, las mujeres dicen sentirse puestas a prueba en el trabajo, y que a veces tienen que trabajar con más empeño y más tiempo o superar a sus compañeros para ser reconocidas. Los hombres tienden a malinterpretar esta conducta y a suponer que ellas trabajan más porque les falta seguridad en sí mismas y quieren hacer demasiado para compensarlo. Las mujeres, observan algunos hombres, "no saben poner límites, y por eso son las últimas en irse".

Curiosamente, programas de diversidad diseñados para contratar y ascender a más mujeres que hombres en ciertos campos suelen contribuir a ese problema, dando la impresión de que, más que las aptitudes, las cuotas de género son el factor determinante para contratar a una mujer en un campo habitualmente dominado por hombres. Algunas tienden a interiorizar la situación y creen haber conseguido un puesto para cubrir esa cuota, olvidando que llegaron adonde están gracias a sus méritos.

Por qué no nos oímos unos a otros

Muchos libros sobre equidad de género y asuntos de mujeres dan ejemplos de cómo ellas son incomprendidas y subestimadas en el mundo de los negocios. Según esos libros, a los hombres nos les preocupan las desigualdades que enfrentan las mujeres, o crean intencionalmente esas disparidades para socavar el éxito de ellas. Tales libros no presentan casi nunca los puntos de vista de los hombres, o el razonamiento detrás de su conducta, motivos que, estando bajo la superficie, no son tan deliberados como podrían parecer a primera vista. Así como los hombres deben comprender cómo piensan y actúan las mujeres, las mujeres deben comprender lo mismo de los hombres.

Es más que justificado que las mujeres crean que, si los hombres cambian de conducta, el entorno de trabajo mejorará. Pero quizá la solución no sea tan sencilla. En nuestra práctica e investigaciones hemos descubierto que hay dos razones fundamentales, asociadas entre sí, de la conducta de los hombres en el trabajo, las que les dificultan verlo de otra manera y darse cuenta de la necesidad de un cambio de comportamiento:

- Un modelo de trabajo diseñado por hombres.
- La mentalidad que influyó en ese diseño.

El modelo de negocios tradicional en el que actualmente laboramos es tan común y universal que hombres y mujeres no perciben que el lugar de trabajo en sí se basa en un modelo masculino de trabajo y un código masculino de conducta. Este modelo tiene todo el sentido para los hombres, porque cuando ellos diseñaron la corporación hace generaciones, la abrumadora mayoría de la fuerza de trabajo era masculina.

La estructura y funcionamiento de la corporación se basó inicialmente en el modelo militar de mando y control. El resultado es un entorno de trabajo muy competitivo, que premia la celeridad en la toma de decisiones, el desempeño personal y el cumplimiento de metas. Este modelo de trabajo es propicio para la manera en que los hombres piensan y actúan naturalmente, lo que les dificulta ver de otro modo su lugar de trabajo y su desempeño en él.

Era de esperar que los hombres se sintieran más a gusto con el entorno laboral actual que las mujeres. Los hombres están más familiarizados con las reglas, procesos y rutinas, y simplemente ignoran que sea necesario un cambio. Tienden a creer que "si no está roto, no necesita reparación".

Las mujeres, por su parte, no se sienten bien con ese modelo de trabajo. No se ajusta a la manera en que ellas piensan y actúan naturalmente. Para ellas, ese modelo de mando y control es algo que deben soportar y a lo que deben adaptarse todos los días para poder seguir adelante. Ésta es una de las principales razones de que más de la mitad de las mujeres en nuestros talleres y seminarios piensen en dejar su compañía.

La dura y fría realidad suele comenzar, para las mujeres, después de la universidad, la última vez que ellas y sus compañeros trabajaron en un ambiente de genuino espíritu de equipo, colaboración y participación antes de aventurarse al mundo real. Una vez en el trabajo, la mayoría de los hombres se adapta rápida y naturalmente al mundo corporativo, mientras que muchas mujeres, deseosas de sentirse tan confirmadas y aceptadas como ellos, se ven en un mundo artificial que ellas habrían diseñado en forma completamente distinta si se les hubiera dado la mitad de la oportunidad.

Dos modelos de trabajo en equipo reflejan las formas diversas en que hombres y mujeres abordan el mundo de los negocios. He aquí algunos de los diferentes enfoques que unos y otras se inclinan a perseguir en el trabajo y los equipos.

Lo que dicen los hombres:

- "Prefiero priorizar y concentrarme en mis asuntos uno por uno; de lo contrario, no se hace nada si todo está siempre 'en consideración'."
- "Me gusta trabajar solo y asistir a pocas reuniones. Me siento frustrado y estresado cuando me siento a conversar teniendo tantas cosas que hacer."
- "Puedo rendir más cuando sé lo que se espera de mí y se me permite trabajar a mi ritmo."

Lo que dicen las mujeres:

- "Es importante pensar en varias cosas a la vez. Son muchas las partes interconectadas, y algo podría dejarse de lado."
- "Mis mejores ideas surgen cuando puedo hacer preguntas a los demás y ellos a mí."
- "La efectividad del trabajo emprendido para alcanzar una meta y las relaciones desarrolladas sobre la marcha son tan importantes como cumplir la meta."

Ambos enfoques del trabajo en equipo son modelos eficaces; ambos funcionan bien.

Pero el trabajo y el mercado han sufrido cambios enormes en los últimos treinta años. Hoy el mercado de trabajo comprende tantas mujeres como hombres. Y el mercado ya no es interno, sino global y cada vez más diverso. El modelo centralizado de planeación y toma de decisiones que operó tan bien en la era industrial ya no es la manera más efectiva de dirigir y triunfar en el complejo mundo actual de los negocios. El diseño de negocios que dominó y guio por generaciones al mundo del trabajo y el comercio está dando paso a un modelo más cooperativo, más provechoso en esta era de la información global, un estilo de negocios más alineado en realidad con la manera de pensar y actuar de las mujeres.

Cuando se analiza a fondo, es posible advertir que el modelo masculino de trabajo es producto, en esencia, de la fisiología del cerebro masculino. La forma en que los hombres procesan el trabajo a través de la toma individual de decisiones, la concentración singular y la acción inmediata reproduce el modo en que ellos procesan instintivamente el mundo que los rodea. Y es difícil cambiar lo que ya está instalado.

Aunque la cultura corporativa dominada por los hombres se adapta ya al nuevo mundo de los negocios, la arraigada mentalidad masculina no cambiará tan fácilmente. No obstante, comprendiendo su mutua naturaleza, hombres y mujeres pueden descubrir formas de trabajar en común que complementen en vez de contradecir los instintos naturales del otro género.

Cuando mujeres u hombres no son respetados, reconocidos o valorados en su vida laboral, tienden a culpar a los líderes de su organización o a hallar defectos en sus colegas. Dado que las mujeres entran a un entorno de trabajo diseñado y dominado por hombres, ellas son el género que tiende a sentirse subordinado y dirigido por valores que no son de su elección ni diseño. Son el género que con mayor frecuencia se siente desdeñado, excluido y puesto a prueba y en duda. Así, la culpa tiende a recaer en los hombres.

Si la situación no cambia, las mujeres comienzan a advertir que dan más de lo que reciben. Ya no se fijan en los aspectos de su trabajo que más disfrutan, y son propensas a obsesionarse con las reglas, rutinas y conductas que las hacen sentir insatisfechas.

Al paso del tiempo, las cosas que inicialmente valoraban de su trabajo o compañía —lo que les concedía satisfacción y un sentido de realización personal— pasarán a segundo plano y se volverán invisibles. Descubrirán que aprecian menos su trabajo, y algunas lo dejarán, mientras que muchas más permanecerán en él y se desentenderán.

EL LADO DE LA CIENCIA

En comparación con los hombres, las mujeres tienen un mayor y más profundo sistema límbico, el centro cerebral que incluye al hipotálamo, el hipocampo y la amígdala, y que funciona como el eje de la emoción y la motivación. El hipocampo es donde se almacena la memoria a largo plazo, y es menos activo en los hombres y dos veces más grande y mucho más activo en las mujeres.[2]

Ellas tienen también más conexiones con el lado emocional de su cerebro, y son más efectivas para procesar y codificar experiencias emocionales en su memoria a largo plazo, así como para recordar y entrelazar experiencias pasadas. Por lo tanto, suelen tener recuerdos más sustanciosos e intensos de sucesos emocionales que los hombres, y pueden hacer asociaciones nemónicas instantáneas con hechos pasados, que a ellos podrían parecerles generalizaciones vagas y amplias.

Las mujeres tienden a interiorizar y personalizar sus sentimientos. Bajo estrés, la mente de una mujer puede verse invadida por recuerdos de desavenencias y discusiones.[3] Cuando un hombre se comporta de cierta forma, una mujer tenderá a recordar todas las conductas similares suyas y de otros, y a concluir que "todos los hombres son iguales".

En el cerebro del hombre, la amígdala es significativamente más grande que en el de una mujer. Las conexiones neuronales directas de la amígdala con otras áreas de respuesta en el cerebro permiten a los hombres contestar rápidamente a mensajes sensoriales, concentrarse en factores externos y emprender acciones instantáneas.[4]

Mientras que las mujeres tienden a interiorizar, los hombres tienden a exteriorizar, no recordar hechos pasados y concentrarse en la situación inmediata. Responden a su entorno más rápido que las mujeres, porque su pensamiento no está tan lleno de conexiones emocionales con sucesos pasados. Así, se les dificulta más que a ellas recordar hechos pasados o establecer semejanzas y asociaciones. Esto se compendia en la respuesta "Quizá otros hombres se comporten así, pero a mí se me está culpando de cosas que no recuerdo haber hecho".

Las diferencias en el sistema límbico de mujeres y hombres han permitido a cada género protegerse y defenderse instintivamente, tanto a sí mismo como a los demás, por miles de años. Las mujeres se protegen mediante la reflexión, la conexión y el refinamiento; los hombres, con decisiones rápidas, concentración singular y acción inmediata, sin el peso de un pensamiento o emoción amplios.[5]

"¡Intenta disuadirla de irse!"

Dos cosas me llamaron la atención cuando entré a la oficina de Elita en Londres: el frenético ritmo de trabajo fuera de su oficina y la mirada de estrés de una ejecutiva detrás del escritorio de una de las compañías de software más grandes del mundo. Su empresa la consideraba una tecnóloga de la información brillante e irremplazable, y por eso su jefe, Antonio, vicepresidente de tecnología para Europa, me pidió reunirme con ella para disuadirla de que se fuera.

A fin de conocer mejor la situación, primero me entrevisté con Antonio y su equipo ejecutivo de mujeres y hombres, para determinar qué compelía a Elita a marcharse: la carga de trabajo o las relaciones laborales. Descubrí que Antonio era un alto ejecutivo muy competitivo y orientado a metas. Se consideraba "equilibrado" en su enfoque tanto de los hombres como de las mujeres de su equipo. Varias veces se refirió a sí mismo como "atento al género", aunque todas las mujeres de su equipo pensaban otra cosa; todas ellas se sentían sobrecargadas de trabajo y subestimadas. Además, ninguna había sido ascendida más allá del nivel de directora.

Cuando me senté con Elita, ella fue directo al grano: "Demasiado tarde. ¡Me marcho! Quiero a esta compañía y a mi equipo, y puedo manejar fácilmente la carga de trabajo, pero me siento usada, y ahora sé que jamás me ascenderán más allá de este nivel. [...] El mes pasado fue el colmo. Tuve que tomar un fin de semana para la operación de anginas de mi hijo. Antonio lo sabía, pero aun así me llamó a casa ese mismo fin de semana. Ni siquiera me preguntó por Ian, que aún estaba muy adolorido. No habló de otra cosa que de su supuesta urgencia, ¡que resultó no serlo en absoluto! Quería ganarle al vicepresidente de tecnología para Asia el puesto de director de información, que se desocupará este año. ¡Estaba desesperado por tener lista su presentación un día antes que el otro! Si consigue el ascenso, sé que no me darán su puesto, pese a que soy la directora con mayor antigüedad en su equipo, y con la mejor evaluación de trescientos sesenta grados".

Cuando transmití a Antonio los comentarios de Elita, se mostró sorprendido y molesto. No tenía idea de que ella se sintiera así, y dijo haber olvidado por completo la situación de su hijo. Lo noté avergonzado y cada vez más defensivo. Recordó sus encuentros con las mujeres de su equipo y se obstinó en rememorar las veces en que había actuado "en forma que las hiciera sentir incómodas o subestimadas". Antes de retirarme, me mostró los documentos que había presentado esa semana a recursos humanos, en los que indicaba que Elita sería su sucesora si lo ascendían.

Ya no es como antes

Los roles de género han cambiado drásticamente desde la década de 1960, lo que, con cada década sucesiva, añade más confusión aún a nuestras expectativas recíprocas. En realidad, las cosas han sido distintas durante cincuenta años. Pero hombres y mujeres no han aprendido nada unos de otros en todo este tiempo, y siguen confundidos acerca de qué mueve al otro género.

Lo que no hemos podido ver es que no somos iguales, y que seguimos ignorando el género cuando imponemos la igualdad y esperamos igualdad a cambio. Tenemos que dejar de obligar a las mujeres a actuar como hombres, y de culpar a los hombres de actuar como tales. Cuando entendemos nuestras diferencias, nuestro lenguaje empieza a cambiar, y nuestras expectativas se fundan en la realidad, no en suposiciones. Aumenta nuestra inteligencia de género, y por tanto nos esforzamos más en entender, aceptar y valorar a la otra parte, y en producir resueltamente un entorno laboral en el que hombres y mujeres puedan tener éxito juntos.

Cada vez que pedimos a mujeres su opinión sobre la conducta de los hombres en el trabajo, suelen salir frustraciones a la superficie. Aunque a ellas les sobran razones para sentirse así, y aunque su necesidad de ser reconocidas y valoradas en el trabajo está totalmente justificada, sus generalizaciones de que "todos los hombres actúan igual y deben cambiar" son recibidas por ellos como censura. Y cuando ellas dicen querer que los hombres cambien, el mensaje que ellos tienden a oír es que, de un modo u otro, están mal. Un hombre tiende a ponerse a la defensiva porque la inclinación de una mujer a querer que él mejore sale a la superficie como crítica.

Con justificación o sin ella, culpar a los hombres suele hacer una o dos cosas, o ambas: cerrarlos o inducirlos a discutir y ponerse a la defensiva. Como ya vimos, los hombres tratarán comúnmente de hallar pruebas de que las generalizaciones de las mujeres son falsas, lo que incrementa la tendencia de las mujeres a culparlos.

Hay una forma más acorde con la inteligencia de género de que las mujeres expresen sus necesidades y los hombres comprendan y concedan lo que ellas piden. La comunicación es la clave:

- Las mujeres con inteligencia de género saben formular sus conversaciones de tal modo que los hombres las entiendan. Comprenden la proclividad de ellos a priorizar y ordenar su trabajo en secuencia. Saben que para ellos todo es desempeño y concentración en los resultados más que en el esfuerzo. Las mujeres con inteligencia de género saben asimismo que los hombres están dispuestos a aprender si ven formas más efectivas y eficientes de alcanzar sus objetivos.

- Las hombres con inteligencia de género están más conscientes de cómo interpretan las mujeres sus acciones. Comprenden que ellas están tan orientadas a metas como ellos. Pero un hombre con inteligencia de género también sabe que las mujeres conceden al viaje a la meta tanto valor como cumplirla. Una mujer tiende a colaborar; sus mejores ideas emergen cuando hace preguntas y se le hacen.

Entre más comprendan hombres y mujeres las diferencias en su forma de pensar y actuar, y lo que moldea esas diferencias, ya sea algo instintivo o cultural, más entenderán los motivos del otro género. Las mujeres se darán cuenta de que la conducta de los hombres no suele ser intencional, y ellos de que las mujeres abordan el mundo de manera diferente a los hombres.

Cuanto más nos entendamos unos a otros, más apreciaremos nuestras diferencias. Y mientras mayor sea nuestra apreciación, más formas buscaremos de complementarnos en vez de competir con el estilo de trabajo de la otra parte.

El lado personal de la vida: la petición implícita

Las mujeres suelen creer que cuando algo surte efecto, puede mejorar. La naturaleza de una mujer es mejorar su entorno y a las personas que la rodean.

Esto no siempre es del agrado de los hombres. Cuando una mujer intenta que un hombre cambie o mejore, él interpreta sus esfuerzos como una indicación de que algo está mal en él. Tiende a sentirse despreciado y subestimado. Se pone a la defensiva y tenderá a oponerse a que se le corrija o se le diga lo que tiene que hacer. Ofrecer a un hombre un consejo no solicitado es suponerlo incapaz de resolver un problema y efectuar una tarea por sí solo.

Una mujer puede tener las mejores intenciones en su empeño de que una persona y una situación mejoren, pero el hombre en el extremo receptor tenderá a sentirse controlado y no aceptado como es y en lo que es capaz de hacer.

A menudo una mujer intenta hacer cambiar una conducta de un hombre señalando lo que está mal y expresando insatisfacción en forma indirecta y de queja:

- "Si estacionas tu auto a la derecha, se me dificulta salir en la mañana. El otro día llegué tarde al trabajo."
- "Suzie necesita que la lleven a su recital el martes después de clases. Tú llegas a casa antes que yo, y si no la puedes llevar, tendré que pedirle a un vecino que lo haga y vaya por ella."
- "Los niños pueden necesitar ayuda en su tarea después de comer. No puedo limpiar la cocina y ayudarlos al mismo tiempo."

Cuando una mujer convierte al hombre en el problema, limita la posibilidad de que él exteriorice el asunto. Esto interfiere en su capacidad para entender las necesidades de ella y buscar la vía más eficiente de llegar a una solución. Cuando, en cambio, ella presenta el problema como algo ajeno al hombre, él puede ver la situación como ajena a sí mismo y concentrarse en resolverla en beneficio de ambos.

En cada queja hay una petición implícita. Si quieres que un hombre entienda por qué tiene que hacer algo, simplemente pídeselo. En vez de hablar del problema, una mujer debe presentar la solución ideal para ella:

- "¿Podrías estacionar tu auto a la izquierda y no a la derecha? Así puedo salir más fácil en la mañana."
- ¿Recordarás llevar a Suzie a su recital el martes? Me harías un gran favor."
- "¿Podrías ayudar a los niños con su tarea después de comer? Así podemos pasar más tiempo juntos las noches de entre semana."

La idea aquí es que la mujer no trata de hacer cambiar al hombre, sino de cambiar la forma en que ella comunica sus necesidades. A los hombres les gusta ayudar y ser útiles. Sentirse necesitados y reconocidos. Dar lo mejor de sí a su pareja. Ser la solución, no el problema.

Una mujer tiene que descubrir cómo, mediante sus acciones y reacciones, sacar a relucir lo mejor de un hombre, su mejor lado. Debe comunicar lo que desea en una forma funcional para él y para sí misma. Esto lo potenciará a él para hacer cosas que había dejado de hacer en la relación, y lo alentará incluso a hacerlas mejor, porque está al tanto de las necesidades de ella y la complacerá en vez de desgastarse resistiéndose a cambiar de conducta.

3 ¿Los hombres reconocen a las mujeres?

Las mujeres dicen: "¡Ni de lejos!".
Los hombres dicen: "¡Por supuesto que sí!".

A fines de la década de 1940, las compañías empezaron a encuestar en serio a sus empleados, tratando de entender qué los motivaba a hacer su mejor esfuerzo y qué era lo que más deseaban de su trabajo. Emergió entonces un patrón, el cual reveló una fórmula de éxito motivacional que se convirtió en los principios básicos de todos los libros de administración de entonces, y que hoy se enseña en casi todos los cursos de capacitación:

- Ofrecer a los empleados un trabajo desafiante acorde con sus habilidades e intereses.
- Proporcionarles el tiempo y los recursos necesarios para realizar su tarea.
- Concederles autonomía para hacer su trabajo.
- Reconocerlos y premiarlos por sus logros.

En ese entonces, y en las décadas siguientes, los hombres componían la vasta mayoría de la fuerza de trabajo, y esos principios administrativos se correspondían por completo con la manera de pensar y actuar de los hombres, el modo en que preferían trabajar y la forma en que les gustaba ser valorados y reconocidos por sus resultados. El proceso de "evaluación y revisión del desempeño" que se convirtió en la medida de productividad de un empleado se sigue considerando, hasta la fecha, la norma para medir los logros de un trabajador. El concepto de evaluación de trescientos sesenta grados se añadió después para ampliar la evaluación, a fin de obtener información de subordinados, compañeros y clientes tanto como de los superiores, pero el tema central se mantuvo sin cambios: reconocer y premiar resultados.

Si damos un salto a esta época de igualdad de género, veremos que la creencia imperante sigue siendo que las mujeres buscan reconocimiento por las mismas razones que los hombres. Pero nuestros datos sugieren otra cosa: que el reconocimiento por resultados sólo funciona con los hombres, no para la otra mitad de la fuerza de trabajo.

DATOS DE GÉNERO[1]

- Setenta y nueve por ciento de los hombres se siente reconocido en el trabajo, contra sólo cuarenta y ocho por ciento de las mujeres.
- Ochenta y dos por ciento de las mujeres quiere ser reconocido *por su esfuerzo* para obtener resultados.
- Ochenta y nueve por ciento de los hombres quiere ser reconocido *por sus resultados*.

Dado que las mujeres representan aproximadamente cincuenta por ciento de la fuerza de trabajo global, no es de sorprender que, según el extenso estudio de la fuerza laboral global de Towers Perrin, realizado en 2007-2008 (antes de la recesión global), ochenta por ciento de los empleados se sintiera aislado, mientras que sesenta por ciento dijera ser "subestimado".[2] Tal aislamiento deriva finalmente en separación. Sintiéndose subestimadas y no reconocidas, las mujeres se han excluido de corporaciones dos veces más que los hombres, pese a lo cual este punto ciego de género continúa escondiendo el motivo de fondo de dicha tendencia, el cual no tiene que ver con problemas de la vida laboral.

Recientemente, hicimos entrevistas a fondo a dos mil cuatrocientas mujeres que dejaron sus puestos de liderazgo en compañías de Fortune 500 en varias industrias de América, Europa y Asia, y descubrimos las cinco razones principales de que las mujeres renuncien a su puesto, la última de las cuales son motivos personales.[3]

Tabla 3.1

¿CUÁL ES LA VERDADERA RAZÓN DE QUE LAS MUJERES SE MARCHEN?

No se les valora en el trabajo	68%
Se sienten excluidas de equipos o decisiones	65%
Entorno dominado por hombres	64%
Falta de oportunidades de ascenso	55%
Aspectos de vida laboral *vs.* personal	30%

Las mujeres que dejan sus organizaciones suelen decir que sus razones son "personales" para no quemar sus naves. Los hombres creen oír la verdad, lo que perpetúa el mito de que los asuntos personales de las mujeres suelen invalidar su seriedad en los negocios o su deseo de desarrollo profesional.

Contra lo que suele pensarse, cuando las mujeres abandonan las corporaciones no cancelan su carrera en los negocios. Emigran a compañías con entornos que valoren sus talentos y habilidades, o ponen un negocio propio, y lo hacen ya en cifras récord.[4]

He aquí algunos ejemplos de lo que nosotros descubrimos en esas entrevistas a fondo, las razones de que las ejecutivas abandonen posiciones de liderazgo.

"No es el dinero ni el poder"

Nancy renunció a su puesto como directora de marca de una de las compañías fabricantes de bebidas más grandes del mundo. Sus amigos pensaron que estaba loca. "¿Por qué te vas? ¡Ganas muy bien y viajas por el mundo! Trabajar en esa compañía te abre todas las puertas. ¿Qué más quieres?"

Aunque la marca de Nancy era la primera en la industria exclusivamente desarrollada para el mercado femenino, ella no tenía voz ni voto en los planes de promoción de la marca ni en el proceso creativo de su comercialización. El director de mercadotecnia de la compañía y sus dos vicepresidentes tenían control absoluto sobre la marca de Nancy. La compañía no quería arriesgarse a un fracaso. Lo que comenzó como una gran oportunidad para que Nancy se ocupara del posicionamiento y crecimiento de su producto se convirtió en un frustrante desgaste diario. Todos sus intentos de influir en las labores de mercadotecnia fueron ignorados.

"Consultan mi libro, pero no a mí"

Madhu es considerada una pediatra excelente en la India, habiendo trabajado en uno de los mejores hospitales infantiles de ese país. De un personal de veinte especialistas en pediatría, Madhu es apenas una de las dos mujeres, lo cual no es de sorprender tomando en cuenta las décadas de restricciones a la integración de las mujeres al campo de la medicina en esa nación.

Aunque hoy son mujeres casi un tercio de los estudiantes de medicina en la India, los hospitales siguen siendo dirigidos por médicos, muchos de los cuales mantienen firmemente las tradiciones del pasado, motivo por el cual Madhu renunció a su puesto y montó un consultorio privado en el Reino Unido. "Soy la mejor en mi campo", dice ella. "Incluso escribí un exitoso libro sobre medicina infantil, que hoy se usa en la mayoría de los hospitales de la India, pero el personal masculino de ese país sigue marginándome. Es absurdo. No puedo decir lo que pienso ni influir en la práctica de la pediatría. ¡Consultan mi libro, pero no a mí!"

"Necesitamos resultados, no valores"

Casi todos en la compañía suponían que Shirley era una firme candidata a suceder al director general. No sólo tenía la antigüedad y acreditaciones indispensables, sino también la admiración de su equipo y el respeto de cientos de empleados que trabajaban indirectamente para ella. Incluso, Shirley había escrito los valores que la compañía adoptó tres años atrás, los que definieron la visión de la organización, la consideración y reconocimiento que los líderes de la compañía mostrarían por los empleados, el respeto que los empleados se tendrían entre sí y la atención e interés que la empresa extendería a sus clientes, proveedores y distribuidores.

"Me dolió un poco que no me hayan nombrado candidata a la dirección general, pero, pese a todo, estaba dispuesta a quedarme", dijo Shirley en la entrevista posterior a su salida. "Sin embargo, lo que me hizo cambiar de parecer fue una reciente declaración del actual director general en una reunión del equipo ejecutivo. Ahí dijo que, 'dado el estado de la economía y el descenso en las ventas, los valores no significan nada, y los resultados, y sólo ellos, serán el punto focal de la organización'. […] Si realmente él se estuviera retirando, yo me quedaría, pero quiere permanecer en la presidencia del consejo, y yo no estoy de acuerdo con su filosofía. Tampoco lo estará la mayor parte de las mujeres que trabajan ahí, quienes creen que la valoración mutua y el trabajo en común son lo que garantiza los resultados."

La forma en que deseamos ser reconocidos suele reflejarse en la manera en que expresamos reconocimiento; es decir, tendemos a dar tal como esperamos recibir. Por esta razón, es importante entender cómo se sienten reconocidos los hombres, para saber por qué no expresan eficazmente su reconocimiento a las mujeres.

Cómo se sienten reconocidos los hombres

Los hombres aprecian que se les reconozca por sus resultados. A ellos no les importa tanto el viaje o los esfuerzos realizados para alcanzar los objetivos, sino la exitosa culminación de su tarea. Para muchos, ¡el sueldo a fin de mes es el único reconocimiento que necesitan! "Déjenme trabajar y rendiré el día entero." Los hombres aprecian tener la libertad de tomar sus propias decisiones, no ser microdirigidos en el proceso de cumplir sus objetivos y disponer de margen para aprender de sus errores.

Ofrecer a un hombre ayuda no solicitada merma su sensación de independencia. Indica que no es confiable o capaz de hacer el trabajo por sí solo. Debido a la actitud de "Puedo hacerlo solo", ellos dejan solos a otros. Asimismo, dado que tienden a preferir arreglar cosas o resolver problemas por sí mismos, suponen que también los demás —hombres o mujeres— prefieren ser dejados en paz.

"No creo que a ella le guste que yo trabaje solo"

James es un animal de costumbres. Se estaciona en el mismo lugar cada mañana, antes de las nueve toma un café de la cafetería y se va directo a su cubículo, donde todo el día hace entradas en las cuentas de activos, pasivos y capital. Todos los líderes de unidades de negocios de la compañía lo consideran un mago de la contabilidad, y su rutina diaria suele verse interrumpida por llamadas telefónicas de líderes de la empresa con problemas de presupuesto o facturación. Él escucha sus apuros y recomienda acciones financieras y opciones contables.

Marjorie, contadora recién contratada por la compañía, es la nueva jefa de James. A él le agradaba trabajar con Steven, a quien se acaba de ascender como contralor. Lo que más le gustaba era que Steven apenas si lo molestaba, salvo para efectuar las revisiones trimestrales de desempeño, siempre estelares. "Steven confiaba en que yo hacía mi trabajo. Nunca me microdirigió", reflexionó James.

"Pero ahora las cosas son distintas. No creo que a Marjorie le guste que yo trabaje solo. Tengo que reunirme con ella cada mañana, y dice que contratará a un asistente para que me ayude. No necesito ayuda. No confía en mí, o no cree que siga los principios contables. No lo sé. ¿O es que quiere remplazarme?"

Los hombres creen de veras que muestran reconocimiento, aliento y confianza dejando a los demás trabajar a su manera, siempre y cuando concluyan con éxito su labor. Compañeros y jefes jamás pensarían en ofrecer asistencia a un colega o subordinado directo a menos que la pida específicamente.

Esto va a la médula de por qué los hombres pueden reconocer en el fondo a las mujeres pese a que no les muestren reconocimiento y apoyo en las formas que ellas esperan y valoran. El tipo de reconocimiento y apoyo que ellas quieren y esperan sencillamente no es el que muchos hombres querrían recibir, así que no se les ocurre ofrecerlo.

Cómo se sienten reconocidas las mujeres

Mientras que los hombres prosperan cuando se les reconoce por sus resultados, las mujeres se sienten más apreciadas y valoradas cuando se les reconoce por los retos que enfrentaron para obtener esos resultados. Ya lo dijimos, pero vale la pena reiterarlo: para la mayoría de las mujeres, experimentar el viaje es tan valioso como llegar a su destino.

Además, las mujeres tienden a orientarse a las relaciones. Tienden a interesarse personalmente en otros y a mostrar su interés y atención haciendo preguntas informadas. Preguntar y compartir es la manera en que expresan su reconocimiento a los demás, y en que esperan reconocimiento a cambio. Así, por lo general, enfocan los proyectos cooperativamente, en tanto que los hombres tienden a participar en el trabajo en forma independiente y competitiva.

¡Enorme diferencia! Mientras que los hombres consideran el hecho de que se les cuestione u ofrezca apoyo no solicitado como una muestra de desconfianza y falta de seguridad en sus aptitudes, las mujeres sienten justo lo contrario. Estiman las preguntas, el apoyo no solicitado y el franco intercambio de ideas como un signo de confianza y una oportunidad para establecer relaciones equilibradas.

A los hombres suele serles muy difícil comprender esto. Tienden a creer que las mujeres deberían sentirse apreciadas por el solo hecho de tener responsabilidades, un buen sueldo, la oportunidad de ganar más y la posibilidad de ascender en la compañía. No se dan cuenta de que, para muchas de ellas, un entorno laboral cooperativo, el apoyo de compañeros y supervisores y la consolidación de relaciones de reciprocidad son tan importantes como el dinero, el prestigio y el poder.

Es común que las mujeres busquen comprensión antes de actuar. Por este motivo, la comunicación es de importancia fundamental para una mujer. Cerciorarse de que todos en un equipo o reunión tengan la oportunidad de compartir sus ideas y sentirse oídos es importante para hallar la solución a un problema.

Las obvias diferencias en el modo en que hombres y mujeres prefieren trabajar y les gusta ser reconocidos y apreciados por sus esfuerzos pueden compararse a continuación.

CÓMO SE SIENTEN RECONOCIDOS LOS HOMBRES	CÓMO SE SIENTEN RECONOCIDAS LAS MUJERES
Eligiéndolos para llevar a cabo una tarea.	Eligiéndolas como parte de un equipo para llevar a cabo una tarea.
Dejándolos en paz como muestra de confianza y oportunidad de demostrar lo que son capaces de hacer.	Recibiendo apoyo no solicitado como signo de confianza y oportunidad para establecer relaciones de reciprocidad con los demás.

CÓMO SE SIENTEN RECONOCIDOS LOS HOMBRES	CÓMO SE SIENTEN RECONOCIDAS LAS MUJERES
No haciéndoles preguntas en el proceso, para que puedan concentrarse en la solución.	Haciéndoles preguntas a lo largo del proceso para colaborar y descubrir soluciones con otros.
Compitiendo en reuniones para exhibir su aptitud personal y vencer a rivales sin reconocer la contribución de otros.	Participando en las reuniones mediante un franco y balanceado intercambio de ideas al tiempo que se reconoce la contribución de todos.
Siendo apreciados y premiados por los resultados.	Apreciándolas por los retos y contribuciones en el camino, así como premiándolas por sus resultados.

Son muchas las razones de que las mujeres busquen reconocimiento de modo diferente a los hombres, y aunque algunas de esas diferencias resultan de la formación o el condicionamiento social, también existen diferencias fisiológicas en la estructura cerebral y la química hormonal de hombres y mujeres que influyen en la necesidad de reconocimiento de cada género y su reacción a él. Identificar esas diferencias preestablecidas nos permite entender lo poco realistas que son nuestras expectativas de que hombres y mujeres piensen y actúen siempre igual. Admitir que muchas de nuestras diferencias son biológicas nos libra de creer que debemos pensar y actuar igual, y nos libera para hallar maneras de respetar y valorar nuestras diferencias cuando aparecen.

EL LADO DE LA CIENCIA

El lóbulo parietal inferior (LPI) es la parte del cerebro que recibe las señales en representación de la sensación táctil, visual y de autopercepción, las cuales integra para permitir a un individuo determinar su identidad, dirección y significado.[5]

Las investigaciones han revelado que los hombres tienden a usar sólo un lado de su cerebro (en particular el izquierdo, para el razonamiento verbal), mientras que las mujeres tienden a usar ambas áreas cerebrales para respuestas visuales, verbales y emocionales. Esta diferencia en el uso del cerebro causa una diferencia de aprendizaje y conducta entre hombres y mujeres.[6]

El LPI es más grande en el lado izquierdo —o lógico, analítico y objetivo— del cerebro de los hombres, lo que los induce a orientarse a la acción, con especial atención a tareas y logros. Los hombres son proclives a medirse por lo que logran. Sienten gran alivio y estimulación cuando resuelven problemas en aislamiento y en secuencia, y reaccionan positivamente cuando se les reconoce por su desempeño.

Los hombres tienden a concentrarse en el medio más efectivo y eficiente de pasar del punto A al punto B, cuál será la consecuencia de sus esfuerzos y si esa consecuencia vale la pena. Por ejemplo, en reuniones de negocios tienden a apegarse a una agenda y recorrer en orden todos los puntos enlistados, marcando cada uno como concluido al avanzar sistemáticamente por el programa.

En las mujeres, el LPI es más grande del lado derecho —o intuitivo, reflexivo y subjetivo— del cerebro. Ellas son proclives a medirse por su éxito en la consolidación de relaciones y el intercambio de conocimientos. Sienten más alivio y estimulación conviviendo con los demás, y responden mejor cuando se les reconoce por su habilidad para colaborar y crear alianzas significativas y productivas.

La prioridad de una mujer no es tanto hallar la vía más eficiente para hacer una tarea como consolidar relaciones que apoyen la colaboración y resulten en la consecución conjunta de un objetivo en equipo.

Cuando los hombres se encuentran en su flujo natural de concentración enfocada y secuencial, les desagradan las interrupciones de preguntas abiertas y consideraciones adicionales que las mujeres tienden a ofrecer en su intento por lograr mayor comprensión de una oportunidad o problema. Ellas se sienten desdeñadas cuando los hombres se abstraen en su patrón de pensamiento. Se sienten excluidas e incapaces de contribuir en formas que aporten mayor significado y valor, y que les permitan arribar a lo que creen que resultará en una solución mejor.

Estas diferencias no son en blanco y negro, y toda regla tiene excepciones. Es fácil encontrar mujeres que prefieren pensar y trabajar en enfoque secuencial, y hombres que buscan contexto y valoran la colaboración. Sin duda, el condicionamiento social y temperamento natural también desempeñan una parte en la definición de quiénes somos y cómo pensamos y actuamos como individuos. No obstante, las diferencias biológicas de género han demostrado ser reales en estudios científicos basados en poblaciones grandes y diversas de hombres y mujeres.

Cómo se quedan cortos los hombres

Los hombres tienden a prosperar en la competencia, en tanto que las mujeres suelen ser más apreciativas de los demás, al punto muchas veces de la abnegación. Considera la diferencia en el siguiente ejemplo de trabajo en equipo:

El líder del equipo entra a la sala de juntas y pregunta: "¿Quién terminó el proyecto?".

- Selma, la coordinadora del proyecto dice: "Carol".

- Carol replica: "En realidad, Pritha hizo la mayor parte, anoche después del trabajo".
- Pritha se apresura a responder: "¡No habría podido hacerlo sin tu ayuda, Carol!".

Las mujeres de este equipo se la pasarán reconociéndose mutuamente ¡casi al punto de competir para ver quién puede reconocer más a las demás! Tal vez el líder del equipo tardará en descubrir quién terminó el proyecto. Ninguna de las mujeres se atribuirá el crédito sin dar crédito antes.

Ahora veamos esto en un universo paralelo:

El líder de equipo entra a la sala de juntas y pregunta: "¿Quién terminó el proyecto?".

- Jim, el coordinador del proyecto, responde: "Yo finalicé el plan anoche, y ahora tenemos un proyecto piloto".
- Liam contesta: "Yo conseguí que ingeniería terminara el prototipo a tiempo".
- Gabriel agrega: "Yo convencí a nuestro principal cliente de aplicar el proyecto piloto durante seis meses".

Cada hombre se atribuirá tanto crédito como pueda, y ninguno se sentirá poco reconocido por los demás, porque, en cierto modo, su naturaleza es reconocerse a sí mismos. Esto forma parte del ritual masculino, y los hombres tienden a armonizar muy bien entre sí en esta práctica. Les gusta trabajar juntos y entenderse.

Para muchos de ellos, el trabajo en equipo es como practicar un deporte competitivo. Continuamente están tratando de pasarse el balón y anotar. Esto está muy bien, porque las reglas prevén la toma del balón, correr con él y aumentar la puntuación total, siempre y cuando se juegue limpio.

Pero junta a hombres y mujeres en un equipo y empezarás a ver el choque de expectativas en ausencia de comprensión. Una de las principales quejas de las mujeres, emergidas de nuestros datos, es que no se sienten reconocidas cuando plantean una idea en una reunión. La tendencia es que un hombre tome la idea, le haga ajustes y se la apropie. Un hombre al otro lado de la mesa contribuirá a la idea "arrojada" y se la apropiará a su vez, y esto proseguirá así hasta pasar a un nuevo punto en la agenda.

A la mujer que originó la idea, todo eso le parece un tanto egoísta. Ella espera que alguien la reconozca, pero podría aguardar todo el día sin que tal cosa suceda, lo que la hará sentirse marginada y subestimada. A diferencia de los hombres, las mujeres no suelen sentirse en su zona de confort reconociéndose a sí mismas. Su inclinación natural es actuar en forma incluyente, hablar por turnos equilibrados y reconocer las ideas de los demás.

"Cómo le disparé al oso"

En 1996, la meta de ventas de Xerox fue vencer a Canon, su principal competidor. El vicepresidente de ventas mandó hacer camisetas de camuflaje para el equipo de ventas, integrado por hombres y mujeres, con la leyenda VENCER A CANON estampada al frente. La meta general era vender más fotocopiadoras que Canon en los dos primeros trimestres de ese año.

Xerox logró vender más que Canon en esos seis meses, y en el banquete de premiación en que el equipo de ventas recibió reconocimientos del vicepresidente de ventas y otros ejecutivos, no fue difícil advertir las diferentes reacciones de hombres y mujeres del equipo. Ellos no dejaban de entrechocar palmas y atribuirse el crédito de su parte en el triunfo, con historias de "cómo le disparé al oso". Ellas se orientaban más a los demás en sus muestras de reconocimiento, recordando los retos y éxitos experimentados por el equipo en su conjunto, lo que *los demás* habían logrado a lo largo del camino y cómo todos habían triunfado juntos. No eran tan bulliciosas como los hombres ni chocaban las palmas tan a menudo como sus colegas, aunque estaban igual de felices.

Lo más revelador e instructivo en la diferencia de cómo hombres y mujeres abordaban el trabajo en equipo fue que, un par de días después, ellos pasaron sencillamente al reto siguiente —la nueva montaña por escalar—, lo que hizo que muchas mujeres del equipo dijeran sentirse relegadas y olvidadas. Para muchas de ellas, algo se perdió en el intercambio. Algunas lo describieron como pérdida de unidad y camaradería, la sensación de equipo que habían dedicado seis meses a cultivar.

Los hombres del equipo de ventas no podían entender por qué las mujeres no habían mostrado tanto entusiasmo en el banquete de premiación, y por qué sentían más pesar que júbilo al final. Veían el triunfo de ventas como un gran logro, y algunos sólo podían adjudicar la insatisfacción de las mujeres al hecho de que "nunca están contentas", lo que generó resentimiento en algunos hombres.

Cuando una mujer le dice a un hombre que no está recibiendo el reconocimiento que necesita, él tenderá a desconectarse o entornar los ojos, lo que la hará sentirse menos reconocida todavía. Los pensamientos personales o reacción externa de él podrían ser:

- "Ella no aprecia la oportunidad que se le ofrece."
- "Parece desagradecida."
- "Recibiste el bono; ¿cómo puedes decir que no se te reconoce?"

El punto ciego de los hombres es, en este caso, suponer que las mujeres valoran lo mismo y de la misma manera que ellos. "La compañía te dejó en libertad de hacer tu trabajo, y te dio el cargo, la oficina y la oportunidad de hacerte un nombre, todo lo cual estimo y aprecio. No entiendo cuál es el problema."

Ciertamente esas cosas son importantes para una mujer, pero lo que a ella le falta es sentirse oída, confirmada y reconocida por sus acciones. Lo que los hombres no oyen es que lo que una mujer *hace* para alcanzar un objetivo debe ser tan reconocido y valorado como el hecho de haber alcanzado el objetivo.

"No es el dinero"

Helen era una asistente increíble que administraba la compañía de seminarios, manejando todos mis clientes y pagando todas mis cuentas. Era, sin duda, la colaboradora soñada. Yo no tenía que interactuar con ella en absoluto, porque Helen hacía todo lo que debía. Su diligencia y destreza me permitían concentrarme en mi trabajo. Confiaba en ella; sabía que era capaz de manejar cualquier cosa que surgiera mientras yo dirigía seminarios en todo el mundo.

La apreciaba tanto que le concedí un aumento de sueldo. Un par de semanas más tarde, se me acercó para decirme que pensaba renunciar. Eso me confundió.

–No entiendo. ¿Por qué quieres irte? ¡Acabo de darte un gran aumento!

–Lo sé —respondió—. Gracias. Me pagas muy bien, pero no me siento reconocida.

¡Realmente algo se me escapaba aquí! Yo pensaba que Helen era la mejor persona que hubiera trabajado para mí. Justo por eso la dejaba hacer sus cosas: para demostrarle que tenía fe en ella. Y le di más dinero para expresar mi reconocimiento.

–¿Cómo debería demostrar que te reconozco? —le pregunté.

Yo tenía que saberlo, porque en verdad valoraba su trabajo, y honestamente no quería perderla.

Helen respondió sin vacilar:

–Sabiendo detalladamente lo que hago.

Ambas nos sentamos, y en diez minutos ella fue capaz de expresar sus sentimientos, los matices de su trabajo y los retos que enfrentaba y vencía cada día lidiando con nuestros proveedores y socios y manejando mi agenda.

En esos diez minutos, me di cuenta de que en realidad no reconocía lo que Helen hacía por mí, porque gran parte de su trabajo me era invisible. Yo no lo sabía, pero desde entonces me propuse conocerlo, porque una de las personas más valiosas en mi vida *quería* que lo supiera.

Entender lo que Helen hacía todos los días y lo mucho que trabajaba por mí me hizo apreciarla aún más, lo que redundó en beneficio mutuo. Helen se sintió reconocida por su trabajo, y yo entendí el apoyo de que disponía. Esto permitió una relación de trabajo más profunda, confiada y respetuosa entre nosotros.

La cifra citada al principio de este capítulo es una realidad para las mujeres: sólo cuarenta y ocho por ciento de ellas se sienten reconocidas por sus esfuerzos en el trabajo. No es intencional de parte de los hombres no oírlas o valorarlas; es simplemente falta de conciencia, y por eso existe este punto ciego. Los hombres no suelen advertir el problema. Y si no ven un problema, no pueden expresar el adecuado nivel de atención o comprensión.

Olvidar cómo llegamos aquí

El nuevo director general de una compañía de Fortune 100 decidió hacer una visita sorpresa a la cumbre anual de liderazgo para conocer a líderes de la compañía del mundo entero y alentar un mejor desempeño para el año venidero. Subió al estrado y agradeció a todos los asistentes sus logros del año anterior. "Todos tuvimos excelentes resultados en 2011, y hoy estoy aquí para pedirles cavar más hondo y apuntar más alto en 2012. ¡Podemos hacerlo mejor! ¡Podemos hacerlo mucho mejor!"

Los hombres gritaron y aplaudieron espontáneamente. Se sintieron reconocidos por su contribución individual. Las mujeres batieron palmas por respeto, pero al mirar alrededor de la sala era fácil percibir que la mayoría de las líderes no se sentían reconocidas ni motivadas. No parecían tan entusiasmadas como los hombres. Desde donde nosotros estábamos, sorprendimos a muchas de ellas mirándose entre sí con una cortés e inexpresiva mirada de incredulidad. Dos semanas más tarde descubrimos por qué, en uno de nuestros talleres de asuntos de género.

Una ejecutiva dio inicio a la sesión reflexionando sobre el discurso de ese día del director general. Supimos que hablaba por las veinticinco líderes asistentes a nuestro taller porque todas asentían con la cabeza mientras ella se explicaba. "El director no se dio cuenta de que los únicos a los que motivó ese día eran los hombres en la sala. Proclamar 'Podemos hacerlo mejor, podemos hacerlo mejor' es como martillar un clavo en el cerebro de una mujer. Las mujeres nos levantamos todas las mañanas *sabiendo* que podemos hacerlo mejor; ¡no necesitamos que no los recuerden! Fue como si el director les hablara sólo a los hombres en la sala."

Otra líder añadió: "¡Habríamos sentido más reconocimiento por lo que logramos en 2011 y más motivación para hacer el mismo esfuerzo en 2012 si el nuevo director hubiera reconocido todas las horas de esfuerzo y sacrificio personal para generar esos resultados!

"Fue como si lo único importante fuera alcanzar la meta, y después la meta siguiente, sin considerar lo que todos sacrificamos para llegar ahí. Probablemente muchos hombres no percibieron eso aquel día, pero no todos. Muchas mujeres y cada vez más hombres no nos sentimos parte de la nueva e impulsiva cultura de esta organización."

No mostrar reconocimiento es una cosa, pero devaluar a una mujer desestimando sus sentimientos o restando importancia a su valor son conductas mucho peores que los hombres tienden a ejercer sin pensar. A veces, sin darse cuenta ellos envían mensajes que tienden a devaluar a las mujeres.

"¡No me estaba quejando!"

En ocasiones las mujeres desean revelar abiertamente su lista de pendientes por resolver en un día o semana dados como una manera de compartir y alentar el diálogo, y liberar estrés entre tanto. Muy probablemente, en este caso no buscan soluciones, ni quejarse de su carga de trabajo. Al oír esto, un hombre propende a malinterpretar tal resumen de tareas como una señal de agobio o queja de una mujer, y ofrecerá soluciones intempestivas con afirmaciones como "Eso no tiene importancia" o "No te preocupes tanto por eso". Pensará aliviar así la ansiedad de una mujer, pero ella oye algo completamente distinto. Recibirá el mensaje de que lo que hace no importa, y de que, en consecuencia, tampoco ella importa.

Lo que ella quiere es compartir los retos que enfrenta, cuestiones que otra mujer entendería y a las que respondería brindando apoyo. Las afirmaciones de él, aunque perfectamente comprensibles y aceptables para otro hombre, tienden a marginar y devaluar los pensamientos y planes de ella.

"Cosificarme es no reconocerme"

Los hombres cosifican inadvertidamente a las mujeres al fijarse y hacer comentarios sobre su apariencia y conducta antes que sobre su sustancia e inteligencia. Cosificar sugiere que los hombres no valoran a las mujeres por sus talentos y habilidades. Esto las degrada de inmediato, porque las reduce a un "objeto" o "accesorio".

En general, no es intención de los hombres ofender en esta circunstancia. Muchos de los comentarios que hacen a las mujeres son casi automáticos, y pretenden ser elogiosos. Gran parte de esto es una conducta que ellos han aprendido desde niños, escuchando a su padre hacer cumplidos a su madre o alabar la apariencia de otras mujeres. Además, muchas de las actitudes y conductas de los hombres hacia las mujeres son reflejo de la forma en que la sociedad las ha retratado en el cine, la publicidad y las revistas. La cosificación de las mujeres está tan arraigada en la cultura contemporánea que a muchos hombres se les dificulta desprenderse de esa conducta aprendida y valorar equitativamente a las mujeres en el trabajo.

Muchos hombres comprenden y respetan a las mujeres no sólo en el trabajo, sino también en su vida personal. Pero ni siquiera ellos infringirán el código masculino llamando inmediatamente la atención de otro hombre que cosifica perniciosamente a una mujer. Después pueden decir algo como "No debiste haber dicho eso sobre la forma en que ella iba vestida en la junta de ayer", lo que no infringe el código masculino, porque se dice en privado más tarde y no es visto como una impugnación.

Aunque muchos hombres tienen la integridad e inteligencia de no cosificar nunca a las mujeres, hace falta valor para que uno de ellos corrija en público la conducta de otro, en especial en compañía de personas de uno y otro géneros.

El nuevo director general —con maestría en administración de empresas de Harvard— de una de las empresas de consultoría gerencial más importantes del mundo asistió una tarde a los últimos minutos de la sesión de planeación estratégica de su compañía, para revisar y aprobar el plan definitivo. A fin de mostrar reconocimiento por un trabajo bien hecho, invitó al equipo, de cuatro hombres y tres mujeres, a cenar esa noche. Durante la cena, el pequeño grupo dio en platicar sobre los estilos de liderazgo y ética de trabajo de los diferentes gerentes asociados de esa empresa alrededor del mundo. La conversación derivó entonces en el gerente asociado Louis y sus frecuentes comentarios subidos de tono. El director general recordó humorísticamente:

–Sí, vi a Louis hace un par de semanas. ¡Sencillamente no entiende qué significa "acoso sexual"!

Se hizo un gran silencio en la mesa. Stephen, el nuevo director general, egresado de una de las universidades más prestigiosas de Estados Unidos, había lanzado una granada verbal sobre aquel grupo de hombres y mujeres y, asombrosamente, Carlos, uno de los vicepresidentes, ¡se le fue encima! Cuestionó en el acto al joven director general:

–¿Sabes qué, Stephen? Tal vez hace veinte o treinta años ésa haya sido una broma divertida, pero ya no lo es. Yo también me reí, sobre todo por nervios, pero me siento incómodo con ese tipo de comentarios.

Carlos esperaba lo peor. Todos lo advirtieron en su rostro. Había confrontado y avergonzado al nuevo director frente a un equipo ejecutivo de hombres y mujeres, ¡y quizá pensaba ya en lo mucho que podía hacer en su casa ahora que su carrera había terminado! Las mujeres se miraron incrédulas. Los hombres veían su plato y no movían un músculo. El drama aumentó cuando, ruborizado, el director se levantó lentamente de su silla, fijó sus ojos en Carlos, se acercó al vicepresidente y con una voz que todos los que estaban en esa parte del restaurante pudieron oír, dijo:

–Gracias, Carlos; cometí un error.

Es muy raro ver este nivel de valor para quebrantar el código masculino. Un gran salto se dio en esa cena esa noche, un salto que cambió drásticamente la cultura de una compañía.

Ya sea influidos por nuestra diferente fisiología cerebral o por el condicionamiento social y conducta aprendida en nuestra infancia y adolescencia, hombres y mujeres no somos iguales en la expresión ni en la expectativa de reconocimiento. Ellas tienden a expresar y sentir reconocimiento en forma diferente a los hombres, pero a causa del falso prisma de la igualdad de género que impregna a la sociedad contemporánea, muchos hombres están condicionados a pasar por alto estas diferencias, y por tanto suelen malinterpretar las señales que las mujeres emiten.

Nuestro propósito es llevar visión a la ceguera de género y arrojar luz sobre las razones de nuestras diferencias para que los hombres puedan abrir su mente y descubrir soluciones por ellos mismos. También intentamos ayudar a las mujeres a interpretar correctamente el comportamiento de los hombres, para que puedan percibir el apoyo de que disponen y las maneras bienintencionadas, aunque a menudo fallidas, en que ellos tratan de ofrecerlo.

Sin una comprensión positiva de cómo y por qué somos diferentes, es fácil malinterpretar y evaluar incorrectamente al otro género. Sin darnos cuenta, podemos incurrir en un pensamiento negativo y censurador y proyectar una conducta incomprensiva.

Sólo ampliando nuestra inteligencia de género podremos entender y respetar nuestras diferencias de género y aprender a mostrar y comunicar reconocimiento en formas que el otro género valora, apreciando asimismo las maneras en que ofrece reconocimiento.

El lado personal de la vida: ¿fuera de o en sintonía?

Después de un día emocionalmente complicado en la oficina, donde todas sus ideas de diseño de un nuevo producto fueron completamente cooptadas por los dos hombres de su equipo, Ruva ansiaba llegar a casa, ponerse ropa cómoda y contarle su día a su esposo. Vinay también anhelaba llegar a casa, cerrar la puerta de la cochera al mundo exterior y hallar un espacio y tiempo tranquilos para serenarse y reanimarse antes de cenar.

–No puedes hacer nada al respecto, Ruva —le dijo su esposo—. Esos tipos simplemente aprovecharon tus ideas. Así somos los hombres. Tienes que aprender a sobrellevarlo y no preocuparte tanto. Además, ganas muy bien. ¡Yo quisiera tener tus problemas!

Los hombres están naturalmente motivados a comunicarse en formas que tienden a reducir su estrés, y Vinay estuvo en modo pleno de resolución de problemas durante al menos una hora más. Ruva, por su parte, sólo quería que se le escuchara un rato. No buscaba precisamente soluciones. Todo lo que quería era atención, comprensión y seguridad. Quería que Vinay respetara y validara sus sentimientos, y que la escuchara sin juzgar. Pero lo que oyó la trasladó de inmediato a aquella sala de juntas, y la devaluó aún más.

Este punto ciego sale también a la superficie cuando padres e hijas se comunican. El error más común que comete un padre es ofrecer soluciones a su hija en vez de escucharla cuando se disgusta y comparte algo de su mundo interior. Los papás creen que es su deber arreglar cosas, cuando muchas veces lo que una hija desea es hablar de sus problemas y ser oída.

Muchos padres se concentran tanto en mantener a su familia que tienden a involucrarse poco en la diaria formación de sus hijos. A menudo, esto transmite a las jóvenes el mensaje de que su papá no las quiere o reconoce, cuando, en el fondo, ¡papá las quiere mucho! Cuando un padre no muestra interés en los detalles de la vida de su hija —su boleta de calificaciones, sus amistades, su triunfo en un partido de tenis o incluso su gusto en la moda—, ella recibe el mensaje de que no le importa. Sí, a los padres les cuesta trabajo entenderse con sus hijas, porque expresan su afecto a través de la acción, no de la comunicación. Para afianzar sus lazos con su hija, un padre debe invertir tiempo en mostrar interés en ella, haciéndole preguntas y escuchándola sin ofrecer consejo.

4 ¿Las mujeres son excluidas?

Las mujeres dicen: "De incontables maneras".
Los hombres dicen: "No sé a qué te refieres".

Los hombres y mujeres que asisten actualmente a nuestros talleres y seminarios están muy interesados en lograr armonía en el trabajo y hacer alianzas de inteligencia de género. Nuestros talleres abarcan diversas industrias, como servicios financieros, alta tecnología, bienes de consumo, bienes industriales, atención a la salud y servicios públicos. Quienes asisten a ellos proceden de todos los niveles de sus organizaciones, como miembros del consejo de administración, altos ejecutivos, gerentes y participantes individuales.

Estas personas suelen expresar frustración y confusión al trabajar con individuos del género opuesto, aunque están decididas a hallar soluciones. Asisten a nuestras sesiones de conciencia de género para entender mejor por qué hombres y mujeres piensan y actúan como lo hacen y para descubrir mejores formas de trabajar en común. También esperan comprender cómo canalizar nuevas ideas a su vida personal a fin de forjar relaciones más firmes y duraderas.

Hay muchos momentos de "¡ajá!" en nuestros talleres, y lo que frecuentemente sorprende a los hombres son los retos y barreras que las mujeres enfrentan a diario en el trabajo, obstáculos contra su éxito profesional y personal. No pasa mucho tiempo antes de que las mujeres presentes inicien su proceso de enlistar tales retos, y a menudo vemos que la sensación de ser excluidas es uno de los que más seguido ocupan el primer lugar, o casi, de la lista.

Los hombres suelen asombrarse cuando oyen decir a las mujeres que se sienten excluidas, pero nuestras encuestas confirman la brecha de género entre unos y otras a este respecto.

DATOS DE GÉNERO[1]

- Ochenta y dos por ciento de las mujeres dice sentir alguna forma de exclusión, ya sea en eventos sociales y reuniones casuales de negocios, conversaciones o recepción de retroalimentación directa.
- Noventa y dos por ciento de los hombres no cree excluir a las mujeres.

Esta brecha en la comprensión de hombres y mujeres acerca de los procesos mentales y conductas del otro género sugiere que nuestro condicionamiento a lo largo de los años para ignorar las diferencias de género y creer que todos somos iguales nos ha dejado a oscuras y nos sigue jugando una mala pasada. Hombres y mujeres no estamos realmente conscientes de nuestras mutuas necesidades y expectativas. Tampoco reconocemos las contribuciones excepcionales de la otra parte en el trabajo.

Ellas quieren comprender mejor y valorar a sus compañeros, pero ellos suelen sentirse confundidos respecto a las reglas básicas al trabajar con mujeres. Los hombres ejercen su trabajo en formas que les parecen naturales, pero sus actos, así como sus reglas y procedimientos de orientación masculina, tienden a oponerse a la manera de pensar y relacionarse de las mujeres.

Un patrón de conducta recurrente

La sensación de exclusión de una mujer no es producto de casos aislados o incidentes específicos, sino de un patrón recurrente de conducta masculina en el trabajo, el cual tiende a desdeñar las ideas y preguntas de las mujeres en reuniones, impedirles participar en redes informales y anular la posibilidad de que se beneficien de valiosas oportunidades de mentoría.

En nuestros talleres, las mujeres suelen decir que su voz no se escucha en reuniones, y que sus ideas o preguntas son pasadas por alto o desatendidas, a menos que un compañero las reformule. Recuerdan asimismo algunas de las rápidas respuestas masculinas en reuniones con las que se desestiman sus comentarios, afirmaciones abruptas que tienden a desalentarlas de participar en una nueva conversación:

- "¡Qué idea más ridícula!"
- "¿En qué estabas pensando?"
- "Eso es lo último que yo haría."
- "Nadie va a aceptar eso."
- "Creo que estás en un error."

Los hombres tienden a usar entre sí este tipo de salidas breves sin que parezca importarles. Es un acto impulsivo en ellos, su forma de desafiarse y competir en las juntas, a menudo de manera despreocupada. Tienden a suponer que las mujeres recibirán esos comentarios como ellos lo hacen, es decir, sin que les importe, para seguir lanzando ideas a diestra y siniestra.

Uno de los principales obstáculos a la visibilidad de las mujeres, y por tanto a sus oportunidades de ascenso, es su exclusión de las redes informales de comunicación, situaciones y ocasiones sociales casuales en las que tiene lugar la vinculación de equipos, se hacen presentaciones personales, se establecen relaciones individuales, se comparte información y suelen arreglarse tratos. Esas redes y situaciones informales pueden abarcarlo todo, desde comidas con clientes hasta copas y puros luego de una reunión, billar y salidas a jugar golf. Podrían implicar incluso la ocasional conducción de clientes a clubes para caballeros.

Muchas de esas redes y eventos suelen ser exclusivos de los hombres, sobre todo porque tradicionalmente se les ha diseñado en torno a los intereses masculinos. Las mujeres no necesariamente desean impedir que ellos participen en actividades masculinas, pero quieren sentirse parte del equipo, y beneficiarse, como los hombres, de las oportunidades de desarrollo personal que tienden a surgir en esos eventos informales.

Tradiciones que excluyen

Desde su fundación a fines de la década de 1970, todos los hombres del equipo ejecutivo de una compañía manufacturera, de nacionalidad noruega, rentan, cada invierno, una cabaña enorme en uno de los muchos fiordos árticos de su país para ir a pescar en hielo toda una semana. Este acontecimiento se considera en dicha compañía el evento social más esperado y valioso del año.

En el mes previo a ese paseo, los hombres platican de su viaje antes y después de cada reunión. Comen juntos, y ocasionalmente van a tomar una copa después del trabajo, para comparar notas y hacer un inventario del equipo que llevarán. En el mes posterior al evento, seguirán congregándose en reuniones y comidas para recordar cómo "pescaron uno grande" y hacer planes para el año siguiente.

Las mujeres han representado cuarenta por ciento del equipo ejecutivo de esa compañía en los últimos cinco años, pero a ninguna de ellas se le ha invitado nunca a pescar en hielo, aunque es muy probable que rechazarían la invitación. De acuerdo con varias ejecutivas, el problema es que suelen sentirse excluidas de reuniones, comidas y eventos sociales. Y cuando emergen oportunidades de ascenso, los hombres se apoyan entre sí más que a sus compañeras, sobre todo porque, luego de una semana de pesca y reforzamiento de vínculos, han generado una alianza únicamente masculina aún más hermética y excluyente.

Los hombres de esa compañía no creen excluir intencionalmente a las mujeres. Tal evento de pesca es muy anterior a la presencia de mujeres en el equipo ejecutivo. De hecho, los hombres apuntan a las cinco mujeres en el grupo ejecutivo como prueba de que su empresa es incluyente. No obstante, esa actividad exclusivamente masculina ha producido un sesgo involuntario contra sus compañeras, al reducir sus oportunidades de ascenso en la organización. Puesto que ahora se invita a clientes clave a asistir al evento de pesca, las mujeres ven esta actividad como más excluyente todavía.

No tiene nada de malo que los hombres reafirmen los lazos que los unen. Pero todo indica que a los líderes de esa compañía no se les ha ocurrido crear un evento social que involucre a todos los miembros del equipo ejecutivo, no sólo a los hombres.

Oportunidades de mentoría

Tener un mentor es una clave decisiva de éxito. La mentoría personal siempre ha ocurrido entre hombres en corporaciones y organizaciones. Un hombre maduro toma a un joven bajo su cuidado, le enseña el tejemaneje de la compañía, le presenta a personas importantes y al final lo recomienda para tareas de alta visibilidad. Sin embargo, no hay tantas mujeres maduras en posiciones de poder como para que puedan guiar a las jóvenes que arriban a las organizaciones, y a los hombres tiende a incomodarles ser mentores de mujeres, por varias razones. Una es que la gente se inclina a educar a aquellos con quienes se siente bien y en los que se ve reflejada. Los hombres se identifican más fácilmente con otros hombres, en especial con los jóvenes, quienes se inician como ellos lo hicieron. "Él me recuerda la forma en que yo actuaba en mi treintena" es un comentario reiterado.

Otra razón de que les desagrade ser mentores de mujeres es el temor al acoso sexual, a la impropiedad sexual o a lo que puedan pensar los demás. Esta sola razón basta para que muchos de ellos eviten instruir a mujeres. Así, este tipo de apoyo ejecutivo no ocurre tan natural o frecuentemente para las mujeres que quieren progresar en su carrera. Por tanto, a ellas se les deja sortear solas las aguas políticas de la organización.

Esto no significa que las actitudes no estén cambiando. Hay muchos hombres íntegros lo bastante maduros para ser mentores de personas del otro género, en especial en compañías e industrias predominantemente masculinas. Un hombre perspicaz dijo acerca de su discípula: "¡Su valor me recuerda el mío en mi treintena!".

"¡No había ninguna alta ejecutiva!"

Molly se embarcó en su carrera profesional tan pronto como egresó de la universidad. Su primer empleo fue en una consultoría de ingeniería eléctrica, despacho de consultores bajo completo control masculino en una industria predominantemente masculina.

"No había ninguna alta ejecutiva en el despacho", recordó Molly, "así que hice lo mismo que en la universidad, donde sólo había profesores en el departamento de ingeniería: recluté a los hombres de la oficina como mis mentores. Mirándolo ahora, mis más grandes mentores han sido los hombres para los que he trabajado", dijo. "Ellos no me ven como una mujer que intenta demostrarles algo, sino como una persona que trata de hacer algo por sí misma, alguien a quien le gusta su profesión, alguien dispuesto a trabajar con ahínco y sobresalir."

Más éxito en la práctica privada

El alud de mujeres en la educación en la década de 1970 saturó prácticamente todos los campos de estudio, incluido el derecho. El número de mujeres con estudios de posgrado en derecho se cuadruplicó en Estados Unidos en la década de 1980. Considerando el hecho de que las mujeres han recibido cerca de la mitad de los títulos de leyes otorgados en ese país en los últimos treinta años, ha habido un aumento acumulativo muy limitado en el porcentaje de mujeres en despachos jurídicos, sea en el nivel de asociadas o de socias.

Tabla 4.1

AÑO	PORCENTAJE DE TÍTULOS EN DERECHO OTORGADOS A MUJERES	PORCENTAJE DE MUJERES QUE EJERCEN COMO ABOGADAS	PORCENTAJE DE MUJERES COMO SOCIAS DE DESPACHOS JURÍDICOS
2010	47%	31%	19%
2000	49%	27%	16%
1990	43%	20%	12%
1980	33%	14%	ND

Tras recibir su título, muchas abogadas no ejercen su profesión, o no permanecen mucho tiempo en este campo, aunque tal porcentaje ha aumentado a través del tiempo. Si entran a un despacho jurídico, lo dejan uno o dos años después para iniciar el suyo. En un extenso estudio en el que se siguió la carrera de hombres y mujeres egresados de derecho en Columbia, Harvard, Berkeley, Michigan y Yale, las mujeres dijeron creer —en mayor grado incluso que los hombres— que las abogadas experimentan barreras significativas en su carrera a causa de la falta de mentoría y su exclusión de redes informales en los bufetes jurídicos.[2]

- Cincuenta y tres por ciento de las abogadas se refirió a la falta de oportunidades de mentoría para las mujeres, mientras que sólo veintiuno por ciento de los hombres opinó que tal era el caso.
- Cincuenta y dos por ciento de las abogadas dijo sentirse excluido de las redes informales, en tanto que sólo veintitrés por ciento de los hombres reconoció la postergación de las mujeres.

Las prácticas excluyentes de los hombres siguen restringiendo las posibilidades de ascenso de las mujeres en los despachos jurídicos, pero también lo hacen los prejuicios masculinos en el sentido de que las abogadas no son lo bastante asertivas para conseguir y mantener clientes, lo bastante agresivas en los tribunales ni lo bastante comprometidas con su carrera.

Curiosamente, encuestas de clientes para medir la hondura y calidad de las relaciones cliente-abogado y encuestas de jurados para comparar la destreza y credibilidad de abogados y abogadas suelen probar otra cosa.

- La tendencia natural de las abogadas a escuchar a sus clientes es coherente con la percepción de éstos de que ellas les prestan más atención y extraen más información relevante del caso que los litigantes.[3]
- Las abogadas generan más confianza ayudando a sus clientes con apoyo emocional y mostrando más interés en sus necesidades, antes que concentrarse estrechamente en el caso legal, como tienden a hacerlo los litigantes. Así, las abogadas retienen en promedio más clientes y generan más ingresos de clientes repetidos que sus compañeros.[4]
- Aunque los estudios demuestran que los jurados suelen asociar la agresividad de los abogados con su destreza y ven a éstos como más agresivos que las litigantes, una abogada que muestra su aptitud a través de su dominio de datos, leyes y, en su caso, tecnología, tiene más probabilidades de ganar para sí misma y su cliente mayor credibilidad a ojos del jurado que un abogado igualmente competente.[5]

Su exclusión de redes informales y de oportunidades de mentoría a lo largo de los años ha reducido notablemente las posibilidades de ascenso de las mujeres en despachos jurídicos y como abogadas corporativas, pero no les ha impedido tener éxito en la práctica privada. Hoy las mujeres constituyen un tercio de los abogados estadunidenses, y el porcentaje de ellas en la práctica privada independiente aumenta más rápido que el de los hombres. Las mujeres no han desertado; tienen más éxito como abogadas independientes y socias de despachos más pequeños que en bufetes grandes o como abogadas generales de compañías de Fortune 500.

"Nunca fue mi intención excluirte"

Las mujeres apuntan comúnmente a la conducta "club de caballeros" en reuniones y eventos sociales, y aseguran que es *intención* de los hombres excluirlas. Frente a tales comentarios, un hombre recordará todas las veces en que ha sido incluyente, y responderá: "No es cierto. Siempre he querido incluirte". Descartará aquella queja porque, a su parecer, su intención nunca ha sido excluir.

Los hombres en general desean hallar maneras de trabajar con las mujeres. En nuestros talleres, suelen insistir en que ninguna exclusión es personal. Se comportan en forma natural para ellos mismos y comprensible para otros hombres, y suponen que las mujeres quieren ser tratadas del mismo modo.

He aquí algunos ejemplos de acciones a menudo inconscientes de los hombres, conductas que a ellos les parecen perfectamente aceptables pero que tienden a invalidar a las mujeres.

"Él hablará cuando tenga algo que decir"

Cuando los hombres están en una reunión y uno de ellos no dice nada, los demás lo ignorarán respetuosamente. Supondrán que el hombre tranquilamente sentado ahí no tiene nada que aportar, al menos por lo pronto. Suponen que cuando quiera contribuir, hablará. Ésta es una manera en la que ellos evitan meter a otros en apuros.

Las mujeres tienden a ver la participación en equipos en forma muy distinta. Alientan a contribuir a todos los presentes en una reunión, sea que los miembros del equipo hablen o no. Creen que es justo y correcto incluir a cada uno, tal como a *ellas* les gustaría ser incluidas. Así, esperan que un hombre muestre respeto por todos como ellas lo hacen; y si él no se esfuerza en incluirlas en la conversación, tenderán a sentirse desatendidas.

"Sólo aprovechamos las ideas de todos"

En las reuniones, es práctica común de los hombres interrumpirse y competir por exponer rápidamente sus ideas. Colaboran para competir, y se inclinan a ver el trabajo en equipo como un deporte grupal. Un hombre toma la idea de otro, la hace suya complementándola de alguna manera y no siente la necesidad de dar crédito durante el intercambio. En su mentalidad de "todo se vale", los hombres seguirán intentando superar a los demás mientras "mueven el balón en el campo", felicitándose mutuamente por un "trabajo bien hecho" al final de la sesión.

Las mujeres acostumbran colaborar para compartir, y no tienden a ver el trabajo en equipo de modo tan competitivo. Una mujer suele reconocer las contribuciones de otros miembros del equipo durante el proceso de planeación. Cuando sus ideas no se reconocen o un hombre las toma para reformularlas y apropiárselas, ella se sentirá ignorada y subestimada.

"Sólo estaba bromeando"

Bromear es una manera en que los hombres ponen a prueba su amistad, lo que les permite ser críticos en forma despreocupada. Una vez que un hombre decide que alguien es su amigo, seguirá siéndolo así diga o haga lo que sea, dentro de lo razonable. Pero en esta conducta desgarbada hay más de lo que parece:

- Las bromas son un modo de reaccionar de los hombres a un error. Exteriorizan el error y se distancian de él diciendo algo como "¡No fue mi culpa!". Las mujeres, en cambio, tienden a interiorizar el error, con comentarios personalizados como "No sé en qué estaba pensando".

- Los hombres bromean entre sí como una forma de vinculación, con afirmaciones como "¡Qué estupidez!". Las mujeres tienden a rebajarse para liberar la tensión del momento y vincularse unas con otras: "Siempre llego tarde".

- Los hombres también bromean entre sí como un modo inofensivo de ofrecer retroalimentación crítica y poner a prueba la amistad de alguien. Si al receptor le ofende la broma, es probable que no sea un buen amigo o confidente. Un hombre tratará entonces de anular o neutralizar la broma con la clásica frase "Sólo estaba bromeando".

En un intento por congeniar con ellas, los hombres suelen bromear con sus compañeras como lo hacen entre sí. Pero este tipo de humor tiende a no sentarles bien a las mujeres, y de hecho puede tener el efecto contrario. Una mujer podría interpretar las bromas masculinas como una forma de menosprecio o insulto. Los hombres no comprenden esto, o lo olvidan a veces, y lo que podría ser un esfuerzo sincero por vincular e incluir suele malinterpretarse como algo rudo y desalentador.

Los hombres no reparan en su conducta

Un hombre se sienta frente a su computadora pensando que puede oír lo que una mujer dice al entrar a su oficina, pero en realidad no puede. Cada vez le será más difícil apartarse de la información en la pantalla. Y aun si escucha, lo hace con apenas una fracción de su atención, mientras determina si lo que la mujer plantea es más importante que aquello en lo que trabaja.

Cambia la situación, y los efectos serán muy distintos. Un hombre que entra a la oficina de otro probablemente supone que el que está en la computadora evalúa qué es más importante, y no tenderá a tomárselo personalmente. A la inversa, una mujer se tomará personalmente que un hombre en su escritorio intente determinar si lo que hace es más importante que lo que ella dice. Pensará que no es importante para él, tan grosero que no puede dejar de ver la pantalla para prestarle atención.

Estas pequeñas conductas, casi patrones, de parte de los hombres son el tipo de cosas que tienden a mermar la seguridad y sensación de aceptación de una mujer, pero por lo común los hombres no reparan en ellas.

EL LADO DE LA CIENCIA

Aunque hombres y mujeres pueden llegar a conclusiones y tomar decisiones similares, el proceso que siguen para resolver problemas puede ser muy distinto, y dar en algunos casos resultados completamente diferentes. Hombres y mujeres suelen evaluar y procesar información de modo muy disímil.

Los hombres tienden a concentrarse en los problemas uno por uno, o de serie en serie, ya que realizan tareas fundamentalmente con el lado izquierdo, o lógico/racional, del cerebro. Abordan los asuntos de trabajo con una comprensión de la tarea y una capacidad de concentración ininterrumpida en lo que debe hacerse. Mientras no se sientan incapaces de terminar una tarea, procederán a la resolución de problemas y el hallazgo de una solución, lo que contribuye a reducir su nivel de estrés.

Si no pueden resolver el problema, dirigirán su atención al lado derecho de su cerebro, causando que el izquierdo reciba menos sangre y olvidando temporalmente el problema que les inquietaba.

Por lo general, esto perfila el arsenal de respuesta al estrés de un hombre como del tipo pelear o huir: él resolverá problemas (peleará) para reducir su nivel de estrés, o los olvidará (huirá) si no puede hallar una solución, lo que también tiende a aminorar su nivel de estrés.[6]

Aquí es donde entra la exclusión. Ya sea que se concentren en resolver un problema o se libren de él, los hombres no advierten que excluyen a quienes los rodean. Se distraen y se autodirigen instintivamente, dejan de lado sus sentimientos y no atienden sus relaciones mientras resuelven o se desentienden de sus problemas.[7]

En tanto que los hombres tienden a usar secuencialmente ambos hemisferios de su cerebro, las mujeres se inclinan a realizar actividades con los hemisferios derecho e izquierdo en forma simultánea. El cuerpo calloso, haz de nervios que conecta los hemisferios derecho e izquierdo del cerebro, es veinticinco por ciento más grande en el cerebro de las mujeres que en el de los hombres, y contiene nueve veces más materia blanca, fibras nerviosas que permiten a ellas transferir datos entre los hemisferios derecho e izquierdo más eficientemente que los hombres. Así, suelen adoptar una perspectiva más amplia e incluyente de una situación; ven los elementos de un problema como interconectados e interdependientes.

A las mujeres suele interesarles cómo se resuelven los problemas más que la mera resolución de uno de ellos. En su mayoría, compartir y discutir un problema les da la oportunidad de fortalecer relaciones, lo que alivia su estrés. Resolver un problema puede afectar profundamente el hecho de si una mujer se siente más unida y menos sola, o distante y menos conectada.

Mientras que la respuesta al estrés de los hombres es pelear o huir, la de las mujeres es atender y amistar: depender intensamente de sus redes de apoyo en periodos de estrés, atender el problema de que se trata y amistar mediante la comunicación y la colaboración. Hablar de sus problemas les permite liberar serotonina, sustancia química del cerebro que contribuye a reducir los niveles de estrés. A la inversa, ser excluidas del diálogo tiende a aumentar su nivel de estrés.[8]

Los modelos biológicos de conducta de hombres y mujeres no son inherentemente restrictivos ni necesariamente absolutos. Son de naturaleza direccional, y por lo general describen la forma en que cada género tiende a responder al mundo que le rodea. Comprender las mutuas tendencias innatas puede ayudar a hombres y mujeres a reconocer, apreciar y responder apropiadamente a la otra parte, en el trabajo y en su vida personal.

Enfoques diferentes del trabajo en equipo

Comúnmente, hombres y mujeres definen y enfocan el trabajo en equipo de diferente manera. En general, las mujeres tienen mayor necesidad de formar parte de un grupo, y ven el trabajo en equipo como una oportunidad de colaborar y comunicarse con los demás, una posibilidad de establecer nuevas relaciones o reforzar las ya existentes.

Las mujeres derivan gratificación personal y apoyo haciendo y recibiendo preguntas, y compartiendo sus descubrimientos y decisiones con otros. Así, tienden a estar atentas a su inclusión en este proceso al tiempo que derivan sensaciones de aceptación e involucramiento, habitualmente no tan importantes para los hombres.

Los hombres tienden a trabajar de modo independiente, hasta resolver una tarea o problema. Usualmente ven el trabajo en equipo como un ejercicio rápido de agenda para confirmar o calibrar un curso de acción, tras de lo cual se dispersan y retornan a la resolución independiente de problemas y la toma individual de decisiones.

La inclusión no suele ser un asunto de gran importancia para ellos. En consecuencia, una mujer puede malinterpretar la conducta de un hombre en reuniones de equipo y considerarla distante e indiferente, lo que tiende a agudizar su sensación de exclusión. Por su parte, un hombre puede malinterpretar la necesidad de colaborar, compartir y preguntar de una mujer juzgándola una señal de indecisión e inseguridad. Podría malinterpretar incluso sus preguntas como indicio de recelo o desconfianza de sus intenciones.

En nuestros talleres preguntamos a mujeres y hombres qué significa para ellos el trabajo en equipo, y hemos descubierto dos nociones muy divergentes del propósito de un equipo:

Lo que el trabajo en equipo significa para las mujeres:

- "Compartir ideas con los demás y aprovechar las ideas de todos."
- "Establecer y mantener firmes relaciones de trabajo."

- "Dar a cada uno la oportunidad de decir lo que piensa."
- "Llegar a mejores decisiones."

Lo que el trabajo en equipo significa para los hombres:

- "Asignar y priorizar labores."
- "Confirmar que no se duplican esfuerzos."
- "Asegurar que todos trabajen lo más efectiva y eficientemente posible."
- "Calibrar mi esfuerzo laboral y permitirme seguir trabajando solo."

En las reuniones de equipo, los hombres por naturaleza suelen reaccionar rápidamente a los asuntos y formarse opiniones inmediatas. Quieren conocer a los demás, y dispersarse luego para poder seguir trabajando solos. Las mujeres, en cambio, consideran esas reuniones como parte integral del trabajo. Tienden a dedicarles más tiempo, y a considerar todos los resultados posibles antes de formarse una opinión y decir lo que piensan. Dado el tiempo y la consideración concedidos, una vez que una mujer se forma una opinión, ésta será más firme en su mente como correcta e inmutable.

A esto se debe que las mujeres tiendan a suponer que las afirmaciones automáticas de un hombre son fijas e inalterables. Puesto que las opiniones de los hombres se forman pronto y con muy pocas aportaciones, ellas interpretan esta conducta como desdeñosa y excluyente. Tenderán a suponer que a los hombres no les importa su punto de vista, porque ya tomaron una decisión.

Pero esto no podría estar más lejos de la verdad. Un hombre necesita más información, y cambiar de parecer. Puede concentrarse particularmente en los resultados, pero estará abierto a ideas capaces de aumentar su efectividad o eficiencia en el cumplimiento de sus metas. Los hombres no admiten que las mujeres buscan mejorar y apoyar al cuestionar sus ideas y acciones.

El lado personal de la vida: "llevar el trabajo a casa"

–Ya llegué. ¿Hay alguien en casa? —pregunta Sylvia al atravesar el vestíbulo.

–Estoy acá arriba, mamá —responden al unísono su hijo y su hija—. Haciendo la tarea.

Sylvia deja su portafolios en el hall y de inmediato se pone a hacer de cenar.

–¡Cenaremos dentro de una hora! —grita hacia el techo.

Oye llegar a Tom en su auto y se pregunta cómo le habrá ido, y si está contento en su nuevo puesto. El estrés de haber sido despedido y de tener que aceptar un empleo de bajo nivel en otra compañía ha sacudido la seguridad de Tom en sí mismo, y su capacidad para mantener a su familia. También ha tensado su relación con Sylvia.

–¡Ya llegué! —grita él en la puerta.

–¿Cómo te fue? —le pregunta a Sylvia mientras besa brevemente su mejilla, y se marcha al cuarto de estar a ver las noticias.

Ve pasivamente la televisión, sin precisar siquiera las imágenes en la pantalla. Algo atrapa de repente su atención, y poco a poco se sumerge en el sofá.

Sylvia repasa la lista que corre por su mente:

–Vi a papá hoy. Me gustaría que se mudara a vivir con nosotros, Tom. Tenemos que conseguir boletos para la función de Mark de la próxima semana. ¿Todavía quieres ir? Antes de que se me olvide, tus hermanos quieren venir este fin de semana a jugar cartas, ¿te interesa? Ah, y Susie tiene prueba de química mañana. ¿Podrías ayudarle después de cenar?

Tom piensa: "Necesito unos minutos para recargar mis baterías. Ayudaré a Susie después de cenar". Vuelve a mirar la pantalla y finalmente grita en dirección a la cocina:

–¿Qué? Ya veremos después.

La sensación de Sylvia de que se le ignora aumenta cada vez que una de sus preguntas queda sin respuesta. "¿Por qué él no puede venir a sentarse a la cocina y platicar conmigo un ratito? Eso es lo único que quiero."

Lo que ocurre entre Sylvia y Tom muestra puntos de fricción hoy comunes en demasiadas parejas. Hombres y mujeres siempre han tenido que enfrentar retos en sus relaciones; pero dado el estrés adicional de vidas y carreras en movimiento perpetuo e impredecible, los retos de la relación se han vuelto más pronunciados.

Una de las diferencias fundamentales entre hombres y mujeres es el modo en que cada género enfrenta el estrés. Los hombres se concentran y retraen, mientras que las mujeres tienden a abrumarse y a involucrarse emocionalmente. En esos momentos, las maneras naturales de un hombre de reducir el estrés son diferentes a las de una mujer. Él necesita desconectarse y olvidar sus problemas, en tanto que ella necesita tomar cartas en el asunto y hablar de los suyos.

Las mujeres no suelen entender cómo enfrentan el estrés los hombres. Esperan que se abran y hablen de sus problemas como ellas lo hacen; y cuando un hombre se retrae en vez de dar la cara, la mujer tiende a molestarse, y su sensación de ser ignorada y excluida aumenta.

En general, los hombres no se dan cuenta de lo distantes que se vuelven cuando se sumergen en sí mismos. Al no entender la validez de las reacciones de las mujeres a su retraimiento, se dicen incomprendidos y tienden a defenderse, lo que provoca más fricción y genera mayor distancia.

Un hombre con inteligencia de género sabe que su pareja tiene que comunicarse y compartir para reducir su estrés. Le dice a su esposa que sólo necesita treinta minutos de descanso, tras de los cuales él será de más valor para ella. Un hombre con inteligencia de género sabe que si dice eso, su esposa no se sentirá desatendida. A su vez, una mujer con inteligencia de género entiende que su esposo quiere ayudarla, pero que primero tiene que ayudarse a sí mismo resolviendo sus asuntos propios.

Cuando carecemos de inteligencia de género, carecemos de seguridad en nosotros mismos, y abrigamos enojo, resentimiento y desconfianza. El desafío que hoy enfrentan las parejas es ser más conscientes de las necesidades y expectativas del otro, percatarse de que no son iguales sino diferentes y descubrir y valorar la complementariedad oculta en esas diferencias.

5 ¿Los hombres tienen que andarse con pies de plomo con las mujeres?

Las mujeres dicen: "No, ellos la tienen fácil con nosotras".
Los hombres dicen: "Sí, hay muchos retos que vencer con ellas".

La frase **"andarse con pies de plomo"** describe la manera en que una persona aborda un tema delicado o un resultado incierto al tiempo que intenta no herir u ofender los sentimientos de otra. Se basa en la idea de la cautela que es preciso tener con las cosas sensibles, justo el enfoque necesario para manejar un conflicto: cuidado excepcional y contención personal.

Los hombres suelen verse obligados a andarse con pies de plomo con las mujeres en el trabajo, sensación de aprensión y titubeo que puede surgir cada vez que interactúan con ellas. Ejemplos de situaciones en las que los hombres dicen sentirse muy incómodos y tener el cuidado extra de no ofender y provocar una reacción emocional incluyen:

- Plantear ciertos temas que podrían suscitar muchas preguntas y demorar decisiones.
- Dar retroalimentación en revisiones de desempeño.
- Lenguaje informal, alusiones sexuales, bromas subidas de tono y vulgaridades.
- Abrir puertas, detener elevadores, comprar el almuerzo u ofrecerse a cargar paquetes pesados.

DATOS DE GÉNERO[1]

• Setenta y nueve por ciento de los hombres siente que debe ser cuidadoso e indirecto al dar a las mujeres retroalimentación crítica y oportuna.
• Ochenta y dos por ciento de las mujeres dice querer recibir retroalimentación directa de los hombres.

Las mujeres no creen que los hombres tengan que andarse con pies de plomo con ellas. No quieren que se sientan así, y suele sorprenderles que tal cosa suceda en tan alto grado. No obstante, en nuestros talleres y seminarios muchos hombres dicen tener una historia de "decir las cosas equivocadas", torpeza que, como reconoce un buen número de ellos, se remonta a su adolescencia. Admiten, asimismo, que su cautela es, a menudo, una reacción a situaciones y experiencias pasadas, aun si se trata sólo de un incidente aislado, en el que dijeron o hicieron algo que hizo reaccionar a una mujer en forma negativa.

"¿Debo ayudar o no?"

Un hombre sube a un avión, guarda su equipaje y ocupa su asiento junto al pasillo. Es viajero frecuente, así que es uno de los primeros en abordar. Se pone a leer un artículo, y ocasionalmente voltea a ver subir a la gente, que guarda su equipaje y toma asiento.

Una mujer camina por el pasillo hacia él y se detiene dos filas adelante. Mira el espacio arriba, y luego su pesado equipaje. "¡Cómo odio tener que hacer esto!", piensa ella. Arroja su bolsa y su saco al asiento y procede a levantar su maleta.

Con un ojo en el artículo y otro en la mujer, él comienza a sopesar de inmediato la situación. Piensa: "¿Debo ayudar o no? La última mujer a la que le ofrecí ayuda me contestó: '¡No, puedo hacerlo yo misma!'. Ni siquiera me miró. Me sentí un idiota. Aunque tal vez yo la hice avergonzarse".

Sin saber cómo reaccionar, se queda inmóvil en su asiento, baja la vista al artículo y sigue leyendo. Está algo molesto consigo mismo por no mostrar buenos modales y ofrecer ayuda a esa mujer. Le enseñaron a ser cortés con las damas.

Ella levanta con dificultad su maleta hasta meterla en el compartimiento, tras de lo cual se serena y se sienta. "¿Cómo es posible que ese señor no me haya ofrecido ayuda?", piensa brevemente. "¡Yo estaba justo frente a él!"

Esto podría parecer una minucia, pero simboliza con elocuencia la inseguridad que pasa a veces por la mente de un hombre al interactuar con las mujeres. Cuando este ejemplo fue compartido por un hombre en nuestro taller, todos los demás en la sala inclinaron la cabeza en señal de aprobación, como si a todos ellos les hubiera ocurrido algo similar y supieran lo que se siente.

Pies de plomo en el trabajo

Los hombres quieren poner lo mejor y más auténtico de sí en el trabajo y encontrar las formas más favorables de laborar con las mujeres, sean subordinadas, compañeras o supervisoras. Pero dicen sentir que a menudo no pueden expresar sus ideas o ser naturales e informales sin temer decir o hacer inadvertidamente algo que podría incomodar a una mujer e incitar una reacción emocional indeseable.

Andarse con pies de plomo con las mujeres en el trabajo no es beneficioso para ellos; merma su seguridad en sí mismos, así como su desempeño personal y satisfacción laboral. Más todavía, tampoco es provechoso para las mujeres. Un hombre tiende a minimizar su interacción con una mujer cuando se siente inquieto e inseguro con ella; evitará temas que puedan suscitar demasiadas preguntas, trastornar una agenda o estorbar los avances. Y se abstendrá de dar retroalimentación sincera en las evaluaciones de desempeño y el *coaching* uno a uno con mujeres.

En nuestros talleres, los hombres admiten a menudo que se sienten más cómodos interactuando con otros hombres, sobre todo si se trata de desconocidos. Un hombre no tiene que pensar lo que va a decir frente a otro, ya sea que dé retroalimentación crítica, use ocasionales palabras obscenas o cuente un chiste indecoroso.

Los hombres aseguran que las reacciones de sus congéneres son más predecibles que las de las mujeres, sobre todo porque ellos tienden a actuar como los demás en mayor medida que ellas. Los hombres suelen tener cierto modo de operación en su forma de abordar el mundo que los rodea; tienden a pensar y actuar de manera secuencial y no emotiva. Resuelven los problemas o los ignoran, seguros de que los demás piensan y actúan igual.

Que ellos crean que deben andarse con pies de plomo con las mujeres en el trabajo podría parecer a primera vista un asunto menor. Pero en vista del grado en que los sexos se han combinado en los negocios desde la década de 1980, la tendencia masculina a sentir inquietud e inseguridad ante las mujeres, aun en forma ocasional, puede afectar negativamente el éxito profesional y personal de ambos géneros.

Las mujeres saben que necesitan inclusión e interacción para desempeñarse satisfactoriamente en su trabajo y avanzar en su carrera. Quieren que los hombres se sientan a gusto trabajando con ellas, que sean auténticos y les tengan confianza. Los hombres suelen saberlo, y quieren a su vez ser incluyentes en sus acciones y genuinos en su conducta. Pero tienden a evitar situaciones con ellas que puedan resultar desagradables, ser difíciles de sortear o tener consecuencias inciertas y desconcertantes.

Pies de plomo en la sala de juntas

Bill acelera el paso para alcanzar a Joe de camino a la reunión.

–¡Qué bueno que te veo, Joe! Quería sugerirte no mencionar en esta reunión los resultados de la encuesta más reciente. Las encuestas anteriores tuvieron tamaños de muestra mucho más grandes.

–¿Qué ocurre con la encuesta más reciente? —pregunta Joe.

–Las respuestas negativas fueron un par de puntos más altas, y Janet va a comenzar con sus preguntas —responde Bill—. Ésta es una reunión crítica. No podemos permitirnos retrasos.

–No te preocupes, Bill. Entiendo —dice Joe.

Quince minutos después de iniciada la reunión, Janet pregunta:

–Antes de que votemos, ¿cuáles fueron los resultados de la última encuesta?

En las reuniones, los hombres suelen tener el cuidado de no plantear asuntos que podrían generar preguntas adicionales y perturbar la agenda o retrasar una decisión. Tienden a evitar preguntas como "¿Tú qué piensas?". Su motivación es buscar la distancia más corta entre dos puntos, y seguir ese camino con singular concentración e interrupciones mínimas.

A veces los hombres interpretan las preguntas de una mujer como una reacción innecesaria a un asunto menor, o como señal de que ella no está comprometida con el éxito del proyecto, o como un indicio de que desconfía de las intenciones de otros. A menos que un hombre piense que se trata de un tema importante que se deba plantear, tenderá a ignorar o subestimar preguntas adicionales.

Sin embargo, está en la naturaleza de las mujeres hacer preguntas, y que se las hagan. Esto las hace sentir incluidas, y participantes en el proceso de descubrimiento. Prefieren explorar todas las facetas de un asunto al resolver un problema y antes de tomar decisiones. Además de tender a ser cooperativas y de pensamiento ecléctico, se inclinan, asimismo, a hacer preguntas para mostrar interés y preocupación. Plantear cuestiones que creen que podrían convertirse en problemas es su manera de mostrar lealtad y compromiso. Ésta es una reacción natural en ellas y una de sus mejores contribuciones, que lamentablemente los hombres suelen pasar por alto.

Pies de plomo en las evaluaciones

Tras la evaluación de desempeño, el gerente entra a la oficina de recursos humanos (RH) y toca a la puerta de su representante.

–No marchó nada bien. Ella se alteró mucho cuando critiqué su desempeño del último año, y yo no supe qué hacer.

–¿Lloró? —pregunta el representante de RH.

–Sí —contesta el gerente—. Cometió dos errores en el año y perdimos un cliente. Es una buena empleada, muy dedicada. Quiero que siga en mi equipo, pero yo tenía que explicar qué estuvo mal, para ayudarle después a corregir sus errores.

–¿Qué hiciste cuando lloró? —inquiere el representante de RH.

–Para serte franco, me ofusqué y me congelé. Le dije que se tranquilizara y dimos por terminada la reunión. ¿Qué debí hacer? —pregunta el gerente.

–Debiste reconocer lo que ella sentía, decirle que la valoras como empleada y que querías ayudarla a mejorar. Y luego debiste decirle lo que esperas de ella en el futuro.

El gerente se muestra confundido.

–Pero es que ella es muy emocional.

–Las mujeres manejan la emoción en forma diferente a los hombres —dice el representante de RH—. Pensaste que su emoción era enojo o miedo, pero lo más probable es que fuera pasión por su trabajo. Tu primera reacción no debe ser temor o incomodidad en presencia de un arranque emocional de una mujer.

Un supervisor tiende a abstenerse de criticar —o a suavizar sus críticas— a una mujer en su evaluación de desempeño por temor a ser demasiado directo o negativo, lo que podría disgustarla y provocar una reacción emocional.

En nuestros talleres, los hombres dicen que su aprensión se basa en su experiencia, y que su incertidumbre tiende a impedirles ir al grano con las mujeres, hacer una evaluación honesta de ellas y ofrecerles *coaching* constructivo. Todo esto aminora las posibilidades de superación personal y desarrollo profesional de una mujer.

Los hombres tienden a sentirse mejor dando retroalimentación directa a otros hombres, sobre todo porque sus reacciones son más predecibles. A los ejecutivos se les facilita proporcionar *coaching* y mentoría a un subordinado, cuyo desempeño pueden criticar sin temor a que lo tome personalmente.

Pies de plomo después del trabajo

La reunión llega a su fin, las dos clientas cierran sus portafolios y una le dice a la otra:

–¿Qué te gustaría ir a cenar? Nuestro vuelo no sale hasta mañana en la mañana.

Dennis, uno de los tres hombres en la sala, dice:

–Conozco un lugar cerca de aquí donde sirven unos filetes estupendos. ¿Querrían ser nuestras invitadas?

Ellas se miran entre sí. Pensaban en una cena más ligera y en acostarse temprano, pero aceptan.

A John se le va el alma a los pies. Sabe cómo se pone Dennis luego de un par de tragos, y no quiere ser parte de esto, pero aquellas mujeres representan un cliente importante. No puede marcharse. Peor todavía, no puede dejar a Dennis solo con ellas. Gordon, el tercer hombre, no conoce tan bien a Dennis. "Quizá él pueda ayudarme a salvar la noche", piensa John. "¡Me temo que esto se va a deteriorar muy rápido!"

Tiene razón. Dennis toma dos martinis antes de cenar, insulta al mesero más de una vez y cuenta un chiste que las dos mujeres sólo pueden interpretar como abiertamente sexista. Ordena otro trago en la cena y se pone a hablar ruidosa y ordinariamente con Gordon sobre una película que vio la noche anterior.

John hace lo que puede por distraer a las mujeres durante la cena, preguntándoles sobre su ciudad natal. Ellas perciben su ansiedad y aprecian sus esfuerzos. Pero no pueden menos que mirar a Dennis con incredulidad absoluta.

A la mañana siguiente, desayunan antes de tomar el taxi al aeropuerto.

–¡Qué latoso! —dice una de ellas—. No quiero ver a ese Dennis en nuestra junta del mes próximo, ni cerca de nuestra directora general. Ella cancelará el contrato con este proveedor tan pronto como lo conozca.

Comidas informales, tragos después de las labores o eventos sociales de negocios son casos en los que los hombres pueden olvidarse de sus problemas de trabajo, relajar su conversación y bromear con todos. Pero no siempre pueden ser ellos mismos cuando hay mujeres presentes. Tiende a preocuparles que una mujer en el grupo malinterprete algo que ellos digan o juzgue impropia su conducta, en particular si ésta linda en la ofensa. Por tal razón, los hombres dudan en invitar a comer a una compañera de trabajo, o en incluirla en eventos sociales.

Los límites del decoro no siempre son claros, y mujeres diferentes tienen distintos umbrales de tolerancia. Basta con que un hombre haga un comentario casual para que pueda verse en una situación insostenible. El riesgo de una acusación de acoso sexual por una impensada broma subida de tono o un comentario sexual, en especial tras haber tomado una o dos copas, es muy alto, y lo que alguna vez fue para un hombre un refugio de los problemas del día es ahora otro sitio en el que tiene que estar en guardia y ejercer moderación.

En el capítulo 1 se señaló que la mitad de las doce mil demandas anuales de acoso sexual contra hombres en Estados Unidos en los últimos diez años se desechan en ausencia de "causa razonable".[2] No obstante, sea que se le confirme, deseche o incluso se presente en un tribunal en primer término, una acusación de acoso es objeto de registro, y basta para dar al traste con la carrera de un hombre, así como para impactar negativamente la reputación y posición de la demandante.

No a todos los hombres les preocupa su conducta con las mujeres, y muchos de ellos gustan de compartir una comida o unas copas con una mujer después del trabajo. Un hombre con inteligencia de género se siente a gusto con sus compañeras. Sabe que ser considerado con ellas consume muy poca energía, y que el beneficio y disfrute de ser acompañado por personas de uno y otro géneros bien vale el esfuerzo. Muy a menudo, un hombre puede sentirse incómodo con un amigo carente de tal consideración, y hacer cuanto pueda por evitarlo.

La desventaja para los hombres

La prevención, cautela e incertidumbre de los hombres tienden a perjudicar la sensación de inclusión de una mujer y sus oportunidades de ascenso. Pero andarse con pies de plomo con las mujeres también es una desventaja para los hombres. Ellos quieren encontrar las mejores maneras de trabajar con las mujeres en su oficina o equipos, pero su temor a herir los sentimientos de alguien al decir o hacer algo incorrecto puede causar vacilación e inquietud, lo que tiende a crear un entorno laboral restrictivo, no cooperativo e improductivo.

Los hombres no pueden dar lo mejor de sí ni trabajar eficazmente con las mujeres si se sienten inseguros a su lado, e inseguros de las reacciones de ellas. Si estas aprensiones afectan negativamente su aptitud para dirigir equipos mixtos, colaborar con compañeras de trabajo o apoyar a una supervisora, también sus posibilidades de ascenso pueden verse en peligro.

Por qué los hombres son aprensivos

Aunque las costumbres sociales y normas culturales de la interacción de hombres y mujeres varían globalmente, nosotros hemos descubierto que muchas de las aprensiones de los hombres ante las mujeres son comunes, y suelen emerger por las mismas razones: cambios en los valores sociales —particularmente en las reglas de urbanidad— y tendencias instintivas de hombres y mujeres.

Cambios en los valores sociales

El movimiento de las mujeres a favor de la igualdad de derechos en el trabajo, el cual se aceleró en la década de 1960, motivó a muchas jóvenes a buscar carreras y posgrados universitarios avanzados en las décadas de 1970 y 1980. Los valores sociales tienden a cambiar de una generación a otra, pero en una misma generación hombres y mujeres se vieron compitiendo en el trabajo por puestos más altos, y trabajando en relaciones desconocidas que a menudo resultaron en conductas poco auténticas, todo lo cual hizo que ambos sexos se sintieran un tanto aprensivos y confundidos.

El tema motivacional de fondo de la igualdad entre los sexos terminó por significar que las mujeres eran iguales a los hombres, que podían hacer el mismo trabajo, aplicar las mismas conductas y procesos mentales y obtener los mismos resultados. Se creyó que las diferencias entre hombres y mujeres, aparte de la apariencia y la capacidad reproductiva, eran resultado de conductas aprendidas que era posible desaprender. La consigna "Cualquier cosa que puedas hacer, la puedo hacer mejor", tomada de una canción de Irving Berlin para la comedia musical *Annie Get Your Gun* (1946), indujo a muchas mujeres a creer que podían actuar como hombres y obtener los mismos resultados, y aun mejores.

Las "abusivas" de Silicon Valley

Durante el auge de las compañías de internet a fines de la década de 1990 y principios de la de 2000, Silicon Valley fue el destino por excelencia de chicas con licenciaturas y posgrados en administración, tecnología e ingeniería. Muchas de ellas se convirtieron en líderes consumadas en el sector nuevo y creciente de la alta tecnología, y vencieron numerosas adversidades para avanzar en su carrera.

A fin de dirigir equipos y negociar con distribuidores y socios, todos ellos en su mayoría hombres, muchas ejecutivas tomaron cursos de capacitación en asertividad. La intención era enseñar a mujeres en puestos de liderazgo a defender sus derechos, respetando al mismo tiempo los de los demás, y a expresar sus opiniones, necesidades y sentimientos sin herir los ajenos. La meta era enseñarles a discrepar sin resultar discrepantes.

Casi todos esos programas de capacitación se basaban (y se siguen basando en muchos casos) en modelos masculinos de conducta. Se enseñaba a las ejecutivas a resolver problemas en forma secuencial y no emocional, a tomar decisiones rápidas y unilaterales y a orientarse a metas y tareas. A falta de modelos femeninos apropiados que sirvieran de ejemplo de cómo podían ser asertivas, las mujeres se volvieron duras, enérgicas y persistentes al emular la conducta de los hombres en puestos de liderazgo.

La asertividad se convirtió en agresividad, y pronto apareció el término "abusivas" para describir a esas líderes severas e intransigentes. Pero aquellas mujeres jóvenes y listas fracasaron de súbito en su carrera ejecutiva. Un programa "antiabusivas", que incluyó evaluaciones de trescientos sesenta grados por subordinados, compañeros y supervisores, reveló que prácticamente todas las ejecutivas que habían participado en esos cursos de capacitación en asertividad obtuvieron alta puntuación en muchos de los rasgos negativos comúnmente asociados con la conducta agresiva: brusquedad, reprobación, intimidación, irritabilidad y control.[3]

Los hombres no saben, por lo general, cómo supervisar o trabajar con o para mujeres asertivas que actúan con agresividad. Esta conducta

121

tiende a confundirlos e inhibirlos, así que hacen todo lo posible para no interactuar con tales mujeres. Pero si uno de ellos debe trabajar con una mujer agresiva, será tan cuidadoso como pueda para evitar que se le malinterprete.

Durante una sesión de desahogo en nuestros talleres se pidió a hombres y mujeres hacer una lista de sus retos al trabajar con el otro género. Éste es uno de los segmentos más relevantes de nuestras sesiones, pues alienta un nivel más profundo de participación. En una sesión, un líder llamado Eric no se pudo contener.

"Ella ya no está en la compañía, pero mi mayor reto era trabajar con Susanna. ¡Era sumamente abusiva!" Todos los hombres y mujeres en la sala estuvieron de acuerdo con él, y se pusieron a intercambiar historias.

Cuando les pedimos describir qué entendían por "abuso", los hombres fueron los primeros en hablar:

- "Susanna intimidaba a la gente en las reuniones y la metía en apuros para demostrar lo fuerte que era y ganarse el favor del jefe del departamento."
- "Impartía órdenes a gritos cuando uno iba a su oficina. Hablaba con voz fuerte para que todos en el pasillo la oyeran."
- "Siempre se oponía a todo, adoptando el papel de abogado del diablo."
- "Intentaba controlar todos los proyectos y era la última en salir de la oficina cada noche."

Las mujeres también tenían algo que decir sobre la agresividad de Susanna:

- "No podías exhibir ninguna debilidad o duda frente a ella."
- "Siempre vestía de negro, como los hombres de la oficina. Era impaciente con las mujeres que dejaban ver su feminidad. Te hacía sentir débil e ineficiente."
- "Nunca confié en ella. Sonreía, pero tú sabías que no era auténtica."

Una mujer que trabajó con Susanna más que nadie lo resumió de esta forma: "Su situación era muy triste. Ella comía sola en su oficina, nunca en la cafetería con los demás. Era cáustica y amedrentadora, y no tenía por qué. Era inteligente y muy creativa. Todo lo tomaba como un desafío personal. Nadie sabía a qué atenerse con ella. Al jefe de departamento le gustaba que ella sacudiera a la gente y obtuviera resultados, pero un par de personas muy valiosas renunciaron por su culpa. Creo que por eso, al final, la compañía dejó que se marchara".

Los modelos de conducta para los hombres no funcionan del todo bien cuando se aplican a las mujeres, sobre todo porque unos y otras se inclinan instintivamente y son alentados culturalmente a pensar y actuar en forma diferente. En general, un hombre puede ser asertivo y justificar lo que desea sin tener que basarse en el desagrado personal, o por razones emocionales. Los hombres tienden a exteriorizar y distanciarse de los problemas a fin de hallar soluciones, y no sienten la necesidad de justificar sus asertos. Las mujeres pueden interpretar la asertividad de un hombre como agresividad, pero otros hombres supondrán que él simplemente proclama su deseo de "llevar a cabo el trabajo".

Las mujeres tienden a interiorizar y personalizar los problemas. Así, se inclinan a defender sus expectativas expresando insatisfacción y descontento emocional. Al asociar sus necesidades con un problema personal, tienden asimismo a expresar sus asertos o demandas con censuras y críticas, dirigiendo el problema al interior en lugar de hacerlo al exterior, hacia la consumación del trabajo.

Reglas modernas de urbanidad

Los niños de las décadas de 1950 y 1960 fueron enseñados a ser serviciales con las mujeres: a cederles el asiento, abrirles las puertas y cargar cosas pesadas por ellas. En sus citas amorosas, los jóvenes sabían que les correspondía pagar la cuenta, y lo hacían sin titubear. Aprendieron las reglas de etiqueta apropiadas y emulaban los buenos modales que su padre exhibía con su madre y otras mujeres. Películas y libros eran instructivos para los muchachos, pues retrataban y reforzaban la caballerosidad.

¡Cuánto ha cambiado en una sola generación! Desde la década de 1970 ha habido una suerte de cataclismo en las reglas de urbanidad. Hoy en día los hombres ya no saben cómo ser respetuosos o corteses con las mujeres en el trabajo. Ignoran cuáles son las reglas, y lo peor es que reglas y expectativas pueden variar de una mujer a otra.

A muchos de ellos les preocupa que sus intentos por ser serviciales con las mujeres sean vistos como sexistas, por dar a entender que ellas son incapaces y necesitan ayuda. Para complicar más las cosas, si una mujer pide o acepta ayuda de un hombre, podría parecer débil y necesitada.

Por más que la mayoría de las mujeres siga aceptando la ayuda de un hombre, ya que es muy raro que la objeten, ellos no dejan de sentirse inseguros. Basta con que un hombre ofrezca ayuda una o dos veces y reciba una reacción negativa para que crea que la siguiente mujer en una situación similar responderá con igual reprobación.

En el centro de trabajo actual, un hombre rara vez elogiará la apariencia de una mujer. Los hombres tienen una inclinación natural a advertir y admirar a una mujer, pero temen la reacción a ello. No ven nada malo en eso, pero en una situación de negocios elogiar la apariencia de una mujer puede no hacerla sentir reconocida por su aptitud y contribución. Los hombres temen olvidar esto, tropezar y decir algo que sea malinterpretado o no apreciado.

Estos cambios en las costumbres sociales y normas culturales desde las décadas de 1970 y 1980 aclaran el motivo de que los hombres tiendan a andarse con pies de plomo con las mujeres en el trabajo. El hecho de que unos y otras se hayan visto lanzados de pronto a roles desconocidos en los que se esperaba que mostraran las mismas conductas, ha creado un entorno en el que ambos géneros son propensos a sentirse incómodos y confundidos en presencia del otro. Estos cambios también acentúan las diferencias fundamentales en el modo en que hombres y mujeres suelen enfrentar el estrés y, más aún, en la forma en que responden a las reacciones de la otra parte en momentos de honda carga emocional.

Hombres y mujeres no ponen su auténtico yo en el trabajo cuando no se sienten a gusto con el otro género ni son libres de expresarse. Nosotros hemos comprobado que esta sensación de inquietud está presente en hombres y mujeres del mundo entero, aunque en grados diversos. Entre más arraigados están los roles tradicionales de unos y otras en diferentes culturas, más difícil es para los hombres trabajar con mujeres, y para ellas sentirse incluidas y valoradas.

Culturas apegadas a la tradición

Cada trimestre, Isabella deja su oficina en Milán, Italia, para pasar una semana en las oficinas centrales en Tokio, Japón, de la sociedad de inversión en la que trabaja, a fin de revisar los activos a largo plazo, evaluar inversiones importantes y hacer planes para el balance general.

En los cinco años que lleva en esa compañía, Isabella ha logrado atraer inversiones redituables en toda Europa, y en fecha reciente se le ascendió a vicepresidenta regional gracias a su éxito. Ésta fue una hazaña excepcional para una mujer que trabaja en una compañía japonesa, si se considera que las corporaciones niponas están muy por debajo del promedio global en porcentaje de mujeres en puestos ejecutivos.[4]

Pero pese a su desempeño y su cargo, Isabella nunca ha sido invitada a un evento social en ninguna de sus veinte visitas semanales a Tokio. Pasar las noches en su cuarto de hotel, en el transitado crucero Shibuya, no hace sino agudizar su soledad, y recordarle que, en realidad, jamás formará parte del equipo ejecutivo de la compañía. A causa de esta sensación de exclusión, ella contempla ahora la posibilidad de dejar la organización.

Yo le dije que cometería un gran error si se marchaba. No ser invitada a eventos sociales en Japón no tiene nada que ver con ella como individuo; es sólo una realidad de la cultura masculina japonesa. A los japoneses suele inquietarles que compañeras suyas asistan a sus eventos. Pese a que Japón es un país muy avanzado en negocios, ciencia y tecnología, gran parte de su cultura sigue apegada a los roles tradicionales de hombres y mujeres. Este asunto resulta cada vez más desafiante en Japón, porque la participación de las japonesas en los negocios está cambiando rápidamente, por efecto del apremio económico y la aguda necesidad de talento.

Esta transformación cultural tendrá que asociarse con mayor inteligencia de género. Entender y aceptar las diferencias entre hombres y mujeres ayudará a los japoneses a sentirse más a gusto con sus compañeras en los negocios y en situaciones informales.

La inteligencia de género también ayudará a Isabella a aprender a no tomarse personalmente su exclusión, y a comprender que las culturas con tradiciones férreas representan el mayor desafío para los hombres y mujeres deseosos de trabajar juntos en forma abierta y genuina.

EL LADO DE LA CIENCIA

Dos grandes estructuras del sistema límbico, la amígdala y el hipocampo, desempeñan papeles importantes en la memoria, las emociones y el manejo del estrés.

El hipocampo es más grande en las mujeres que en los hombres, lo que explica que ellas suelan ser mejores para expresar sus emociones y recordar intrincados detalles físicos. Eso explica también que las mujeres se beneficien tanto de hablar de sus problemas. El cerebro femenino está estructurado de tal manera que ellas pueden acceder a sus emociones y expresarlas libremente, todo lo cual les ayuda a enfrentar el estrés.[5]

Bajo estrés moderado, el flujo sanguíneo al hipocampo aumenta en las mujeres,[6] algo que en el sistema límbico de los hombres sólo ocurre bajo estrés extremo, principalmente en dirección a la amígdala, donde se procesan las emociones y ellos, si pueden, hacen frente al problema estresante, o lo ignoran.[7]

Aun bajo estrés moderado, una mujer tenderá a hablar con voz emotiva, puesto que su pensamiento se ve inundado de recuerdos. Un hombre malinterpretará comúnmente esa reacción juzgándola extremosa, y supondrá que ella se siente incapaz de resolver un problema abrumador. Razona que si él tuviera una reacción emocional de ese nivel, también tendría que hablar de su problema con alguien.

La reacción emocional de una mujer provoca asimismo que un hombre se cuide de decir o hacer algo incorrecto, por temor a incitar lo que considera una respuesta emocional extremosa. Si no entiende el problema de la mujer o no puede resolverlo, tenderá a abstenerse de decir o hacer cualquier cosa que pueda crear una reacción similar en el futuro, ya sea en ella u otras mujeres.

Su solución a este asunto será reducir la interacción y olvidar el incidente, sobre todo si la respuesta emocional es censuradora o crítica de su conducta. Evitar todo trato y olvidar un asunto estresante es central para el paradigma masculino de pensar, reaccionar y reducir el estrés.

Dar pasos hacia la otra parte

Que los hombres se anden con pies de plomo con las mujeres perjudica evidentemente a los dos géneros. Impide a ambos poner en juego su yo auténtico, ser abiertos y honestos en sus pensamientos y acciones y establecer relaciones confiables que resulten en mayor satisfacción personal y éxito profesional.

La única manera de alcanzar un mayor nivel de autenticidad y confianza personal para hombres y mujeres es dar pasos hacia la comprensión y valoración mutuas, y no esperar que el otro género haga todo el esfuerzo.

Al final de nuestros talleres, nosotros preguntamos a hombres y mujeres cómo resolverían sus retos laborales; en este caso, cómo resolverían la sensación de los hombres de tener que andarse con pies de plomo con las mujeres:

- "Adapto mi lenguaje y conducta para que las mujeres se sientan bienvenidas y a gusto en mi presencia. Desde luego que no bromeo con ellas como lo hago con mis amigos. Y cuando hay mujeres en la sala, soy más considerado en temas que podrían molestarles."
- "Comprendo y acepto la conducta de los hombres y tiendo a no tomarme personalmente comentarios precipitados o impulsivos. Sé que ellos suelen interpretar de modo incorrecto las emociones de las mujeres, y que no tienen una inclinación natural a recordar o exponer experiencias pasadas tan vigorosa y expresivamente como nosotras."
- "No me preocupa evitar asuntos que puedan generar preguntas. Sé que una mujer hace preguntas para apoyar, incluir y sentirse incluida, y no para desviar las cosas o manifestar dudas de un proyecto. Comprendo que incorporar diversos puntos de vista vuelve un poco más tardado tomar una decisión, pero por lo general producirá un mejor resultado."
- "He progresado en la formulación de mis conversaciones con los hombres poniendo más determinación en mis ideas, y comunicándome clara y directamente con ellos. Enmarco mis conversaciones de tal manera que ellos puedan entenderlas y quieran colaborar conmigo."

El lado personal de la vida: jugar a la segura

Karl bajó de su auto, y cuando el valet se lo llevó, se quedó un momento en el estacionamiento, viendo el restaurante y sabiendo que Gretchen ya estaría ahí. Ella iba a ponerse alguna prenda roja para que él pudiera identificarla fácilmente. Karl no la conocía aún, pero había hablado con ella por teléfono una vez. Gretchen sugirió que se reunieran en ese restaurante después del trabajo, un acuerdo conveniente para ambos. "Parecía interesante e interesada", pensó él. "Esta vez jugaré a la segura."

La joven del vestido rojo se volvió y le sonrió. Sus ojos brillaron.

–Tú debes ser Gretchen. Yo soy Karl.

La saludó de mano, la cual retuvo un momento.

–Gusto en conocerte Karl. Jodi me ha hablado mucho de ti. Me alegra conocerte por fin.

Cuando Karl siguió al capitán y a Gretchen a su mesa, sintió acrecentarse su inquietud. Temía decir o hacer algo que decepcionara a Gretchen, tal como había ocurrido en sus dos últimas citas. Una mujer pareció ofenderse de casi todas sus bromas y comentarios sarcásticos, y a la otra parecieron molestarle sus firmes opiniones sobre cuestiones sociales. "No cometeré esos mismos errores", reflexionó. "Estoy jugando a la segura, con moderación absoluta. Nada de cosas graciosas o controvertidas esta noche."

Durante la cena, él pensó que adoptaba su mejor conducta no haciéndose el chistoso ni expresando sus sentimientos personales. También tuvo cuidado de no pedir a Gretchen su opinión acerca de nada, porque entonces él se sentiría obligado a compartir sus ideas, lo que lo expondría a tropezar y decir alguna tontería. El resultado fue una noche seca y formal, un encuentro cauteloso más parecido a una entrevista de trabajo que a una cita jovial y entretenida con una mujer atractiva e interesante.

Conforme avanzaba la velada, Gretchen se aburría y desilusionaba cada vez más. Lamentó tener que perder su tiempo con alguien tan neutro, tan inseguro de sí y tan obviamente indiferente a ella. "La personalidad de Karl no tiene nada que ver con lo que Jodi me dijo. Ella aseguró que era divertido e ingenioso." Gretchen no pudo menos que suponer que Karl no estaba interesado en ella.

Si él hubiera tenido más inteligencia de género, se habría dado cuenta de que jugar a la segura y no ser auténtico podía causar dos problemas: no mostrar interés en la otra persona e inhibir y falsear su verdadero yo, que obviamente Gretchen quería conocer.

Karl se habría percatado de que siendo él mismo, poniendo atención en su lenguaje y siendo equilibrado en sus preguntas y en la información compartida sobre sí, podía sacar a relucir lo mejor de Gretchen y mostrar, a su vez, su mejor lado.

Si ella también hubiera tenido más inteligencia de género, habría comprendido que Karl se andaba con pies de plomo con ella, y no porque no le pareciera interesante, sino por la razón contraria: porque le interesaba demasiado, pero se negaba a fracasar esta vez. Cuando Gretchen descubrió que su conversación era demasiado precavida, pudo haberlo relajado diciéndole algo incitante o divertido, para demostrarle que prefería estar con un hombre con personalidad y sin temor a ser auténtico con ella.

6 ¿Las mujeres hacen demasiadas preguntas?

Las mujeres dicen: "¿Hay algún problema?".
Los hombres dicen: "¡Vaya que lo hacen!".

C uando nosotros exploramos los retos que hombres y mujeres enfrentan al trabajar entre sí, ellos suelen afirmar que las mujeres tienden a hacer demasiadas preguntas. Algunos aseguran incluso que éste es un gran problema, especialmente en reuniones en las que creen que las preguntas de las mujeres entorpecen el avance en cuestiones de acción y retrasan la toma de decisiones.

Las mujeres reconocen, en general, que hacen más preguntas que los hombres, pero sostienen que sus preguntas son su mejor contribución, destinadas como están a estimular el intercambio de ideas, descubrir lo importante y llegar al mejor resultado posible.

Lo lamentable es tener que hacer siquiera esta interrogante. Hemos estereotipado desde hace tanto a las mujeres como "formuladoras invariables de demasiadas preguntas" que hoy parece que las culturas corporativas están más empeñadas en inhibir esa inclinación que en reconocer su increíble fortaleza. El reto para los hombres no es ver las preguntas de las mujeres como un impulso por tolerar o minimizar, o incluso por evitar eludiendo ciertos asuntos, sino considerarlo un instinto valioso y una contribución complementaria, que equilibra la inclinación masculina a pasar rápido (a veces demasiado) a la solución.

El reto para las mujeres no es hacer menos preguntas, sino entender por qué los hombres creen que hacen demasiadas, y descubrir cómo formularlas de tal modo que les permitan comunicarse mejor con ellos.

DATOS DE GÉNERO[1]

• Setenta y dos por ciento de los hombres dicen que las mujeres hacen demasiadas preguntas.
• Ochenta por ciento de las mujeres dicen que prefieren hacer preguntas aun si ya saben la respuesta.

"¿Alguna pregunta?"

–¡Sí! ¿Cuándo veremos los resultados de la prueba del nuevo producto?

–En dos semanas, Susan. Mandaré las cifras por mail a cada uno de ustedes tan pronto como las reciba.

–Pero los gerentes regionales de ventas vendrán a capacitación la próxima semana.

–Eso es lo más que puede hacer el distribuidor. El producto tiene que estar en el mercado de prueba el tiempo suficiente para validar el diseño. Pero me gustaría hablar de otras cosas antes de que termine la reunión, así que continuemos con la agenda.

–Sigo en desacuerdo con ese periodo de espera. ¿Por qué no se le dijo al distribuidor que necesitábamos más pronto los resultados? ¿Por qué tenemos que esperar dos semanas?

La frustración del líder del equipo va en aumento.

–Entrevistamos a tres distribuidores antes de elegir a éste. Dos semanas es el tiempo de respuesta más rápido que podemos prever.

–¿Ventas está al tanto de este retraso? Ellos ya están preparando módulos colaterales y de capacitación para la llegada de los gerentes de ventas la próxima semana, y todo se basa en el diseño actual.

Por qué las mujeres hacen más preguntas que los hombres

Hay muchas razones de que las mujeres tiendan a hacer más preguntas que los hombres, razones que van más allá de la necesidad de información o conocimientos, y por tanto más allá del marco de referencia de la mayoría de los hombres. En nuestros talleres hallamos con frecuencia que las mujeres hacen preguntas con cuatro propósitos: generar consenso, mostrar interés en un proyecto o en los demás, ofrecer retroalimentación y pedir apoyo.

Los hombres no suelen hacer muchas preguntas. No son proclives a generar consenso y tienden a pensar y procesar sus ideas solos, aun si trabajan con otros. En cambio, se inclinan a anunciar sus opiniones, ser más directos en sus solicitudes y ofrecer retroalimentación, y rara vez piden apoyo a menos que un problema los abrume y no puedan resolverlo solos.

"¿Qué opinan?"

Stephanie recibe un correo electrónico con documentos adjuntos de su diseñador web. Estudia los datos adjuntos y el diseño le decepciona. Reenvía el correo a Edward y Nina, sus subordinados, diciendo: "Acabo de recibir la propuesta creativa de la nueva página en internet. ¿Qué opinan?".

Edward analiza los documentos adjuntos, hace una lista de lo que le gusta y lo que no y les escribe a Stephanie y a Nina: "Me agradaron las imágenes, pero no la combinación de colores, el diseño de la página y el mapa del sitio. En conclusión, no me gusta la propuesta creativa en general, y sugiero que el diseñador adopte un enfoque totalmente distinto".

Nina también analiza los documentos, hace una lista de lo que le gusta y no y contesta: "En conjunto, el diseño tiene sus fortalezas. ¿No te gustaron las imágenes?".

En este intercambio, las mujeres hacen preguntas para generar consenso. Sus interrogantes buscan extraer primero las ideas de la otra persona, para compartir después su propia opinión. Las mujeres tienden a explorar todas las facetas de un asunto antes de tomar una decisión. Al preguntar "¿Tú qué opinas?" no necesariamente buscan ideas definitivas o una solución, sino que crean o mantienen una conversación, o fortalecen una relación. Además de hacer preguntas, a una mujer le gusta que se las hagan, porque esto la hace sentir incluida e indica interés y apreciación de sus ideas.

"¿Están seguros de que es la mejor solución?"

Las mujeres expresan con preguntas su atención e interés. Plantear problemas es la manera en que muestran su compromiso y lealtad. Tienden a fijarse en cosas y a recordar hechos con mayor detalle que los hombres. Añade a esto una inclinación a interconectar esos hechos, y una mujer tendrá usualmente una noción más profunda de las consecuencias, lo que la empuja a su vez a cuestionar una decisión, como en la situación siguiente.

El director general reúne a su equipo ejecutivo.

–He examinado las cifras y creo que debemos descontinuar esta línea de productos. Apenas si es rentable, y no es una prioridad estratégica que esté dando frutos. Ésta es una decisión muy importante para la compañía, pero no creo que podamos mantener cuatro líneas de productos si ésta casi no produce dinero. Aquí todo tiene que rendir.

El director financiero confirma las observaciones del director general.

–El margen de utilidad de esta línea es menor que el de las otras tres, y en los dos últimos años difícilmente hemos recuperado los costos. Creo que esta línea va a continuar en bajada. Si queremos seguir siendo viables y crecer, ¡tenemos que cortarnos las alas!

Una de las dos mujeres del equipo ejecutivo no tiene datos que confirmen su opinión, pero ha hecho una asociación que teme que los demás hayan pasado por alto. Aunque expresar su inquietud implica un riesgo, es ahora o nunca.

—¿Están seguros de que ésa es la mejor solución? Quiero decir, tal vez esta línea de productos tenga el margen de utilidad más bajo, pero nuestros tres clientes más importantes confían en esa marca. No sé qué porcentaje de nuestras ventas representan esas tres cadenas, pero estoy segura de que son nuestros principales clientes. Lo que me preocupa es que, si descontinuamos esa línea, podamos perder a esas tiendas. Y si las perdemos, podríamos perder a uno o más de nuestros ejecutivos de ventas.

El director financiero salta de inmediato en defensa del director general, visiblemente desconcertado por esa especulación:

—Tenemos que concentrarnos en lo esencial, y de esa marca apenas si recuperamos los costos. Aquellas tiendas confían en más de uno de nuestros productos, y no veo cómo esto pueda afectar a la larga a nuestra fuerza de ventas.

A veces una mujer hará emerger preguntas que un hombre podría considerar ajenas al tema, o malinterpretar como señales de incertidumbre o reluctancia a tomar una decisión difícil. Él podría interpretar incluso las preguntas indirectas de una mujer como un desafío personal a su integridad o aptitud.

Un hombre tiende a actuar en forma más positiva ante una pregunta directa con datos objetivos porque resulta menos personal, menos ambigua, y le ofrece una trayectoria lineal de razonamiento, algo a lo que puede responder y resolver. En este caso, la mujer habría podido contestar al director financiero: "Estoy segura de mi argumento. Denme un par de días para reunir información, lo que incluye retroalimentación de las tres tiendas, antes de que tomemos una decisión".

"¿Por qué está tan atrasado este proyecto?"

A las mujeres no les gusta dar retroalimentación negativa directa, así que por lo común expresan su reprobación o desacuerdo con una pregunta indirecta y retórica. En vez de preguntar específicamente: "¿Por qué te atrasaste en este proyecto?", inquieren: "¿Por qué va retrasado este proyecto?", para parecer menos agresivas y exigentes.

Por ejemplo, eran las diez de la mañana cuando Kerry entró al "infierno", nombre que dan los programadores a su espacio de trabajo. Tres de los cinco programadores estaban sentados en círculo desayunando sándwiches y platicando.

–¿Dónde están Lucas y Matt? —pregunta ella.

–Todavía no llegan —responde uno de los programadores.

–Tengo que reunirme con ustedes cinco cuando ellos lleguen. Debo saber por qué este proyecto está tan atrasado. ¿Podrían ir a mi oficina una vez que estén todos?

Casualmente, su colega Jim estuvo presente en ese intercambio, y tiene algo que decir al respecto:

–Si me permites sugerirte algo, Kerry, debiste haber sido más enérgica. Hacerles una pregunta no es ser enérgica; debes enunciar un hecho. Debiste decir: "Llevan dos semanas de atraso en este proyecto; nos reuniremos en una hora para hablar de eso. Avísenles a Luke y a Matt". Estos chicos son buenos programadores, pero sólo hacen lo que se les dice. Tienes que ser más directa.

Los hombres tienden a ser impersonales y directos en su retroalimentación. Se distancian del asunto, desligándose de sus experiencias y emociones pasadas. Desapegados e imparciales, pueden dar retroalimentación sincera, sobre todo porque han exteriorizado el problema. Una mujer suele interpretar ese estilo directo y esa asertividad como conducta agresiva, mientras que ellos creen ser claros y neutrales.

"¿Podrías dedicar un rato a examinar esto?"

A las mujeres no les agrada pedir apoyo en el trabajo. En ciertas situaciones, pedir apoyo implica debilidad, y ellas se resisten a mostrar vulnerabilidad, dado que algunos hombres ya tienden a prejuzgarlas. Ellas se inclinan a ser más sugerentes e indirectas al solicitar ayuda, y cuando no tienen apoyo pueden expresar su necesidad como frustración, reacción que un hombre tiende a interpretar como crítica o censura.

- "Otro par de ojos a esta presentación me vendrían muy bien. ¿Podrías dedicar un rato a ver esto? Llevo toda la mañana trabajando en estas diapositivas, y no sé si voy bien. Es difícil obtener retroalimentación cuando todos están tan ocupados."

Los hombres pueden ser igualmente renuentes a buscar apoyo, en parte para no parecer débiles o incompetentes, y pedir ayuda puede ser visto como señal de debilidad. Por esta razón, no acostumbran pedir ayuda, e intentan resolver un problema sin asistencia hasta descubrir y admitir que resolverlo solos podría estar fuera de su alcance. Por ejemplo, la primera inclinación de un hombre suele ser no pedir indicaciones cuando se pierde.

Si un hombre pide ayuda, no lo hará desde una posición de debilidad, sino de fuerza. Formulará directamente su petición e inducirá el apoyo de otro hombre haciéndolo sentir competente y especial. Supongamos que es un hombre quien trabajó toda la mañana en aquella presentación. He aquí su posible petición directa de apoyo:

- "¡Ya terminé la presentación! Creo que está muy completa, pero agradecería tu juicio. Pareces tener buen ojo para estas cosas. ¿Podrías revisarla de una vez y decirme qué opinas?"

Cómo malinterpretan los hombres las preguntas de las mujeres

Hombres y mujeres contribuyen de manera diferente a dar lo mejor de sí en su trabajo. Ellas tienden a hacer preguntas para crear un entorno incluyente, generar relaciones y expresar atención e interés en los demás y en el trabajo implicado. Ellos no acostumbran hacer tantas preguntas, y cuando las hacen su enfoque es más directo. Un hombre puede ser directo sin ser personal, y no se tomará personalmente que alguien sea directo con él. Si se le aborda de modo indirecto, podría sentirse frustrado, confundido y hasta ofendido con interrogantes que quizá interprete como tiempo perdido, indecisión o personales.

¿Buscar aclaraciones o insinuar dudas?

En las reuniones de equipo y en conversaciones personales, una mujer tenderá a demostrar su interés y preocupación haciendo preguntas para extraer las ideas de la otra persona y explorar todas las facetas de un problema u oportunidad. Hará preguntas aclaradoras para entenderse con los demás y alentarlos a pensar y compartir sus puntos de vista. Cuando las mujeres se sirven de cuestionamientos para que un hombre exprese o amplíe sus ideas, él supondrá que ellas critican o dudan de sus contribuciones, como en los intercambios siguientes.

Un equipo de cinco mujeres y dos hombres tiene su habitual reunión de los lunes en la mañana. Judy, la jefa del departamento, ya hizo una ronda preguntando a cada mujer del equipo sus ideas sobre la nueva iniciativa corporativa, y cada cual expresó su opinión. Pero aún no ha oído nada de los dos hombres.

–Mark y Collin, ya todas hablaron del asunto, ¿ustedes qué opinan?

Mark y Collin se miran uno a otro un segundo, y Mark habla primero:

–No sé. Aún lo estoy procesando todo.

No vuelve a mirar a Collin, porque hacerlo es un lenguaje corporal que significa "Ahora le toca a Collin responder". ¡Dejará que Collin maneje solo este asunto!

–¿Y qué hay de ti, Collin? —pregunta Judy.

–No sé. No lo he pensado bien todavía, Judy. Parece una buena idea. Pero preferiría analizarla más.

Es raro que un hombre considere hacer hablar a otro para alentar la participación y compartir ideas. Parte del código masculino es nunca meter públicamente en un apuro a otro hombre. Así como las mujeres hacen preguntas y gustan de que se las hagan, a los hombres no les agrada preguntar ni que los interroguen. Un hombre supone que si otro tiene algo que decir, aportará sus ideas a la mezcla o se quedará callado.

A un hombre no le importa que se le interpele siempre y cuando sienta que sus palabras y actos no se toman personalmente. Cuando cree ser objeto de dudas, críticas o censuras, tenderá a tomarlo personalmente y a reaccionar a la defensiva, o se sentirá frustrado y guardará silencio porque ya no puede ser visto como la solución del problema.

"Archivémoslo"

En uno de nuestros talleres, supimos del caso de un equipo de desarrollo que decidió cancelar el concepto de un producto nuevo pese a que las investigaciones indicaban que podía conquistar una importante participación de mercado. Tras medio día de deliberaciones, los hombres del equipo y su líder actuaron en forma decidida y optaron por eliminar el producto.

Las mujeres del equipo no querían tomar una decisión definitiva hasta que se hicieran investigaciones adicionales entre un porcentaje reducido de consumidores no interesados. Querían saber por qué esos consumidores estaban tan en contra del producto. Creían que "donde fuego hubo, cenizas quedan", y que lo que tal vez era un hecho aislado podía detonar después un problema mayor.

Ninguno de los hombres creía que fueran necesarias investigaciones adicionales, e interpretaron la petición de las mujeres como falta de seguridad en el concepto del nuevo producto, y algunos incluso como un desafío personal a su integridad.

Las mujeres no querían cancelar el desarrollo del producto; creían que tenía potencial. Pensaban que aquel porcentaje de consumidores, aunque reducido en número, podía indicar un problema que debía tomar-se en cuenta de inmediato.

¿Petición o crítica?

Al relacionarse con los demás, las mujeres son capaces de percibir más que los hombres, desde expresiones faciales hasta lenguaje corporal y tono de voz. Es común que una mujer capte intuitivamente esos mensa-jes, sienta las necesidades de los demás y preste apoyo en forma automá-tica. Por esta razón, una mujer suele cometer el error de creer que no tie-ne que pedir apoyo directamente. Espera que los demás sean tan atentos como ella y reaccionen como ella lo hace. La realidad es que los hombres sencillamente no son tan perceptivos como las mujeres.

Cuando una mujer da apoyo abiertamente pero no pide apoyo de modo directo, un hombre tiende a suponer que ya recibe el que necesita. No ofrecerá de inmediato el suyo, y no porque no quiera ayudar, sino por-que está esperando a que se lo pidan. La tendencia de un hombre es no ofrecer a otro apoyo no solicitado y tratar a las mujeres de la misma ma-nera. Si ellas no piden apoyo, lo más probable es que él no se lo ofrezca.

ELLA HACE UNA PREGUNTA INDIRECTA	LO QUE EN REALIDAD QUISIERA DECIR	CÓMO INTERPRETA ÉL SU PREGUNTA
"¿Qué se necesita para hacer las cosas aquí?"	"Me vendría muy bien que me ayudaras a terminar esto."	"Supongo que ella pedirá mi ayuda si la necesita."
"¿Te sientes bien preparando solo esta presentación?"	"Te puedo ayudar si quieres."	"Tengo la impresión de que no cree que yo pueda manejarlo."

ELLA HACE UNA PREGUNTA INDIRECTA	LO QUE EN REALIDAD QUISIERA DECIR	CÓMO INTERPRETA ÉL SU PREGUNTA
"No entiendo. ¿Por qué el equipo no ha llegado todavía?"	"Por favor investiga qué pasa con el proveedor."	"No sé por qué el equipo no ha llegado todavía."
"¿No deberíamos abordar al cliente de esta manera?"	"Sé cómo manejar esto, pero quiero tu aportación."	"Dime qué quieres y lo haré."
"¿De veras?"	"Me sorprende."	"Tengo la sensación de que no me crees."

He aquí algunos ejemplos de cómo una mujer hará indirectamente una petición o pedirá apoyo, cuál podría ser su verdadera intención y cómo podría interpretar un hombre su pregunta indirecta:

Detrás de cada queja hay una petición implícita

Cuando una mujer no se expresa en forma directa, da pie a que un hombre oiga todo tipo de mensajes que la hacen parecer exigente, reprobadora o censuradora. En vez de lidiar con la queja, él preferiría atacar la petición y resolver el problema de frente.

En cada uno de los ejemplos de la tabla anterior, una mujer podría ayudar a un hombre a recibir el mensaje correcto y obtener de inmediato su apoyo si sencillamente añadiera un comentario optimista y no censurador antes de la pregunta, o si hiciera una petición clara y directa:

- "Me vendría muy bien tu ayuda para terminar esto."
- "Sé que tú puedes manejarlo, pero puedo ayudarte si lo necesitas."

- "Por favor investiga qué pasa con el proveedor."
- "Tengo una gran idea, pero primero explícame tu enfoque."
- "Me sorprende. ¿Es cierto?"

"No sé qué pretende"

El director de operación de una compañía petrolera global me pidió ayuda para llegar al fondo de por qué estaba a punto de perder a dos empleados muy valiosos: la presidenta de operaciones en Medio Oriente y uno de los principales ingenieros químicos de la organización.

Anne había sido recientemente contratada para encabezar las operaciones en Medio Oriente, posición que ella vio como un reto bienvenido en la misma industria en la que su padre y su hermano habían desarrollado muy exitosas carreras. Esa región no había tenido nunca una presidenta, y los colegas de Anne —ingenieros todos ellos— jamás habían tenido como jefa a una mujer.

Durante mi encuentro con ella, Anne se refirió al colapso de comunicación desde la primera reunión con su equipo, cuando ella hizo varias preguntas durante la presentación del jefe de ingeniería. Creyó que haciendo preguntas a Haithman durante su informe, él entendería que estaba interesada, pero no fue ésa la impresión que ella causó.

–No pensé que él fuera a reaccionar tan a la defensiva —dijo Anne—. Mi intención era acelerar lo más posible todas las actividades de la región y establecer una relación confiada y abierta con el equipo.

Haithman vio las cosas de otra manera:

–No sé qué pretendía Anne. No estoy acostumbrado a que me cuestionen de esa forma frente a los demás ingenieros. Tengo un doctorado en ingeniería química y llevo más de veinte años trabajando en esta compañía. Mi historial de logros es increíble. Para mí resultó claro que ella no creía que mis peticiones fueran válidas e insinuaba que no hacía bien mi trabajo. No necesito que nadie me vigile y no me deje avanzar. Así que me quejé con su jefe.

Anne estaba evidentemente trastornada de que Haithman hubiera malinterpretado sus intenciones y se hubiese remitido a su superior. Cuando se pierde la confianza, es casi imposible recuperarla, y la pérdida de confianza entre Anne y Haithman podía ser devastadora para el equipo y perjudicial para el empuje de la compañía en la región.

Haithman pudo haber mostrado más inteligencia de género comprendiendo que Anne no lo estaba criticando, sino tratando de agregar valor y establecer una relación. Pudo haber reconocido esto no tomando personalmente sus preguntas ni reaccionando a la defensiva.

Anne pudo haber mostrado más inteligencia de género dándose cuenta también de que su intento de interpelar a Haithman lo ponía en ridículo y cuestionaba sus intenciones. Pudo haber sentado las bases iniciando con "Mi puerta está abierta. Si necesitan algo, pídanmelo. Estoy aquí para apoyarlos. Entre tanto, confío en que cumplirán con su deber".

EL LADO DE LA CIENCIA

Las mujeres tienden a reflexionar en los problemas de manera muy diferente a los hombres, integrando y ordenando recuerdos y emociones en patrones de pensamiento más complejos, como telarañas. Así, y en contraste con los hombres, tienden a sopesar más variables, considerar más opciones y visualizar una serie más amplia de soluciones y resultados de un problema.

Cómo y por qué las mujeres perciben y juzgan las cosas en forma diferente a los hombres y se sienten compelidas a hacer más preguntas responde a la influencia de varias partes cruciales del cerebro, las cuales son más grandes, están más interconectadas y son más activas en ellas que en ellos: la corteza cingulada anterior (CCA), la corteza prefrontal (CPF) y la ínsula.[2]

La corteza cingulada anterior es aproximadamente dos veces más grande en las mujeres que en los hombres, y desempeña un papel importante en una amplia variedad de funciones involuntarias, como la regulación de la presión arterial y el pulso cardiaco, así como en funciones racionales cognitivas como previsión, toma de decisiones, empatía y emoción. En consecuencia, ellas tienden a sopesar opciones, cavilar y expresar preocupaciones más a menudo que ellos y en un marco contextual más profundo.

La corteza prefrontal es el centro ejecutivo de toma de decisiones del cerebro, el cual supervisa la información emocional y controla la amígdala en las mujeres a través del pensamiento consecuencial. Esta corteza no sólo es más grande en las mujeres maduras, sino que además se desarrolla más rápido en las niñas que en los niños. Esta diferencia, combinada con el hecho de que en el cerebro de las mujeres es mucho menor el nivel de testosterona y mucho mayor el de estrógeno, influyen en que ellas tomen menos decisiones impulsivas que los hombres y busquen soluciones a conflictos antes que emprender acciones inmediatas.[3]

La ínsula es, en promedio, dos veces más grande en el cerebro femenino que en el masculino, y ayuda a una mujer a traducir sensaciones físicas y pensamientos en el subconsciente en pensamientos conscientes llenos de recuerdos y emociones. Esta capacidad para echar mano de recuerdos y traerlos al presente impide a una mujer actuar con premura y correr riesgos innecesarios. Junto con la CCA y la CPF, la ínsula ayuda a una mujer a prever algo, lo que convierte a la "intuición femenina" en una diferencia biológica real.

Dado el tamaño e interconexión de estos centros cerebrales, las mujeres se inclinan más a pensar y reflexionar en redes de factores. Los hombres, por su parte, tienden a concentrar su atención en sus pensamientos uno por uno, a compartimentar información relevante, desechar lo que consideran datos extraños o irrelevantes y analizar información en forma estrecha y lineal.

Asocie esta diferencia en la estructura cerebral con niveles hormonales variables, y la diferencia en forma de pensar entre mujeres y hombres se acentúa aún más. Los niveles mayores de testosterona en los hombres los compelen a buscar soluciones inmediatas y a emprender acciones rápidas, mientras que los niveles menores de esa hormona y los niveles mayores de estrógeno en las mujeres quizá contribuyan a que la visión de las cosas de estas últimas sea más amplia, contextual y de largo plazo.[4]

La capacidad natural de una mujer para el pensamiento interconectado y consecuencial es una fortaleza que los hombres tienden a subestimar y malinterpretar, juzgándola una expresión de incertidumbre e inseguridad. La capacidad instantánea de un hombre para examinar su entorno en busca de lógica y razón y emprender acciones inmediatas es también una fortaleza que las mujeres tienden a malinterpretar como desdeñosa, indiferente e inclinada a riesgos.

La realidad es que la orientación natural de hombres y mujeres son formas de pensar y razonar perfectamente complementarias. Ni unos ni otras tienen por sí solos todas las respuestas, pero cuando trabajan juntos pueden descubrir que sus diferencias naturales son capaces de producir resultados exponencialmente mejores.

Hacer preguntas y escuchar

Al paso de los años, nosotros hemos llevado a cabo muchos talleres de inteligencia de género con sociedades de inversión de Wall Street. Uno de nuestros principales conocimientos sobre esta industria surgió un día después de un taller con Jane, directora financiera de una de las sociedades de inversión más grandes de Nueva York. Ella participó en el taller, y accedió a una conversación personal a la mañana siguiente.

Jane había sido ascendida a directora financiera en 2010, dos años después de la crisis bancaria de 2008, y tenía varias observaciones sobre el valor del equilibrio de género en la banca de inversión. Creía que una mejor combinación de hombres y mujeres en la toma de decisiones habría podido impedir muchos de los errores que desembocaron en esa crisis financiera.

"Tradicionalmente, el director financiero se concentraba en estados financieros, cumplimiento de requisitos legales, tesorería, impuestos y finanzas corporativas. Ahora vemos que los directores financieros deben involucrarse más tanto en la estrategia como en las operaciones. Hacer preguntas y escuchar son dos de las cosas más importantes que podemos hacer como líderes financieros. Aparte de acelerar todas las actividades desde el punto de vista financiero, tenemos que entender qué ocurre en la empresa. Yo debo hacer buenas preguntas y escuchar atentamente para poder sintetizar, identificar tendencias y comunicarme con los sectores clave, como inversionistas, consejo de administración, clientes clave y analistas de Wall Street.

"Esto es bueno, porque une los puntos de un extremo a otro de la organización y ayuda a integrar la estrategia y las operaciones con los pronósticos y resultados financieros. Desde 2008, las compañías se han vuelto mucho más cuidadosas con las inversiones. Hay menor propensión a correr riesgos sin una investigación y análisis informados y rigurosos.

"Yo no quiero que mi departamento ejerza la función de cumplimiento de requisitos legales para el resto de la empresa. Esa 'obediencia ciega' tiende a meternos en problemas financieros, y hemos visto esto en el pasado con inversiones riesgosas. Quiero que nuestro personal de finanzas trabaje con sus patrocinadores de negocios y cuestione sus decisiones. Estamos aquí para ayudar a la empresa a crecer en forma redituable, aunque también legal."

Jane se halla a la vanguardia de una tendencia en ascenso en la banca de inversión. De acuerdo con estudios recientes, más banqueras de inversión habrían podido impedir la crisis financiera y la consecuente recesión. A menudo criticadas por sus tendencias de aversión al riesgo, a las mujeres se les dice ahora que justo esas inclinaciones habrían podido impedir muchos daños fiscales, con una proporción más equilibrada de hombres arriesgados y mujeres cautelosas en la industria.

Esos estudios demuestran que las mujeres tenían más del doble de probabilidades de ser cautas, inquisidoras y prudentes, mientras que los hombres tenían más del doble de probabilidades de ser arriesgados, demasiado confiados y despreocupados en sus decisiones de inversión. Lo inesperado es la intensidad de esas diferencias.[5] El exceso de confianza hace que los hombres operen acciones en un índice cuarenta y cinco por ciento más alto que el de las mujeres, lo que reduce el rendimiento neto de sus carteras en 2.65% al año (contra 1.72% de las mujeres).

Tales estudios muestran, asimismo, un vínculo entre ganancias y género. Las compañías financieras con varias mujeres de alto rango en niveles de dirección general o gerencia suelen registrar más ganancias por acción, mayor rendimiento de capital y precios accionarios más altos que sus competidores con pocas o ninguna mujer de alto rango. Las mujeres seleccionan un objetivo de rendimiento y después buscan reducir el riesgo, en tanto que los hombres seleccionan un objetivo de riesgo y después buscan maximizar las ganancias potenciales. Ellas tienden a ver el riesgo en un marco contextual y a seleccionar inversiones que tomen en cuenta efectos consecuenciales como valor social, impacto a largo plazo y necesidades de los clientes. Ellos, por su lado, tienden a abordar la inversión de manera secuencial y separada, y a no considerar intereses sociales tanto como las mujeres al perseguir mayores ganancias. En general, ellas son mejores inversionistas porque observan, cuestionan y escuchan mejor.

En conclusión, las compañías con una mezcla de ambos enfoques de evaluación de riesgos obtienen, en general, mejores resultados financieros que las que emplean únicamente a inversionistas de género masculino. Las empresas que aún no han aprendido a complementar las diferentes conductas y tolerancias al riesgo de hombres y mujeres tienden a no ser tan exitosas.

El lado personal de la vida: noviazgo y paternidad

Sin una comprensión de los usos y costumbres de las mujeres, un hombre podría pensar que empieza con el pie derecho en una primera cita, y decepcionar sin querer a su compañera. Mientras ella haga preguntas, él seguirá hablando de sí mismo. Él supone que eso es lo que ella espera, y la complace con todo gusto.

Los hombres no suelen compartir los modos de las mujeres. Ellas muestran consideración y atención a los demás haciendo preguntas y teniendo cuidado de no dominar la conversación. Cuando dos mujeres se reúnen, usualmente una empieza haciendo preguntas y escuchando con interés. Poco después, cambiarán de roles, y la primera interrogadora-oyente hablará de sí misma mientras la otra escucha y hace preguntas.

Esta forma de escuchar y compartir por turnos es importante en el proceso de comunicación de una mujer. Y también se convierte en su expectativa en una cita. Si ella muestra interés en el hombre, supone que él mostrará interés en ella. Así que seguirá haciendo preguntas, pensando que al final él "captará" y le preguntará sobre ella. Pero bien podría tener que esperar demasiado. Por lo general un hombre no comprende que se supone que debe corresponder y mostrar interés en una mujer haciéndole preguntas sobre sí misma y escuchando con atención genuina.

Las mujeres no siguen las mismas reglas que los hombres. En su "manual de buenos modales" no está interrumpir. Ya sea instintivamente o a consecuencia de su formación o cultura, interrumpir a alguien no les parece natural. Tenderán a hacer preguntas primero, y a esperar después su turno para hablar.

Un hombre, por su parte, suele sentirse bien interrumpiendo a otro en una conversación. En realidad, ninguno de los dos considera esto una interrupción. Una intromisión amistosa, no personal, en medio de una frase es algo que un hombre puede esperar, y lo aceptará sin más. En cierto modo, no hablar por turnos tiende a facilitar a los hombres el proceso de comunicación.

Un hombre supone erróneamente que si su pareja no dice nada es porque no tiene nada que decir. A su vez, una mujer supone equivocadamente que si él no le hace preguntas, tal vez no está interesado en ella. El reto para ellas es saber cómo y cuándo interrumpir a un hombre. Pedir autorización para interrumpir con preguntas como "¿Me permites hacerte una pregunta?" o "¿Puedo decir algo?" tiende a mostrar inseguridad y romper el flujo de la conversación. Un hombre espera que una mujer simplemente se incorpore a la plática, y ella debería sentirse bien haciéndolo.

El reto para un hombre es comprender que mostrar interés en una mujer haciéndole preguntas, en vez de tratar de impresionarla con sus ideas sobre la vida y sus logros personales, es una manera mucho más efectiva de conseguir que ella desarrolle un interés en él.

Las preguntas retóricas son buenas cuando tratas de explicar algo en una exposición persuasiva, pero son contraproducentes al pedir cooperación, en la vida profesional o personal. Cada pregunta retórica lleva un mensaje implícito, y en la paternidad ese mensaje suele ser un comentario negativo, cargado de culpa o censura, que los padres prefieren no hacer directamente a sus hijos. Un padre o madre sugerirá indirectamente su desilusión o insatisfacción, dando un rodeo.

Las mujeres en particular usan preguntas retóricas para tratar de motivar a sus hijos a ser obedientes. Cuando una madre quiere que su hijo limpie su cuarto, en vez de decir: "¿Puedes limpiar tu cuarto, por favor?", tiende a impartir antes un poco de vergüenza o culpa mediante una pregunta retórica como "¿Por qué este cuarto está hecho un desastre?". Otros ejemplos de preguntas retóricas e indirectas son:

- "¿Cuándo vas a madurar?", lo que da a entender que el hijo se está comportando en forma inmadura.
- "¿Cómo se te pudo olvidar cerrar la puerta de la cochera?", lo cual da a entender que el hijo no es de confiar.
- "¿Por qué sigue encendida la luz y no te has dormido?", lo que da a entender que el hijo no escucha.
- "¿Por qué no has terminado tu tarea?", lo cual da a entender que el hijo es perezoso o indiferente.

En cada uno de estos ejemplos, el padre o madre trata de alentar al hijo a hacer algo concentrándose en el problema, pero no termina pidiendo al hijo hacer nada específico. La petición implícita muchas veces no es captada por el hijo, quien tenderá a quedarse con la mirada perdida.

Si no hacen preguntas retóricas antes de formular una petición, los padres incrementan sus posibilidades de generar cooperación y obtener resultados; de lo contrario, los hijos dejarán de escuchar, porque las solicitudes de los padres no tienen consecuencias evidentes. Una de las habilidades más importantes que los padres deben adquirir, en particular las madres en busca de resultados de sus hijos jóvenes, es la de no insinuar disgusto o aflicción personal para generar la respuesta deseada, sino ser directos y positivos en sus peticiones.

7 ¿Los hombres escuchan?

Las mujeres dicen: "No, ¡y ésa es mi mayor queja!".
Los hombres dicen: "¿Qué te pasa? ¡Claro que escucho!".

Uno de los momentos más estimulantes y sugerentes** de nuestros talleres ocurre cuando hombres y mujeres se dividen en grupos y exploran los retos que enfrentan al trabajar con el otro género. Como es de esperar, las mujeres comienzan al instante a relatar y compartir sus experiencias, mientras que los hombres suelen tomarse unos minutos extra para entrar en calor antes de hablar. Al principio se quedan callados, con miradas de curiosidad y asombro por el estallido instantáneo de actividad en las mesas de las mujeres.

A nosotros nunca dejan de sorprendernos las semejanzas en los retos planteados por las mujeres de cualquier país, la mayoría de las cuales admiten que su reto número uno es que los hombres no escuchan. A ellos suele asombrarles oír esto, y su respuesta predecible es "¡Claro que escuchamos!", lo que provoca una animada discusión, reveladora para ellas y esclarecedora para ellos.

El principal descubrimiento es que los hombres sí escuchan, aunque no siempre en formas que hacen saber a una mujer que está siendo oída.

DATOS DE GÉNERO[1]

• Noventa y ocho por ciento de los hombres y las mujeres cree que la comunicación es importante, pero sólo cincuenta y dos por ciento de las mujeres se siente plenamente oída por los hombres.

• Ochenta y dos por ciento de los hombres cree comunicarse bien con las mujeres y que se les comprende.

"¿Se supone que debo decir algo?"

Una gerenta levanta la vista de la fotocopiadora y comenta:

–¡Estas cosas nunca funcionan!

Un colega, la única otra persona en el centro de copiado —y a sólo unos metros de ella—, está completamente absorto en la organización de las diapositivas de su presentación. La oye, se detiene un momento y piensa: "No sé nada de fotocopiadoras. ¿Ella quiere que haga algo? Hay otra fotocopiadora al fondo del pasillo". No se le ocurre nada que decir y sigue organizando sus materiales.

Ella cree que él es grosero por no tomarla en cuenta y decir al menos algo comprensivo. Otra mujer habría dicho algo para mostrar solidaridad, como "¡Si lo sabré yo! Esas cosas nunca funcionan cuando las necesitas". Eso es todo lo que ella quería oír. No necesariamente estaba pidiendo a su colega que compusiera la copiadora.

Estos pensamientos corren por su mente mientras trata de echar a andar la máquina. Él, por su parte, ya olvidó por completo su comentario y otra vez está totalmente absorto en su presentación.

En el capítulo anterior se dijo que las mujeres suelen hacer preguntas o compartir observaciones para generar alianzas, apuntalar la confianza o mostrar apoyo. Una mujer tiende a formular sus ideas hablando de ellas. Este proceso de dejar fluir libremente sus sentimientos e ideas y expresarlos en voz alta le ayuda a acceder a sus recuerdos y experiencias, explorar las consecuencias y, entre tanto, reducir su estrés. Este proceso es perfectamente normal y muy provechoso para ella, pero no necesariamente para los hombres.

Ellos tienden a cavilar y pensar en silencio las cosas antes de compartir lo que tienen en mente. En su interior y sin hablar, determinan la respuesta útil o correcta, proceso que puede tardar unos segundos, minutos o hasta horas, y esto es lo que más confunde y contraría a las mujeres. Si un hombre no tiene información suficiente para responder, o la pregunta o comentario de una mujer queda fuera de su patrón lineal de pensamiento, puede no decir nada en absoluto, o muy poco. A una mujer, esto le da la impresión de que él no la ha escuchado, no está interesado en lo que dijo o sencillamente no le importa.

Una de las principales maneras en que los hombres sabotean su éxito al trabajar con mujeres es la de no darse tiempo para demostrar que escuchan, para exhibir con ello su interés y consideración.

Las mujeres, a su vez, tienden a sabotear su éxito al trabajar con los hombres expresando irritación o resentimiento por su silencio y suponiendo que no prestaron atención o no les importa. Como en el ejemplo anterior, el hombre en el centro del copiado quizá no tenía idea de que su compañera se sintió ofendida por su silencio y, peor aún, podría ofenderse de que a ella le haya ofendido que él no haya dicho nada en respuesta.

Cuando las mujeres sienten que los hombres no escuchan

Sin comprender las diferentes maneras y razones por las que una mujer hace una pregunta para compartir lo que sabe o quiere, o realiza un comentario inicial para estimular una conversación, o expresa sus sentimientos para mostrar apoyo, un hombre tenderá a responder en forma inapropiada o no reaccionará en absoluto.

Cuando una mujer se queja de que los hombres no escuchan, quizá recuerde casos previos en los que un hombre no reparó en lo que ella le dijo, malinterpretó su intención o subestimó sus contribuciones. Éstos son los indicios más comunes que hacen ver a una mujer que un hombre no la escucha:

- Ignora lo que ella dice.
- La interrumpe a media frase.
- Presume saber lo que ella siente, o debería sentir.
- Se distrae fácilmente.

Éste no es un misterio tan grande como para que los hombres no puedan entenderlo, y hay maneras en que pueden hacer saber mejor a una mujer que efectivamente la escuchan. También hay formas en que una mujer puede atraer la atención de un hombre, cerciorarse de que se le ha oído y generar la respuesta que quiere o necesita oír.

"No me entendiste"

Cuando los hombres no dan las señales adecuadas de que escuchan, las mujeres sienten que no se dan a entender. La sensación de exclusión o desestimación de una mujer —reacciones que ya exploramos en capítulos anteriores— se derivan del hecho de que ellos no respondan en formas que ella valora y aprecia. Esto la hace sentir ignorada, que lo que dice no es importante o que ella misma no es importante.

Mariana formó parte del muy reducido grupo de mujeres que obtuvieron un doctorado en ciencias de alimentos en el California Institute of Technology a fines de la década de 1980. En aquellos días, era posible contar con los dedos de una mano a las mujeres con un doctorado de Cal Tech. Mariana fue una de esas pioneras que sabían exactamente qué querían, así que regresó a Brasil con un sueño simple pero apasionado: desarrollar la primera, y mejor, línea de alimentos saludables para perros y gatos.

Durante casi veinte años, ella se desempeñó como directora general y presidenta del consejo de administración de su compañía, de rápido crecimiento, la cual amplió su alcance hasta cubrir toda América del Sur, y luego exponencialmente el globo entero, con la aparición de la internet para la realización de pedidos y distribución en línea. Habiendo aplazado demasiado su dimisión como directora general, se inició por fin la búsqueda de su sucesor.

La intención de Mariana era permanecer como presidenta del consejo, para garantizar que la empresa siguiera reflejando su filosofía personal y la cultura corporativa que ella quería mantener. Fue muy explícita ante el consejo acerca de lo que buscaba en un director general: "No se trata sólo de ganar dinero; hay que reforzar la relación emocional de los amos con sus mascotas. Quiero que eso nos distinga de la competencia, y cerciorarme de que mi sucesor compartirá esta filosofía".

El consejo de administración, compuesto por mujeres y hombres, pasó varios meses entrevistando a candidatos, con el propósito de quedarse con únicamente dos, entre los que Mariana tomaría la decisión definitiva. El consejo estaba satisfecho con sus dos finalistas, en particular con Robert, un líder industrioso y visionario y experto en distribución en línea y medios sociales. Mariana lo conoció en el proceso final de entrevistas, e inició su encuentro con él compartiendo su filosofía para el futuro de la empresa. Tan pronto como ella terminó sus comentarios preliminares, Robert se sumergió en su presentación, describiendo sus planes para llevar a la empresa a un nuevo nivel.

Mariana sabía que necesitaba a alguien con el empuje y experiencia de Robert, pero su intuición le dijo que él nunca sería el líder que ella buscaba. Lo único que quería era que Robert reconociera su filosofía de negocios en alguna parte de su presentación, pero él nunca dio el menor indicio de comprenderla y compartirla. Aunque los hombres del consejo pensaban que Robert era el candidato perfecto, ella no se convenció de tal cosa, y él no recibió el puesto. Robert sencillamente no le hizo saber a Mariana que compartía su filosofía de negocios.

En el trabajo, un hombre tiende a orientarse tanto a las tareas y a concentrarse tan singularmente en ellas que a menudo, sin querer, pasa por alto o desestima las ideas de los demás, dando la impresión de ser displicente o indiferente. Puede mostrar la atención e interés adecuados para generar el mejor producto o prestar el mejor servicio; pero si no logra comunicar que reconoce las ideas y necesidades de quienes lo rodean, podría perder la confianza, creatividad y compromiso de las personas decisivas para su éxito.

"¡Pero si eso es justo de lo que estamos hablando!"

Uno de los principales bufetes jurídicos de Chicago debía encontrar la causa de fondo de que estuviera perdiendo a sus abogadas más experimentadas, en favor de un bufete competidor. Formó entonces una fuerza de tarea de socios y socias para que revisaran los aspectos financieros, determinaran el impacto de la rotación de personal y llegaran a la causa última de la salida de sus mejores abogadas. Un abogado, el socio más antiguo del despacho, procedió entonces a revisar las cifras y evaluar los daños financieros.

Las tres mujeres de esa fuerza de tarea relataron sus experiencias con las que habían dejado el bufete, en busca de patrones que hubieran podido provocar su salida. Los hombres, por su lado, se centraron en las cifras, el costo del desgaste y si las mujeres ya ausentes habían tenido algún efecto en las horas facturables del despacho.

De esto resultaron dos conversaciones diferentes, centrada una en el impacto financiero y la otra en la causa última. Al final, el socio principal, en un intento por reincorporar a las mujeres en la conversación de los hombres, dijo:

—Señoras, señoras, ¿podríamos volver al tema que nos ocupa?

Molestas por la insinuación de que se salían del tema, ellas contestaron al unísono:

—¡*Eso* es precisamente de lo que estamos hablando!

"Si se me permite terminar de hablar..."

Los hombres están acostumbrados a interrumpirse, ya sea en reuniones grupales o personales, y por lo general no se lo toman personalmente. Colaboran para competir, aun si no hay nada en pugna. Irrumpirán en una conversación para hacer saber su opinión o para dar una idea mejor que la contribución de alguien más.

Esto se asemeja mucho a pasar el balón de un lado a otro cuando los jugadores recorren la cancha para anotar un punto. Piensa en una reunión como el terreno de juego, la agenda como el plan a seguir y cada decisión como una anotación. En cada deporte hay reglas, y una de las principales de éste es que toda idea aportada debe ser relevante para el tema implicado. Si la interrupción desvía el curso de los acontecimientos, un hombre intervendrá rápidamente para reorientar la plática. Los hombres tienden a creer que, para alcanzar una meta, deben concentrarse en el medio más efectivo y eficiente de cumplirla, y se inclinarán a ignorar o desestimar toda conversación fuera de esos límites.

Las interrupciones son una manera de pensar y actuar muy natural en los hombres, pero artificial y descortés para las mujeres. Si un hombre interrumpe a una mujer para explicar algo o dar un consejo sin perder de vista el objetivo, lo último que él pensará es que no escuchó. Espera que ella diga: "¡Buen punto!", aunque quizá piense: "No estoy pidiendo consejo. Sólo quería analizar esto contigo, así que déjame terminar, por favor".

A los hombres les gusta resolver problemas y les honra tener la oportunidad de ayudar a resolverlos. Plantear un problema a un hombre es una invitación abierta a sus consejos. Si él percibe frustración o ansiedad en la voz de una mujer, tenderá a suponer que es su responsabilidad resolver el asunto y tranquilizarla.

Ella sentirá que él no escucha cuando la interrumpe a media frase con algo como "No, no, no, esto es lo que deberías hacer". Él cree que su reacción rápida y la relevancia de su solución prueban que está escuchando. Pero tal vez ella sólo quería que le prestara oídos, no que generara una decisión.

He aquí algunos ejemplos del modo en que un hombre interrumpirá para hacerse entender, reorientar una conversación u ofrecer consejos cuando una mujer está más interesada en generar el diálogo, lo que produce en ella la impresión de que él no la está escuchando.

LO QUE ELLA DICE	LO QUE REALMENTE QUISIERA DECIR	CÓMO LA RESPUESTA DE ÉL MUESTRA QUE NO ESCUCHÓ
"Primero déjame contarte una historia."	"Esto es relevante y me ayudará a aclarar mi argumento."	"No veo qué tiene que ver eso con el asunto."
"Tal vez debamos considerar ese resultado antes de tomar una decisión."	"Piensa conmigo un minuto en esto."	"Creo que ya tenemos un buen plan."
"¿Me permites hacer una pregunta?"	"Tengo una idea mejor."	"Dejemos las preguntas para el final."
"Me invitaron a la sesión, pero tengo mis dudas."	"No sé si quiero ir o no."	"¡Debes ir a esa reunión y punto!"
"No podré terminarlo hoy."	"Me sentiré mejor si puedo hablar de esto un minuto contigo."	"No te preocupes por eso. Ni que fuera tan importante."

Una mujer suele hablar para hallar su punto focal, mientras que un hombre tiende a concentrarse antes de hablar. A veces, ella inicia una conversación con una premisa completamente ajena, como "El otro día hablé con Stephen y me dejó pensando", para después pasar a lo que quiere decir. Este proceso le permite ordenar sus prioridades y aclarar el asunto o asuntos más importantes que debe resolver en su mente.

Las mujeres suelen explorar los problemas en un contexto más amplio que los hombres, y con mayor consideración de las consecuencias de una decisión. "¿Esto es lo mejor para la compañía?", o "¿Es lo mejor para el medio ambiente?".

Decir lo que piensa suele permitir a una mujer llegar a un punto de mayor comprensión. La acción de expresión personal le ayuda a desplegar sus ideas y conocerse mejor entre tanto. Cuando un hombre trastorna ese flujo interrumpiendo el proceso mental de ella y obligándola a poner fin a sus ideas, el resultado puede ser distracción y frustración. Si ella está compartiendo su interés en cumplir una tarea a tiempo, una reacción mejor de parte de él sería: "¿Qué te hace pensar así?", lo que le ofrecería a la mujer la posibilidad de revelar y tal vez resolver los obstáculos en su camino.

Las mujeres tienden a no interrumpirse entre sí, porque no les gusta que las interrumpan. Su tendencia es dar tiempo a la otra persona de pensar y compartir lo que tiene en mente. Alentarán la conversación con "Eso es interesante, dime más". Para ellas, consolidar una relación es tan importante como encontrar una solución.

Las mujeres no practican el mismo juego que los hombres; pero si pueden entender por qué ellos las interrumpen, podrán alentarlos a escuchar y ser más comprensivos. Ellos tienden a resolver problemas, y esperarán y escucharán pacientemente si eso es lo que se les pide. La mejor manera de hacer esto es que seas muy explícita, pidiendo desde el principio de la conversación: "Necesito tu ayuda y me gustaría conocer tu opinión sobre algo, pero primero déjame ponerte en antecedentes".

"Él se distrae muy fácilmente"

Susan se para en la entrada del cubículo de su colega y dice:

—Peter, creo que vamos a tener un gran problema con el nuevo proveedor. El embarque no ha llegado todavía, y el cliente ya viene para acá a recogerlo.

Peter mira la pantalla de su computadora, de la que aparentemente no puede retirar la vista. La pantalla es como un haz de tracción que retiene su atención. Está sobre el plazo límite, y en vez de voltear a ver a Susan, sigue introduciendo datos en su hoja de cálculo y dice entre dientes:

−Ajá.

Ella continúa hablando, detallando la situación con la esperanza de que él deje lo que hace y se concentre en su problema. Mientras tanto, Peter cree estar escuchando, aunque en realidad sólo concede a Susan diez por ciento de su atención.

Irritada, ella pregunta:

−¿Me estás oyendo, Peter?

Él responde, sin dejar de ver la pantalla:

−Sí, te oigo… ¿un problema con un proveedor?

Pero Peter empieza a exasperarse, porque no quiere cambiar de pista, y piensa: "¿Lo que ella me está diciendo es más importante que esta hoja de cálculo?". Susan permanece un momento en su sitio, esperando que él le haga caso. Peter añade finalmente:

−¿Me decías…?

Cuando un hombre está bajo estrés, desarrolla una visión de túnel, tendencia a concentrarse exclusivamente en una sola, o muy limitada, meta o punto de vista y a ignorar todo lo demás. Tener que asimilar lo que Susan dice justo cuando Peter trata de cumplir un plazo límite es muy perturbador y estresante para él, pero no necesariamente para ella. Las mujeres poseen la capacidad de atender tareas múltiples en forma simultánea, y a menudo se desenvuelven mucho mejor teniendo que lidiar al mismo tiempo con más de un asunto estresante. Así, se les dificulta creer que los hombres no pueden operar igual. Por tanto, Susan concluirá que "él no está escuchando" o, peor todavía, que "me ignora intencionalmente".

La imposibilidad para Peter de conceder a Susan plena atención tal vez no tenga nada que ver con ella, sino con su forma de comunicarse.

Si ella no va directo al grano, la mente de Peter se dirigirá a cosas más apremiantes o urgentes para él. Otro hombre no se lo tomaría personalmente y concluiría: "Este amigo está ocupado. Volveré más tarde".

Cuando un hombre luce distraído, por no mirar directamente a una mujer cuando ésta le habla, juguetear con su reloj, mirar en torno suyo o checar correos en su teléfono, una mujer tiende a tomárselo personalmente y a concluir que no le interesa lo que ella dice o que ella no es importante para él.

Un hombre con inteligencia de género dejará la computadora, apagará la televisión o hará a un lado el periódico o el teléfono y concederá a una mujer plena atención. Si debe cumplir un plazo límite o se siente estresado, sabrá decir: "Necesito unos minutos para terminar esto y de inmediato estaré contigo, ¿de acuerdo?". Le hará saber que sus necesidades son importantes y que ella es valorada, pero que él requiere unos minutos para resolver ciertas cosas. Este gesto simple pero sincero de su parte contribuirá enormemente a reducir el estrés de ella y a hacerle saber que él la escucha y no se ha desconectado en absoluto de ella.

EL LADO DE LA CIENCIA

Aunque no existen diferencias fundamentales en inteligencia total entre los géneros, hay diferencias importantes en las áreas cerebrales en las que hombres y mujeres revelan esa inteligencia. La materia gris representa centros de procesamiento de información en el cerebro, y la materia blanca fibras nerviosas que conectan a esos centros de procesamiento. Los estudios indican que las mujeres tienen más materia blanca que los hombres, y ellos más materia gris que ellas; ambos tipos de materia cerebral se relacionan con la capacidad intelectual. "En promedio, los hombres tienen aproximadamente 6.5 veces más materia gris relacionada con la inteligencia general que las mujeres, y ellas casi diez veces más materia blanca relacionada con la inteligencia que los hombres."[2]

Esto podría explicar por qué los hombres suelen ser mejores en tareas que requieren procesamiento centralizado, como matemáticas, mientras que las mujeres, a causa de su abundancia de materia blanca, tienden a sobresalir en la integración y asimilación de información procedente de las regiones de materia gris en el cerebro, como en el aprendizaje de idiomas y el pensamiento alternativo o consecuencial. No obstante, de acuerdo con las investigaciones, "estas dos diferentes vías neurológicas y centros de actividad resultan en un desempeño general equivalente en medidas amplias de aptitud cognitiva, como las obtenidas en tests de inteligencia".[3] Esta diferencia física en la composición del cerebro de cada género es una de las razones de que hombres y mujeres se comuniquen de manera tan distinta. El cerebro de ellas está hecho para comunicar y expresar sentimientos y, dado que siempre está ocupado asimilando y relacionando datos, es mucho más activo que el de ellos. Entre más se interesa en algo una mujer, más asociaciones establece con otros recuerdos y experiencias registrados en lo hondo de su sistema límbico.

A los hombres les cuesta más trabajo vincular sus emociones con sus ideas y articular lo que sienten. No suelen responder tan rápido como las mujeres porque tardan más en procesar información que implica asociaciones, o no responden en absoluto si no tienen recuerdos y emociones afines por rememorar. Además, sus centros de lenguaje y audición son particularmente activos al resolver un problema, pero muy poco activos después.

Por ejemplo, cuando una mujer llega a casa del trabajo, de un viaje o de visitar a una amiga, quizá tenga mucho que transmitir de lo que experimentó y ansíe compartir la interrelación de todo. Este proceso de comunicar y compartir incrementa sus niveles de oxitocina, y reduce por tanto su estrés. La oxitocina, hormona relacionada con el alumbramiento y la lactancia, también es un neurotransmisor del cerebro. Científicos han descubierto que acciones de afecto y reforzamiento de vínculos (abrazar, besar) elevan en mujeres y hombres los niveles de esa hormona. La oxitocina también desempeña un papel clave en la filiación social, que los investigadores llaman respuesta de "atender y amistar", en oposición a la de "pelear o huir".[4]

Cuando una mujer pregunta a su pareja: "¿Cómo te fue hoy?", quizá él no tenga nada que decir, a menos que la jornada de trabajo, el viaje o la visita aluda casualmente a un área particular de interés o importancia. Cuando él responde diciendo: "No pasó nada en especial", es muy probable que no oculte intencionalmente lo ocurrido. Sólo que no piensa mucho en esto, y en consecuencia no lo recuerda.

Cuando un hombre tiene poco que ofrecer en la conversación, una mujer se lo tomará personalmente, suponiendo que él no quiere compartir o no está escuchando, y por lo tanto no responde. Pero en realidad bien puede ser que él tenga poco que decir, y poco que ofrecer a cambio.

Con esta nueva percepción, una mujer puede darse cuenta de que es muy probable que un hombre la escucha y está interesado en oírla. Cuando renuncia a esperar que él hable más, él apreciará la disposición de ella a hablar y a estimular asociaciones en su mente y, asimismo, empezará a abrirse gradualmente.

Implícito *versus* explícito

Es innegable que las mujeres aportan al trabajo una perspectiva diferente y un valor diferente. Si los hombres entendieran que otra perspectiva es siempre la mejor manera de hallar el plan de acción óptimo, y si se percataran de que más puntos de vista producen siempre más éxito, serían más proclives a aceptar esas diferencias. El éxito en el trabajo requiere una combinación de perspectiva amplia y llamado a la acción.

Tanto hombres como mujeres se sirven del lenguaje para vincularse con los demás, pero lo hacen en forma muy distinta. Ellos comparten cifras y datos como una manera de relacionarse, en tanto que ellas comparten observaciones y experiencias. Podría decirse que ellos tienden a ser más explícitos o directos con sus ideas precisa y claramente expresadas, mientras que ellas se inclinan a ser más implícitas o indirectas, compartiendo ideas sobreentendidas y sugestivamente expresadas. Lo interesante es que los hombres suelen creer que su estilo explícito es la manera más lógica de pensar y comunicarse, a la vez que las mujeres creen que su perspectiva —el estilo implícito— es el enfoque más incluyente, porque alienta la conversación.

Un debate reciente sobre la comunicación de liderazgo y estratégica de hombres y mujeres en una de las instituciones financieras más importantes del mundo confirma esta diferencia en perspectiva de género. La pregunta es: ¿cuál es la forma de pensar y comunicarse más valorada?

El director de recursos humanos globales de esa institución financiera, en una conversación con la vicepresidenta de recursos humanos de América del Norte, dijo:

–En nuestra última reunión estratégica, no oí a nuestras líderes de Estados Unidos y Canadá relacionar sus argumentos e ideas con nuestras tres principales prioridades estratégicas globales.

Ella respondió:

–Las líderes entendemos las prioridades. Yo no sentí ninguna incomprensión. En efecto, alteramos el debate con comentarios que cambiaron el flujo de la reunión, pero fueron los hombres los que pensaron que no estábamos concentradas en las prioridades estratégicas; las mujeres creemos otra cosa. Simplemente, no se nos dio la oportunidad de explicarnos.

Al impartir *coaching* a mujeres, acostumbro subrayar que la diferencia del estilo de comunicación de las mujeres y la diferencia del estilo de escucha de los hombres es lo que debemos reunir en el centro de trabajo. Ellos deben conocer el valor de incorporar la manera asociativa y consecuencial de pensar de ellas, para una mejor resolución de problemas y toma de decisiones. Las mujeres, sin embargo, deben hacer verbalmente esa vinculación, para que los hombres puedan entender con más facilidad el valor implícito que ellas aportan a ese asunto particular y a la manera lineal de pensar de ellos.

164

He aquí un ejemplo de lo que deberían haber dicho las líderes durante aquella reunión de estrategia de recursos humanos: "Una de nuestras tres principales prioridades estratégicas es la innovación, y lo que nosotras queremos compartir con ustedes se relaciona directamente con esa prioridad".

El lado personal de la vida: parejas y padres

En nuestros seminarios, las mujeres suelen contar que su principal queja en las relaciones personales es que los hombres no escuchan. Cuando una mujer no tiene la oportunidad de platicar sobre su día, no dispone de una vía para liberar su estrés. Si sus necesidades no son satisfechas, cualquier cosa que su pareja haga por ella —llevar a casa comida ya preparada, lavar los platos o sacar a pasear al perro después de cenar— se experimentará a través del filtro que dice que ella no obtiene lo suficiente de él.

Cuando marido y mujer conversan, no deben hacerlo a la manera de las mujeres, que se turnan para hablar y compartir sentimientos. Un hombre no piensa ni reacciona así. Justo por eso, "reservar tiempo para hablar" no suele dar resultado, y tiende a ser muy estresante para los hombres, porque por lo general tienen poco que decir. Se pondrán inquietos e irritables; y cuando reaccionen con estos síntomas de resistencia o se distraigan, la mujer se sentirá más estresada aún. Para impedir que esta fricción derive en una pelea, ellos deben aprender el arte de escuchar sin interrumpir para pretender resolver los problemas de ellas.

Pero cuando un hombre comprende que no se espera que comparta, estará mucho más dispuesto a escuchar. Si esto le satisface y no lo obliga a ser como no es, escuchará de buena gana, y hasta compartirá más.

No sólo es inteligente, sino también un acto de bondad y compasión amorosa, que un hombre priorice la necesidad de una mujer de hablar de sus sentimientos antes de concentrarse en resolver sus problemas. Al reconocer esto, su escucha hará que ella se sienta mejor y descubra la solución a su problema. Pero así como los hombres deben aprender a escuchar, las mujeres deben practicar el hecho de compartir sin esperar un cambio en ellos. Si, al compartir, una mujer quiere darle una lección a su pareja, modificar su conducta o hacerlo sentir mal, el resultado será contraproducente. Él se sentirá manipulado por las emociones de ella, y al final opondrá más resistencia a escuchar.

Cuando una mujer se interesa en exceso en cómo se siente o actúa su pareja, tenderá a volverse maternal y a orientarse a metas, quitándole a él demasiada responsabilidad. Esto no sólo debilitará a su pareja, sino que también le impondrá a ella una carga mayor, y es muy probable que él no le haga caso cuando hable.

Una dinámica similar ocurre entre madres e hijos, exacerbada por la forma de interactuar de los padres. Las madres suelen quejarse de que sus hijos no las escuchan. Esto se debe con frecuencia a que les dan demasiados consejos e instrucciones. Las madres pierden el respeto de sus hijos al dar demasiadas órdenes y lamentar después que ellos se resistan a cooperar.

Los chicos generalmente necesitan más independencia y espacio para experimentar que las chicas. Tienen mayor necesidad de demostrar que pueden valerse por sí mismos. Demasiada ayuda de una madre se interpreta como falta de confianza, y finalmente el muchacho deja de escuchar.

La forma en que el marido trata a la mujer también hace una gran diferencia en el modo en que un hijo respeta a su madre. Cuando el padre no responde a las peticiones de la madre, es claro el mensaje de que los hijos tampoco están obligados a escuchar. Y un padre nunca debe entornar los ojos frente a su hijo cuando la madre pide algo. Este mínimo gesto puede parecer inofensivo, pero tiende a invalidar a la madre, y enseña a los muchachos a invalidar en general a las mujeres años después.

8 ¿Las mujeres son demasiado emocionales?

Las mujeres dicen: "¡No!".
Los hombres dicen: "¿Bromeas?".

Sí, las mujeres son emocionales y tienden a expresar sus experiencias —sus alegrías y frustraciones, sean grandes o pequeñas— en mayor medida que los hombres. Pero ¿esto significa que sean *demasiado* emocionales? Ellas no lo creen, obviamente. ¡Y muchas piensan que a veces los hombres no muestran suficiente emoción!

En términos generales, los hombres son tan emocionales como las mujeres, pero tienden a ocultar sus sentimientos, y sólo expondrán ese lado personal de sí mismos cuando están bajo mucho estrés, y aun así sólo a sus allegados. Las mujeres, por su parte, tienden a expresar en forma abierta sus sentimientos y a compartir francamente sus experiencias con amigos y familiares por igual, e incluso con desconocidos. En pocas palabras, las mujeres comparten, y los hombres buscan espacio y soledad.

DATOS DE GÉNERO[1]

• Un hombre contará a tres personas una experiencia negativa o positiva, pero sólo si es relevante y las conoce.

• Una mujer contará a treinta y dos personas una experiencia negativa o positiva, aun si no es relevante y no las conoce.

Varados en el tráfico

Pongamos a prueba esta comparación. Las horas pico son una irritación estresante experimentada en todo el mundo. Y las diferentes reacciones emocionales de un hombre y una mujer varados en el tráfico —cuando a los dos ya se les ha hecho tarde para un compromiso— no varían en Los Ángeles, París o Tokio.

Joe está furioso y, uno o dos minutos después, deja de tocar el claxon. Arde en cólera en las filas interminables de autos, defensa contra defensa, y de semáforos. Pero culpar a todos en la calle no lo lleva a ningún lado, así que se serena, enciende el radio y recupera poco a poco la compostura. Razona para sí en un estado de calma: "¿Por qué siempre me pasa esto? No lo volveré a permitir jamás. La próxima vez voy a salir más temprano".

Anne está en el auto junto al de Joe, y va igual de retrasada a su reunión. Da en pensar en el efecto que su retraso tendrá en ciertas personas en la reunión, y las consecuencias empiezan a intensificar su frustración y nivel de estrés. Llama a una amiga para compartir su experiencia y sofocar su estrés: "Julie, no vas a creer dónde estoy. Todos se enojarán por mi retraso. ¡Cuánto lo siento! Y el tipo del auto de junto, que no deja de tocar el claxon, no sirve de mucho. ¡Cómo es posible que no controle sus emociones!".

Cuando los hombres tienen sentimientos profundos, exteriorizan la cuestión y explotan si se trata de un problema grave, o cierran la boca y no dicen nada, en especial si no hay nada que puedan hacer de inmediato para resolver el asunto. Se concentrarán en otra cosa para distraer su atención del problema.

Las mujeres no reaccionan tan calladamente, y no pueden cambiar su foco de atención con tanta facilidad como ellos. Tienden a personalizar la situación —a culparse—, y a buscar con quién compartir su experiencia en vez de exteriorizar el problema y culpar a los demás, como hacen los hombres.

Así que la respuesta rápida a la pregunta de este capítulo —¿las mujeres son demasiado emocionales?— es que todo es relativo. Hombres y mujeres manejan y expresan sus emociones de diferente manera. Un hombre en el trabajo tiende a mostrar muy poca emoción en el curso del día, sea en reuniones de equipo o en conversaciones individuales. Esto dificulta a una mujer, o incluso a otro hombre, tener acceso a los sentimientos de un hombre. Una mujer, por su lado, que al expresar lo que siente hace una exhibición moderada y razonable de pasión por un proyecto o de preocupación por un cliente, podría ser malinterpretada por un colega como demasiado emocional. Pero ¿demasiado emocional en comparación con qué? ¿Con él y con la forma en que podría reaccionar en una situación parecida?

En el trabajo, uno de los principales problemas de la percepción de que las mujeres son demasiado emocionales es que un hombre tenderá a evitar que una mujer exprese sus emociones, o a intentar incluso acallar sus sentimientos desdeñándolos o proponiendo una solución inmediata: "No te preocupes por eso" o "No es para tanto".

Al hacerlo así, no sólo juzga equivocadamente la reacción de la mujer, sino que también deja de lado las ideas de gran alcance que pueden obtenerse de la experiencia emocional de ella; a saber, su acceso a recuerdos de hechos, cosas que quizá él haya olvidado, el valor de sus experiencias (afines o no) y sus intuiciones consecuenciales (correctas o incorrectas).

Por qué las mujeres exhiben sus emociones

Es innegable que hombres y mujeres somos criaturas emocionales. Los seres humanos tenemos emociones. La diferencia reside en la forma en que cada género expresa sus experiencias y reacciones. Las mujeres tienden a reaccionar con emociones más intensas que los hombres a la dicha, la pasión y los problemas. De hecho, sus reacciones suelen ser impredecibles para ellos. Los hombres suponen que ellas se las ven con algo grave cuando lo único que necesitan son unos minutos para compartir su alegría o aliviar su estrés. Ellos expresan a veces el hecho de quedarse sin habla: "Parece muy disgustada. No sé por qué, pero yo mejor me voy". Otras, malinterpretan un arrebato de una mujer y suponen que su papel es ofrecer una solución inmediata, como "No te preocupes", cuando lo que ella necesita es ser escuchada con interés. Las mujeres enfrentan el estrés ventilando sus opiniones y compartiendo sus experiencias. Esto no quiere decir que se quejen o que sus dificultades deban resolverse de inmediato. Tampoco que sean menos racionales durante un momento emocional y no puedan lidiar con el problema. En realidad, son mucho más capaces que ellos de tener un arranque emocional y pensar racionalmente al mismo tiempo.

Al compartir una experiencia, en cierto modo una mujer se oye pensar. Puede recordar, asociar y liberar sus recuerdos, y entre tanto buscar una solución y aliviar su estrés. No poder compartir sus sentimientos con alguien no hace más que prolongar su tensión o demorar su sensación de satisfacción y bienestar.

Por qué los hombres ocultan sus emociones

En comparación con las mujeres, los hombres ciertamente muestran al mundo una porción mucho más reducida de su lado emocional. Por lo general sienten la necesidad de ser independientes, y un estallido emocional no exhibe autocontrol. Esta mentalidad, aprendida en la infancia, se refuerza todos los días mediante la imagen social del hombre heroico representada en libros y películas. Temerarios, hábiles, estoicos y por lo general enfrentando solos la adversidad, los héroes de la ficción nos dicen mucho acerca de lo que se espera de los hombres, lo que ellos esperan de sí mismos y lo que se considera la conducta masculina ideal en la sociedad de nuestros días.

Más influyentes que los personajes de las películas son los roles que vemos desempeñar a nuestros padres. Muchos hombres experimentaron padres emocionalmente distantes, que rara vez —si alguna— lloraban o expresaban afecto. La forma en que vemos comportarse a nuestros padres y parientes en la adolescencia influye tanto en nosotros que se convierte en una plantilla de nuestra conducta como adultos. Pero los hombres tienen emociones y expresan sus sentimientos, aunque a menudo con menor intensidad que las mujeres.

He aquí algunos ejemplos de situaciones que vemos en los negocios todos los días, y cómo hombres y mujeres tenderán a reaccionar a la misma experiencia con diferentes niveles y expresiones de emoción. La conclusión: ellas creen que ellos no muestran suficiente emoción, ¡y ellos que ellas muestran demasiada!

PROBLEMA/SUCESO	REACCIÓN DE UNA MUJER	REACCIÓN DE UN HOMBRE
El equipo de ventas pierde un gran cliente.	"No puedo creer que lo hayamos perdido. ¿Qué hicimos mal… qué hice mal yo?"	"Las compañías están cuidando su presupuesto. Lo conseguiremos la próxima vez."
Se deja partir a un compañero de equipo.	"¿Qué va a ser de él? ¿Qué va a pasar con su familia?"	"No te preocupes. Se va a recuperar."
Se asciende a un compañero de equipo.	"¡Qué gusto me da por ti! ¡Deberíamos celebrar!"	"Bien por él. Espero ser el siguiente en la fila."
La compañía consigue un gran cliente.	"¿Recuerdan el esfuerzo? ¡Todos deben ser reconocidos por su contribución incansable!"	"Fabuloso. ¡A conseguir otro ahora!"

La reacción masculina al estrés es exteriorizar el problema, tratar de mantener la serenidad y la calma, y concentrarse en una solución. Un hombre optará a menudo por callar, aislarse físicamente o darse un periodo de distancia mental, aun en medio de una reunión, para iniciar su proceso interno de resolver sus problemas en soledad.

Cuando un hombre no reacciona satisfactoriamente a una situación estresante y se siente incapaz de resolver su problema, tiende a compensar la exhibición de sus emociones mostrando su destreza y haciendo gala de sus aptitudes ante los demás. "¡Vamos a tener que lograr eso, vamos a vencer a esos sujetos y vamos a ganar!" Sólo si se siente abrumado por la dificultad, explotará o estallará diciendo: "¡Tenemos que hallar una solución a este problema ahora!".

Ahí está el *quid* de la cuestión. Cuando las mujeres enfrentan un una dificultad o problema, grande o pequeño, no sienten la necesidad que experimentan los hombres de compensar su reacción emocional o posponer el abordaje del asunto. No necesariamente se sienten incapaces de hacer algo al respecto. Habitualmente pensarán: "Soy capaz de resolver este problema, pero debo ponerme en contacto con mis sentimientos, compartiéndolos con alguien para poder procesar el problema en mi mente".

"Pasa los kleenex"

La reunión de planeación fiscal de medio año fue probablemente la peor experiencia fiscal que la compañía haya enfrentado nunca. La recesión ya tenía efectos en todos los aspectos de las operaciones de la empresa. Las dos mujeres del comité de presupuesto se pusieron emotivas por el cierre de la oficina del centro y el despido de más de setenta y cinco personas. Conteniendo las lágrimas, Mary dijo, con voz quebrada:

–¡No puedo creer que se haya despedido a tantas personas!

Mark reaccionó rápidamente:

–Hagamos una pausa para que ustedes puedan ir al tocador y serenarse; continuaremos después. Recupérense y vuelvan cuando estén listas para seguir.

Karin fue la primera en responder, molesta por la sugerencia de Mark:

—¿Hablas en broma? ¡Eso es lo último que necesitamos! No he perdido el juicio. Sencillamente estoy expresando cómo me siento, y sé que Mary hace lo mismo. Pásame los kleenex y regresemos a las cifras. Tal vez podamos fusionar las dos divisiones en ese sitio, y ver si ahorramos dinero y nos reponemos de esa manera. Perderemos clientes e ingresos si dejamos ir a esos empleados.

Ése es el reto en este caso, aparentemente más para los hombres que para las mujeres. Ellas suelen experimentar una respuesta emocional más intensa que ellos, y tienden a ser más expresivas en su reacción. Los hombres malinterpretan a menudo el momento y suponen que las emociones de ellas las "abruman" y limitan su capacidad para pensar racionalmente o para lidiar con las presiones del trabajo.

EL LADO DE LA CIENCIA

Como se exploró en el capítulo 3, y en comparación con los hombres, las mujeres tienen un más grande y profundo sistema límbico, la parte del cerebro que incluye al hipocampo y la amígdala y que funciona como eje de la emoción y la motivación.

El hipocampo es donde se almacena la memoria de largo plazo, y mientras que es menos activo en los hombres, es dos veces más grande y mucho más activo en las mujeres. Esto explica que ellas sean más eficaces para procesar y codificar experiencias emocionales en su memoria de largo plazo, así como para recordar e interrelacionar experiencias pasadas. Entre más intensa es la emoción, más sangre fluye al hipocampo, "inundándolo" de recuerdos. El resultado es una reacción emocional más intensa, vívida y llena de recuerdos.[2]

Aun bajo estrés moderado, una mujer tendrá un torrente sanguíneo ocho veces mayor en el sistema límbico que un hombre bajo el mismo nivel de estrés. Tenderá a pensar en todo lo que puede salir mal con base en lo ocurrido en el pasado. Se sentirá compelida a hablar de sus emociones para hallar una solución, ya que hablando de ellas reducirá su estrés.

En comparación, bajo estrés moderado un hombre tendrá un torrente sanguíneo mínimo en su sistema límbico, y menos asociaciones neuronales con recuerdos. Habitualmente, tendría que estar bajo estrés intenso para registrar el mismo nivel sanguíneo en su cerebro que el que una mujer experimenta bajo estrés moderado; y cuando eso ocurre, la sangre fluye principalmente a la amígdala, donde él lidiará con el problema o lo ignorará.

La amígdala en el cerebro de un hombre es significativamente mayor que la de una mujer y tiene conexiones neuronales directas con otras áreas de respuesta en el cerebro, como el cerebelo, lo que permite a los hombres responder rápidamente a mensajes sensoriales, concentrarse en factores externos y emprender acciones inmediatas.

Mientras que las mujeres tienden a interiorizar, los hombres tienden a exteriorizar, no recordar hechos pasados y concentrarse en la situación implicada. Responden a su entorno más rápido que ellas, porque su pensamiento no está tan lleno de asociaciones emocionales con sucesos pasados.

Las diferencias en el sistema límbico de mujeres y hombres han permitido a cada género protegerse y defenderse instintivamente, a sí mismo y a los demás, durante decenas de miles de años. Las mujeres se protegen mediante la reflexión, la conexión y el cultivo, y los hombres a través de decisiones rápidas, concentración singular y acción inmediata, libre del peso de la emoción.

Tratar de hallar las palabras

El 11 de septiembre de 2001, las voluntarias, al hablar por teléfono con cónyuges, padres e hijos que podían haber perdido a seres queridos durante el bombardeo de las torres gemelas de Nueva York, eran más capaces de transmitir empatía y entenderse con ellos que los voluntarios. Muchos de estos últimos, aunque con las mejores intenciones, tropezaban verbalmente y tartamudeaban. Les costaba trabajo expresar empatía. Sentían compasión, pero se les dificultaba encontrar y compartir las palabras sanadoras que pudieran confortar a los inconsolables en su momento de mayor desesperación.

"No la podía calmar"

Los voluntarios, conteniendo el llanto, describieron sus encuentros con miembros de familias de las víctimas en momentos específicos, como si contar los hechos les ayudara a poner en orden sus intensas emociones.

"Nuestro equipo recibió la tarea de asistir a algunos miembros de familias, así que a las diez de la mañana comenzamos a tomar llamadas", recuerda un hombre. "Esposas, esposos, hijos e hijas estaban muy alterados en el teléfono, diciéndome en qué piso estaba su ser querido y si se hallaba en la torre sur o norte, y si yo ya sabía quiénes eran los sobrevivientes.

"Estaban conmocionados. Recuerdo a una mujer que acababa de enterarse de que su esposo había muerto. Veía en la televisión la repetición de la primera aeronave, que se estrelló del lado de la torre en que estaba su esposo, casi en el piso exacto. Yo no sabía qué decirle. No podía calmarla. Ella se quedó entonces en completo silencio, y supe que yo debía decir algo, pero lo único que pude articular fue 'No se preocupe, aún no está segura, no se preocupe'. No le serví de nada", dijo, mientras lágrimas rodaban por sus mejillas, "pero sentía el impulso de ayudar".

Para los hombres suele ser complicado comunicar sus sentimientos, y por eso se les juzga a menudo inflexibles, impasibles o indiferentes.

Sin embargo, esto no es necesariamente cierto. Tienen sentimientos, pero les cuesta más trabajo que a las mujeres ponerse en contacto con ellos y comunicarlos. ¿Con qué frecuencia no los oímos decir: "Claro que me importa, sólo que no hallo las palabras indicadas"?

"Ya no podía llorar más, pero por fin encontré las palabras"

Cada voluntaria parecía cargar el peso de todos los miembros de familias con quienes habló esa mañana. Una mujer, de cara blanca como una sábana y que no dejaba de temblar, describió sus telefonemas de ese día.

"Eran las once y media de la mañana cuando recibí la llamada de una niña, hija única de padres que trabajaban en la torre sur. Ya había pasado hora y media desde que ésta se había desplomado, y ella seguía sin saber nada de sus papás. Hablamos veinte minutos mientras yo le ayudaba a identificar con quién buscar apoyo en la Cruz Roja.

"Luego lloré con ella no sé cuánto tiempo. Había llorado sin parar desde las nueve de la mañana y ya no podía llorar más, pero encontré las palabras precisas para ella. Le pregunté por otros miembros de su familia, tías y tíos. Le dije que ellos la querían mucho. Le dije que le llamarían y que ella debía ser fuerte. Le dije que yo volvería a llamarle esa noche, y ella me rogó que no me fuera, sino que me quedara en el teléfono con ella hasta que la Cruz Roja llegara a su puerta, y así lo hice."

Las mujeres tienden a adoptar muchos puntos de vista, a desempeñar numerosos roles en la vida y son más adaptativas a las situaciones con que se topan. Son más capaces de interpretar el momento y de transmitir más empatía que los hombres en la misma sala frente al mismo problema al mismo tiempo. Así guíen a otros, trabajen en equipo, hagan una presentación a un cliente, cuiden a un bebé o formen a un hijo adolescente, son más capaces de sumergirse al instante en el momento y ponerse a tono con los sentimientos ajenos.

Los hombres suelen adoptar una sola perspectiva, tener un único rol en la vida: el de ser hombres. Y tienden a llevar esa única modalidad a cada situación, ya sea que dirijan, trabajen en equipo, hablen con amigos, se relacionen con su cónyuge o formen a un hijo o hija adolescente.

Al parecer, todas las culturas prescriben en la adolescencia a los hombres ese "rol único en la vida". Familia y sociedad les enseñan que se les juzga por su capacidad de ser fuertes, mantener la calma y no mostrar sus emociones. Flaco favor se les hace de esa manera, pues suelen ser incapaces de compartir sus sentimientos, o sentirse incómodos al hacerlo. Con frecuencia se sienten confundidos e inquietos ante una mujer que comparte los suyos. Esto tiende a afectar en el trabajo a las mujeres, quienes creen estar obligadas a ocultar o contener sus emociones y aparentar que son tan impasibles y emocionalmente distantes como los hombres, para demostrar que tampoco ellas pierden el control.

Las mujeres suelen decir que no se sienten a gusto ni a salvo al dejar ver sus verdaderos sentimientos en el trabajo, así sea alegría, enojo, frustración o temor. No desean que los hombres en la oficina las perciban como débiles o irracionales. Incontables veces hemos oído decir a ejecutivas: "¿Están locos? Nunca muestro mis emociones en el trabajo. ¡Jamás debes permitir que te vean llorar!".

"¡No esperen que diga: 'gracias'!"

Cuando Karin bajó del tren, la luz de la mañana la forzó a entrecerrar los ojos, y al acercarse al edificio de su oficina, supo a lo que se exponía. Sabía que la editorial en la que laboraba estaba recortando personal en todo el departamento, y que ese día se le avisaría que estaba despedida. "Esperarán hasta las cuatro y media de la tarde para decírmelo", pensó. "Me arrebatarán así un día extra de trabajo."

Al atravesar el transitado crucero, imaginó en su mente lo que ocurriría. "Él me llamará a su oficina y se pondrá a dar de vueltas, buscando las palabras para decirme lo mal que se siente y lo mucho que me extrañará, así como que me recuperaré pronto." Y añadió en voz alta:

—No esperen que les dé las gracias —sólo para oírse decirlo—. No voy a mostrar emoción alguna. ¡No! Él me dará mi carta de liquidación y me marcharé.

"¡No debí decir nada!"

Margaret tomó sus documentos, laptop y teléfono celular y se dirigió a los elevadores. La reunión de la mañana del lunes sería igual a todas. "Me la paso pensando en estas reuniones los fines de semana, y me los echan a perder", reflexionó. "Por eso no duermo bien, y Frank cree que estoy enojada con él."

Toma asiento en su lugar de costumbre, al fondo de la sala de juntas, y continúa con su diálogo interior. "Los hombres querrán sentarse junto al jefe del departamento, para disputarse su atención. No es mi estilo. No creo caerle bien de todas maneras. Fui la única en objetar su proyecto la semana pasada. Fue una tontería de mi parte. ¡No debí decir nada! No diré nada hoy.

"Los chicos del equipo siempre dicen que pongo obstáculos en mi camino. Creen que la emoción que muestro es enojo, pero es pasión. Ya no voy a dejar ver ninguna emoción. Pero *voy* a empezar a buscar otra cosa."

La falta de inteligencia de género en el trabajo suele provocar que una mujer crea que no puede expresarse plenamente, aunque sepa que lo que siente es válido. Su aptitud natural para trazar el patrón de sucesos o resultados relacionados con un problema u oportunidad la vuelve más cauta de las consecuencias de ciertas decisiones. Aun así, a veces siente que no puede compartir su intuición ni ser considerada parte del equipo.

Los hombres se inclinan naturalmente a no recordar experiencias pasadas. Orientados a la acción y a las metas, tienden a descartar o ignorar las consecuencias de sus actos y a concentrarse en alcanzar sus objetivos. Su actitud es: "Hagámoslo, y a ver qué pasa".

La toma de decisiones de los hombres es por lo general de muy corto plazo y reactiva, así que suelen pasar por alto el valor del pensamiento reflexivo de una mujer. Tienden a juzgar como negativa la reacción de una mujer, y su vacilación como un obstáculo al progreso.

Sí, las mujeres son emocionales, pero ésta es una reacción valiosa. Es el pensamiento consecuencial que con frecuencia falta en los negocios. El hecho de que ellas planteen un problema no quiere decir que impidan el avance o digan "no", sino que dicen: "Consideremos eso primero". Esto no significa necesariamente que se quejen o no estén tan comprometidas con el éxito de un proyecto como los hombres de su equipo, ni que la dificultad que plantean deba resolverse al momento. Se sienten compelidas a ventilar sus opiniones y a alentar a los demás miembros del equipo a considerar todos los resultados posibles antes de tomar una decisión, que probablemente será mejor.

Si los hombres pueden aceptar las emociones de las mujeres como un beneficio, estarán mejor equipados para prever qué puede marchar mal en el futuro, con base en lo que marchó mal en el pasado, y para descubrir un mejor curso de acción.

He aquí algunos ejemplos de cómo una mujer puede expresar sus ideas con un tono emocional, qué es lo que más probablemente piensa en su interior y cómo un hombre con inteligencia de género comprende y se beneficia del pensamiento reflexivo de ella.

LO QUE ELLA DICE	LO QUE ELLA PIENSA	LA MEJOR REACCIÓN DE ÉL
"Esto impactará negativamente a demasiados clientes."	"Sé que el porcentaje de afectados es reducido, pero podría ser indicativo de un problema oculto."	"Vale la pena analizar esto ahora en vez de tener que hacer costosas correcciones después."

LO QUE ELLA DICE	LO QUE ELLA PIENSA	LA MEJOR REACCIÓN DE ÉL
"¡Es demasiado arriesgado! No tenemos pruebas de que funcione."	"Quiero llegar al mercado tanto como ustedes, pero necesitamos más información."	"No veo las consecuencias, pero tú sí. Podría haber desventajas que no hemos considerado."
"Estamos cometiendo un gran error."	"No es mi decisión definitiva. Sólo tengo dudas."	"Déjame pensar más en esto y hablaremos después."
"¡No tengo personal suficiente! No puedo asumir el trabajo adicional."	"Quiero que consideren todo lo que hago."	"No estaba al tanto de la situación. ¿Qué opciones tenemos?"

En cada uno de los ejemplos anteriores, validar la perspectiva de una mujer no necesariamente significa que un hombre deba estar de acuerdo con sus sentimientos o intuiciones. El acentuado tono emocional de ella podría sugerir a primera vista que sus sentimientos son negativos o definitivos y que tiene una mente cerrada, pero nada de esto es necesariamente su intención.

La reacción emocional e ideas reflexivas de una mujer pueden ser el complemento perfecto del impulso de un hombre a emprender acciones inmediatas. Los hombres pueden beneficiarse del hecho de darse tiempo de explorar las consecuencias de sus decisiones antes que actuar precipitadamente. Y las mujeres pueden verse favorecidas por el empuje y la siempre presente energía de los hombres de su equipo.

Cuando hombres y mujeres aprendan a apoyarse más eficazmente en el trabajo, las tensiones emocionales disminuirán, mientras que la cooperación y la colaboración aumentarán. El resultado: mejor resolución de problemas y toma de decisiones y mayor productividad.

El lado personal de la vida

Las mujeres poseen una capacidad enorme para experimentar y expresar alegría, dicha y realización, aun ante las cosas más pequeñas de la vida. Pueden sentir y transmitir igual emoción por las cosas que les producen estrés y ansiedad. Así la emoción sea júbilo o desesperación, moderada o severa, ellas se sienten compelidas a compartir sus sentimientos, en especial con la persona más importante en su vida: su cónyuge.

Dado que quieren hablar de una experiencia —para compartir lo que ocurrió durante el día—, esto no necesariamente significa que se trate de la gran cosa para ellas. Si es una emoción alegre, y hablar de ella la manera de revivir tal experiencia con su esposo, esto puede profundizar su relación con él y generar mayor intimidad en ese momento compartido. Si es un problema desagradable, pese a que sea moderadamente estresante, el simple hecho de hablar de él ayuda a una mujer a aliviar su estrés, y a procesar las cosas en busca de una solución propia.

Los hombres no están cerebralmente predispuestos a recordar experiencias pasadas —buenas o malas— tan fácil y vívidamente como las mujeres. Ellas quieren compartir, y tal vez ellos piensen: "Si no es para tanto, ¿por qué esto le inquieta en ese grado?".

He aquí algunos ejemplos de cómo una mujer puede compartir una experiencia emocional, y cómo puede su cónyuge pasar por alto un momento de vinculación con ella. También mostraremos cómo una respuesta considerada puede validar los sentimientos de ella y proyectar una comprensión más profunda e íntima.

Las mujeres deben recordar que hacen más asociaciones con sus emociones y experiencias que los hombres. Y que entre más intensa y sentimental sea la emoción, más recuerdos tendrán de esa experiencia. Una mujer con inteligencia de género no se tomará personalmente que su esposo no recuerde detalles. Los hombres no tienen tantos receptores como las mujeres. ¡No están diseñados de esa manera! Esto no significa necesariamente que no les importe o no valoren la experiencia, o que no haya sido importante para ellos cuando sucedió, o ahora que su esposa se acuerda de ella. Bien puede ser que efectivamente no la recuerden.

LO QUE ELLA DICE	CÓMO ÉL PASA POR ALTO EL MOMENTO	CÓMO PUEDE ÉL CONECTARSE MÁS PROFUNDAMENTE
"¿No te encantó la película?"	"Sí, estuvo bien. ¿No se te antoja un helado?"	"Sí. ¡Qué buena historia! ¿Qué fue lo que más te gustó?"
"Creo que es el mejor salmón que he preparado."	"Eres buena para cocinar. ¿Qué hay de postre?"	"¡Salió perfecto! ¿Qué hiciste distinto esta vez?"
"Hoy perdí un cliente importante. A veces no sé si podré con esto."	"Te preocupas demasiado. No es para tanto."	"Cuéntame qué paso."
"Me pesa mucho tener que dejar ir a mi asistente ejecutiva."	"Yo también he despedido gente. Hazlo, ya pasará."	"¿Qué te pesa más: tener que despedirla o tener que buscarte otra, o ambas cosas?"
"¿Recuerdas la primera vez que cenamos aquí?"	"La verdad, no."	"No me acuerdo. ¡Cuéntame!"

Es igualmente importante que un hombre con inteligencia de género no ignore ni subestime los recuerdos de su esposa. Admitir honestamente que no se acuerda pero mostrar interés genuino en revivir la experiencia puede ser igual de reconfortante para ella.

Un hombre tiende a olvidar que la sensación y expresión de plenitud de una mujer es la causa de que ella le haya atraído en primer término; ese estímulo le hace saber que puede hacer una diferencia en la vida de ella.

Si un hombre comprende esto, puede beneficiarse enormemente de la relación. Cuando una mujer habla de sus sentimientos, no necesariamente busca soluciones. Y aunque el instinto de él sea resolver problemas, en realidad no tiene que arreglar nada. En estos momentos, no sólo es inteligente sino también un acto de bondad amorosa que un esposo priorice la necesidad de su esposa de hablar de sus sentimientos antes de concentrarse en las soluciones.

Un hombre que escucha no sólo ayuda a una mujer a aliviar su estrés, sino que también se libera del suyo. Esto le permite distraerse de sus problemas; sin embargo, esto sólo funciona cuando comprende que no tiene que resolver un problema, sino sólo escuchar y dejar que ella se exprese. Las emociones de su pareja hallan alivio cuando son escuchadas y validadas.

9 ¿Los hombres son insensibles?

Las mujeres dicen: "¡Por supuesto!".
Los hombres dicen: "Algunos lo son, ¡pero yo no!".

Parecería que, desde el inicio de los tiempos, los hombres han respondido a la queja de las mujeres de que son insensibles con la misma reacción inocente y atónita: "No, no lo soy... ¿Cómo?... ¿Dónde?".

¿Podría ser acaso que los hombres ignoran que ignoran? ¿Que no pueden ser sensibles a lo que, para comenzar, no sienten?

Las mujeres suelen interpretar y reaccionar a personas y entornos en forma diferente a los hombres, y llevar más empatía y memoria a prácticamente toda relación y situación. Por lo general, ellos no son tan atentos. Esto no necesariamente significa que no sean observadores. Sólo que tienden a asimilar menos, a concentrarse en lo directamente relacionado con un objetivo y a hacerlo con menos interés en los detalles.

Añádase a ello la capacidad general de las mujeres de recordar más y se tendrán las condiciones perfectas para los ocho puntos ciegos de género: que los hombres son insensibles, indiferentes a personas y situaciones. El verdadero punto ciego es la creencia de que su indiferencia y descuido son intencionales. Es común que las mujeres piensen:

- "¿Cómo es posible que yo lo haya notado y tú no?"
- "¿De veras no te acuerdas?"

DATOS DE GÉNERO[1]

• Setenta y dos por ciento de las mujeres dice que los hombres no son tan atentos como ellas a los sentimientos, situaciones y entorno de los demás.
• Sesenta y ocho por ciento de los hombres tiende a estar de acuerdo con eso.

Un ejecutivo exitoso lo explicó así: "Admito mi orientación a metas. A veces no pienso en otra cosa cuando estoy en la oficina; me concentro en el juego final. Trato de interpretar a la gente y las situaciones lo mejor que puedo, pero sé que pasaré por alto lo que sucede a mi alrededor. No es que no me interese o no me importe, sino que no me percato de muchas cosas".

Hoy los hombres entienden mejor que nunca que el liderazgo de éxito requiere que sean más perceptivos de su entorno y más atentos a las necesidades, motivaciones e intereses de quienes los rodean. Aunque hoy en día muchos se esfuerzan por estar más conscientes de las personas y sucesos a su alrededor, ser sensibles no es una reacción natural y fácil para ellos. Sabiendo esto, una mujer puede ser más comprensiva cuando un hombre parece indiferente, ensimismado y poco cooperativo. Puede reconocer que es muy probable que esto no sea personal ni intencional, sino derivado de la inmersión de él en sus pensamientos. Tolerará incluso sus descuidos, aunque a veces su distracción le resulte casi inconcebible. "¿Cómo fue posible que lo olvidaras? ¡Hablamos de eso en la reunión de esta mañana!"

Las mujeres pueden reconocer, asimismo, que cuando los ánimos se exaltan y el estrés es muy elevado, los hombres tienden a reparar aún menos en los demás y a dejar de percibir muchas cosas, incluso si están literalmente a la vista.

"¿Sólo tenemos siete minutos?"

Un taller diseñado para una importante fábrica de juguetes implicó un ejercicio en el que cinco equipos de hombres y mujeres tenían que armar un auto en miniatura y un puentecito que éste debía atravesar sin contratiempos. Los equipos disponían de siete minutos para realizar su tarea, que incluía vender el auto y el puente al resto del grupo. Cada equipo fue filmado, ¡aunque menos de un minuto después todos habían olvidado que la cinta estaba corriendo!

Dada esa severa restricción de tiempo, la mayoría de los hombres adoptaron el modo de alta velocidad con concentración en la cadena de mando, asignaciones y acciones paso a paso, mientras que la mayoría de las mujeres parecían menos controladoras y más sugestivas en sus ideas. He aquí cómo respondieron al desafío tres de esos cinco equipos:

- "¿Sólo tenemos siete minutos? Denme las instrucciones", dijo el líder con mayor antigüedad de un equipo. "Vamos a ver. ¿Éstos son nuestros únicos materiales? Bob, tú y Steve pónganse a armar el auto. Mary y Louise, hagan el puente. Yo presentaré, ¿de acuerdo?"
- "Creo saber adónde va esto", dijo Julie. "Tengo una idea, y me gustaría saber qué piensan todos."
- "No tenemos tiempo para eso", dijo Scott. "Mira lo que Bob y Steve están haciendo. Ed y Matt, ¡vamos! ¡Nos estamos quedando atrás!"
- "¿Quién tiene hijos chicos y sabe de juguetes?", pregunta Monica. "Sí", responde Gordon. "Esto debe plantearse así."

Al final del ejercicio, cada equipo revisó el video de su desempeño y su interacción con los miembros de otros equipos. La puntuación de cada grupo se basó en una compleja lista de control de conductas y resultados.

Los hombres se sorprendieron y avergonzaron visiblemente al presenciar su conducta captada en la cinta. Uno de ellos observó: "¡La saqué literalmente de la jugada!", mientras que otro señaló que "ni siquiera oí la idea de mi compañera. Pudimos haberla utilizado para vender nuestro juego. ¡La ignoré por completo!".

Es increíble el modo en que nuestra verdadera naturaleza emerge bajo presión. Ése fue un momento transformacional para los hombres, y muy revelador para las mujeres. Ellos no estaban conscientes de la severidad de su conducta de asumir el mando. Con apenas siete minutos, adoptaron un modo de acción pura y descontaron todo lo demás, salvo ganar.

El equipo ganador fue el más cooperativo en su liderazgo, trabajo en equipo, resolución de problemas y toma de decisiones. También fue el único en que un hombre y una mujer presentaron en común sus resultados ante el grupo.

Insensibilidad y afán de ganar

Un hombre tiende a concentrarse en una sola cosa y a ser secuencial, así como a tomar decisiones lo más rápido posible. Ésta es una capacidad natural y muy arraigada en él, complementaria en alto grado de la inclinación de una mujer a aceptar más información y procesarla mediante experiencias afines para formular una decisión. Hay pros y contras inherentes a ambos métodos, pero los estudios indican mayor éxito cuando esas dos mentalidades se combinan en una "inteligencia colectiva".[2]

Aunque a las mujeres también les interesa mucho ganar, su necesidad es alcanzar mayor comprensión y cooperación antes de actuar:

- "¿Hay un ambiente de cooperación a mi alrededor?"
- "¿Todos se sienten apoyados?"
- "¿Existe tensión en la oficina?"
- "¿Todos participan en la conversación?"
- "¿Todos están de acuerdo con la decisión?"

Independiente y satisfecho al trabajar solo, un hombre tiende a no fijarse mucho en la colaboración. Aunque su intención es hacer cada día su mejor esfuerzo en el trabajo, sus tendencias producen un punto ciego natural en la dinámica relacional laboral. Para él, se trata más de motivación personal que de esfuerzo grupal. Aunque tiende a comprender esta mentalidad y a ejercerla satisfactoriamente, ésta no es, en cambio, la inclinación natural de una mujer. Ella está más abierta al establecimiento de relaciones y a la colaboración hacia una meta común, y con frecuencia interpretará la desatención de un líder como producto de mayor interés en "ganar a toda costa" que en ganar juntos.

Tomen nota, señores, porque éste es un aspecto clave para ganarse la confianza de las mujeres: expresen su interés reconociendo y valorando la presencia y el esfuerzo de los demás. Un líder puede decirse interesado, pero no hará efectivas sus mejores intenciones si se abstrae en la meta y pierde de vista las cosas aparentemente insignificantes que ocurren a su alrededor, las pequeñas cosas que fácilmente pueden acumularse, o explotar, y dar al traste aun con los planes más detallados.

Éste sigue siendo un reto para los hombres. Cuando perciben una situación que demanda sensibilidad, no suelen tener las habilidades necesarias para salvar las circunstancias, y optan por demostrar que éstas les importan haciendo lo que mejor saben hacer —actuar—, cuando no siempre es esto lo que se necesita.

"¡Creí ser supersensible!"

Margot dirige el departamento de desarrollo creativo de una de las agencias de publicidad más importantes de Nueva York. Cada día está lleno de plazos límite de textos e imágenes, pero en lo que ella más se esmera es en mantener una sensación de equilibrio en la oficina: "Quiero que mi personal cumpla las fechas, pero no al grado de perder nuestra consideración e interés mutuos. Cuando trabajamos juntos somos más creativos".

Margot es, asimismo, madre de gemelos, y uno de sus colegas le llama a casa una mañana, ya tarde, y la sorprende con sus dos hijos enfermos, llorando al fondo. Ella me dijo que sabía bien que James oía llorar a sus hijos, pero que él ignoró la situación. "Se dio cuenta de que yo estaba en un apuro, pero le urgía una respuesta. Sé que, como de costumbre, le interesaba primordialmente la tarea, lo cual admiro, pero fue demasiado insensible.

"Sin embargo, me di cuenta de que lo suyo no era insensibilidad, sino orientación a metas. Me dio la impresión de que se sentía incómodo llamándome a casa y descubriendo a los niños al fondo. Lo único que pude hacer en ese momento fue hablar más fuerte que mis hijos y darle lo que él necesitaba para seguir adelante. James tendría que lidiar con el ruido, y lo hizo. Cuando percibió que a mí no me molestaba, dejó de molestarle a él."

Más tarde hablé con James, y he aquí cómo lo razonó él: "Oí llorar a los niños, pero necesitaba una respuesta, e intenté obtenerla de Margot lo más rápido posible y colgar. Necesitaba sus instrucciones. Creí ser supersensible, y al mismo tiempo me concentré en el trabajo. Obtuve mi respuesta, y pude manejar el problema del cliente como ella quería".

Es imposible cambiar la competitividad general de un hombre, y entre más agresiva y estresante sea su profesión —ventas, operaciones bursátiles, imposición de la ley, logística de eventos, relaciones públicas, entretenimiento o derecho penal—, más obstinado será él, y menos atento a las necesidades de quienes lo rodean.

La idea es que los hombres deben ser más sensibles, pero para muchos esto es fácil de decir, mas no de hacer. Las mujeres deben entender esto, y no suponer automáticamente que un hombre actúa de manera intencional. Ellas pueden sabotear su relación con los hombres si se toman a ofensa algo que ellos hicieron sin querer o en forma inocente, o que siguen haciendo por descuido.

Un hombre bajo estrés reducirá su ansiedad como mejor sabe hacerlo: ignorando la situación o enfrentando sus problemas en soledad. Al reaccionar de este modo, voluntaria o involuntariamente, no suele ser insensible o descuidado adrede. Y cuando las mujeres reaccionan creyendo lo contrario y tomándoselo a ofensa, la situación también puede ser ofensiva para él. "Claro que me importa, ¿qué te da la impresión de que no?"

Insensibilidad en la conversación

Las mujeres aseguran que los hombres son muy insensibles al comunicarse, caso en que adoptan posturas rígidas y precipitadas o emiten opiniones para que todos las oigan, desalentando así nuevos intercambios. He aquí algunas frases de uso frecuente que indican la cancelación de una conversación:

- "Sé que mi plan va a funcionar."
- "No hay tiempo para hablar de eso."
- "¡Tenemos que actuar ya si queremos cumplir la fecha límite!"

Aunque una mujer puede tener una posición propia ya determinada, su inclinación es no dar su opinión tanto como alentar las ideas de los demás. Tiende entonces a invitar la participación de todos antes de compartir sus ideas. Se sentirá más a gusto con una decisión sabiendo que todas las ideas han sido exploradas.

Los hombres ven esto de otra manera. Creen desempeñarse al máximo si ofrecen sin vacilar sus mejores ideas. Creen también que si otros tienen algo que decir, hablarán sin que se les pida hacerlo. Piensan que son sensibles no metiendo en aprietos a otros, así que no piden opiniones ajenas.

Muchos líderes de negocios han aprendido a afinar su percepción, salir de su zona de confort y reconocer el valor de no ser reactivos. Buscan decididamente las aportaciones de sus compañeras, para cerciorarse de que no haya ideas poco desarrolladas ni decisiones apresuradas.

LO QUE ELLA DICE	CÓMO ÉL MUESTRA INSENSIBILIDAD	LA MEJOR REACCIÓN DE ÉL
"Creo que deberíamos revisar todos los datos disponibles antes de avanzar."	"No es una decisión complicada. Ya sabemos todo lo que debemos saber."	"Tal vez deberíamos tomarnos más tiempo de la agenda para el análisis."
"Tengo la impresión de que falta algo."	"Se han presentado todos los datos. Ya hicimos planes."	"Quizá no sea demasiado tarde. ¿En qué estás pensando?"
"No creo que todos en el equipo acepten esto."	"Tuvieron una oportunidad en la última reunión. Debieron haber dicho algo entonces."	"Asegurémonos de la aceptación de todos, pero para no atrasarnos demos de plazo hasta el fin de semana, ¿te parece?"
"Seguimos ese enfoque en la última campaña de ventas y no funcionó."	"No lo recuerdo. Pero no importa, la situación es distinta."	"No pensé en eso. ¿Cuál era la situación entonces? ¿Por qué crees que no funcionó?"

En cada uno de estos ejemplos, el reto obvio para los hombres es no frustrarse por tantos detalles, mantener una mente abierta y no manifestar tan pronto sus conclusiones o soluciones. Un hombre con inteligencia de género relajará su ritmo. Será menos competitivo y ensimismado. Se percatará de que su mayor debilidad puede ser justo la principal fortaleza de una mujer: su aptitud para recordar experiencias pasadas, sopesar las consecuencias con un juicio sano y proponer ideas nuevas.

Una mujer con inteligencia de género entenderá que los hombres no comparten naturalmente sus procesos mentales y que se sienten más a gusto meditando solos en sus dificultades. Comprenderá que su tendencia a actuar es un complemento perfecto de su inclinación propia a cuestionar. El reto para ambos géneros es darse cuenta de que las mejores decisiones radican en la intersección de sus procesos mentales naturales.

Insensibilidad en correos electrónicos y mensajes de texto

No es de sorprender que, así como tienden a compartir más información, establecer relaciones y hacer más preguntas que los hombres al comunicarse frente a frente, las mujeres se inclinen a comportarse de la misma manera en sus correos electrónicos y mensajes de texto. Tampoco lo es que los hombres apliquen a sus mensajes su estilo de comunicación de "tomemos una decisión".

En un correo electrónico o mensaje de texto no hay tono de voz, sólo palabras plasmadas en la página, sin contexto ni perspectiva. En este formato, la tendencia de un hombre a la brevedad puede parecerle despectiva e indiferente a una mujer, mientras que él interpretará sus breves comentarios como "concisos y al grano".

En la página siguiente se dan ejemplos de intercambios digitales entre un líder y una jefa de departamento sobre la necesidad de completar la propuesta para un cliente antes de la fecha límite del viernes por la tarde. Estos intercambios muestran que los mensajes escritos de él pueden interpretarse como indiferentes y desatentos, y que una comunicación más reposada y de tono más cooperativo puede conducir a mayor comprensión y mejores resultados.

Humor insensible

Como se exploró en el capítulo 4, las bromas son un medio por el que los hombres suelen poner a prueba su amistad, lo que les permite criticarse entre sí de modo informal y desenfadado. Esto forma parte del ritual de vinculación masculina, así como de la manera en que los hombres se desquitan o relajan una situación tensa. Un hombre soltará ocasionalmente un comentario o insulto sarcástico y luego dirá: "¡Sólo fue una broma!". El sujeto en el extremo receptor del comentario desdeñoso no tenderá a tomárselo personalmente. Si lo hace, su reacción fijará de inmediato los límites de su amistad.

LO QUE ÉL ENVÍA	CÓMO INTERPRETA ELLA EL MENSAJE	LA MEJOR COMUNICACIÓN DE ÉL
"La propuesta debe estar lista para el viernes a las cinco de la tarde. Entrégamela el jueves en la tarde."	"Ha de estar molesto conmigo por algo. ¿Cómo puedo pedirle una opinión para estar segura de que voy bien?"	"Me gustaría que te encargaras de este proyecto. Envíame un borrador la tarde del jueves. Trabajaré en él, y te lo devolveré el viernes en la mañana para que lo termines."
"¡Pon a trabajar a marchas forzadas a tu departamento!"	"Esto no tiene que estar listo hasta el viernes en la tarde, y mi equipo está sobrecargado de trabajo. ¿Se supone que debo dejar de lado todo lo demás?"	"Revisa los datos adjuntos. Tenemos apenas unos días para concluir esta propuesta. Es urgente, pero procésala como mejor te convenga."

LO QUE ÉL ENVÍA	CÓMO INTERPRETA ELLA EL MENSAJE	LA MEJOR COMUNICACIÓN DE ÉL
"Esto no es lo que busco."	"Creí que íbamos a colaborar en esto, y que lo mío era un primer borrador."	"¡Casi listo! Checa mis correcciones y comentarios adjuntos y dime qué piensas."

Existe todo tipo de ocurrencias o pullas con las que los hombres se tratan, como:

- "¿Ya viste qué traes puesto? ¿Te vestiste con la luz apagada o qué?"
- "No olvides tu GPS. ¡Podrías volver a perderte!"
- "¿Por qué querría comer contigo?"
- "¡Eres un idiota! ¿Por qué votaste por ése?"

¡Imagina a un hombre dirigiendo cualquiera de esas mofas a una mujer! Esta clase de humor tiende a perder toda eficacia con las mujeres, quienes se relacionan y vinculan entre sí en forma completamente distinta. Una mujer no comprende con facilidad el humor de los hombres. Éste suele parecerle una completa pérdida de tiempo y representar un ejemplo más de la insensibilidad de los caballeros.

"¡Qué tipo más grosero!"

Hace unos años, durante una pausa de media mañana en un taller en Alemania, un alto ejecutivo que asistía a la sesión me dijo que le había gustado mucho el grupo de sondeo de la mañana. A mitad de nuestra conversación, él empezó a pasarse una manzana de una mano a otra mientras sus ojos examinaban ocasionalmente la sala. Yo pensé: "¡Qué tipo tan grosero! ¿Le aburre esta conversación? ¿Le aburro yo? ¿O simplemente quiere parecer tranquilo y despreocupado?". Su actividad física me distraía. Terminé poniendo más atención en la manzana que en lo que él decía. ¡Pero luego descubrí que sus acciones físicas me habían distraído a mí, mas no a él! En realidad hizo cuanto pudo por prestarme toda su atención.

Cuando un hombre está ansioso y estresado, su adrenalina aumenta, y hasta la mínima actividad física puede ayudar a convertir su adrenalina en dopamina. La dopamina es una sustancia química —un neurotransmisor— simple, producida en varias áreas del cerebro, responsable de modular el movimiento físico, así como de regular la agresividad, el empuje motivacional y la restricción o control de un impulso. El movimiento físico calma el cerebro masculino para permitirle concentrarse en el trabajo, escuchar con mayor atención o poner en orden y compartir las ideas propias.[3]

Los hombres suelen abstraerse en el trabajo o en reuniones cuando se habla demasiado. Así que para mantenerse alertas, mueven la pluma o el pie, o miran alrededor de la sala, y recuperan entre tanto la tranquilidad y la concentración. Así, aquel señor que se pasaba la manzana de una mano a otra no se estaba distrayendo ni mostrando tedio. Al contrario: ¡trataba de seguir concentrado en nuestra conversación!

EL LADO DE LA CIENCIA

Las investigaciones indican que los hombres no son tan buenos como las mujeres para interpretar las expresiones faciales y matices emocionales. Esta aptitud también permite a las mujeres sentir y emular lo que la otra persona experimenta, a través del proceso conocido como reflejo. Ellas poseen neuronas especiales que les permiten detectar emociones humanas. Escaneos del cerebro muestran que pueden reflejar más eficazmente los sentimientos de otra persona que la generalidad de los hombres.[4]

Desde que nacen, hombres y mujeres exhiben diferentes capacidades de exploración del entorno: ellas dedican más tiempo a examinar los rostros de quienes las rodean, mientras que ellos se concentran en su medio ambiente. Cuando una mujer explora detenidamente una cara, ve las microexpresiones perceptibles en los músculos faciales, la boca y el ritmo y profundidad de la respiración. Estas microexpresiones revelan las emociones universales humanas de enojo, miedo, tristeza, repulsión, desprecio, sorpresa y regocijo, presentes una fracción de segundo pero importantes para comunicarse con y entender a los demás en forma más sensible.

Estudios de escaneos cerebrales indican que el cerebro femenino tiene áreas más grandes —específicamente la corteza insular, la corteza cingulada anterior y el cuerpo calloso— que permiten a las mujeres "interpretar" experiencias interpersonales, ser más empáticas con los demás y seguir su intuición.[5]

La corteza insular, también llamada ínsula, es una porción de la corteza cerebral presumiblemente implicada en la conciencia. Desempeña un papel importante en diversas funciones usualmente relacionadas con la emoción o la regulación de la homeostasis corporal. Estas funciones incluyen la percepción, el control motor, la conciencia de sí, la operación cognitiva y la experiencia interpersonal. La ínsula es dos veces más grande en las mujeres que en los hombres, lo que concede a ellas mayor sensibilidad a estados de ánimo y el ambiente.

La corteza cingulada anterior es la parte frontal de la corteza cingulada y parece un cuello alrededor del cuerpo calloso. Es dos veces más grande en las mujeres que en los hombres y cumple una labor relevante en una amplia variedad de funciones autónomas, como la regulación de la presión arterial y el ritmo cardiaco, lo mismo que en funciones racionales cognitivas como previsión, toma de decisiones, empatía y emoción. Así, las mujeres tienden a sopesar opciones, reflexionar (cavilar), sentir y expresar interés en forma más profunda que los hombres.

En el capítulo 4 se dijo que el cuerpo calloso es veinticinco por ciento más grande en el cerebro de una mujer que en el de un hombre.

Tener más conexiones neuronales entre ambos hemisferios del cerebro permite a las mujeres realizar simultáneamente actividades del hemisferio derecho y el izquierdo, en tanto que los hombres tienden a usar uno u otro lado secuencialmente. Un mayor cuerpo calloso también permite a las mujeres comprender los componentes tácitos de una conversación, es decir, captar el lenguaje corporal, tono de voz y expresiones faciales más eficazmente que los hombres. En consecuencia, ellas tienden a abarcar una perspectiva más amplia e incluyente de las situaciones, y a ver como interconectados los elementos de un problema o tarea.

El tamaño e interrelación de estas partes del cerebro de las mujeres —la corteza insular, la corteza cingulada anterior y el cuerpo calloso— quizá tiendan a acentuar la percepción e intuición femeninas, lo que vuelve a las mujeres más sensibles que los hombres a los sentimientos y circunstancias de las personas y sucesos que las rodean.

Aquí está presente también otra dinámica. Cuando las mujeres se comunican, tienden a verse directamente a los ojos. Entre más interesadas están, más atención ponen en su mirada mutua. Un hombre, por su parte, tenderá a desviar la mirada para estimular su proceso mental mientras se pregunta: "¿Cuál es la solución a esto?". Su inclinación es no mantener contacto visual en tanto busca una respuesta, o no concentrarse mayormente en la conversación. En cambio, mirará arriba, a lo lejos o abajo, o incluso ladeará la cabeza.

Otro hombre se sentirá a gusto con este comportamiento y pensará: "Él ha de estarse concentrando en mis palabras", mientras que la reacción de una mujer será: "¡Aquí estoy! ¡Qué fácil se distrae este hombre! Tal vez ni le importa lo que le digo".

Si una mujer comprende la intención de un hombre, se tomará menos personalmente que él juegue con una manzana o golpetee una pluma o la mesa, o se remueva incómodamente en su asiento, o mire a su alrededor mientras ella habla.

Por otro lado, un hombre con inteligencia de género debe estar más consciente de que los movimientos físicos que le ayudan a mantener su concentración pueden enviar a una mujer justo el mensaje contrario: que ella tarda mucho en explicar algo o que a él no le interesa lo que dice.

Insensibilidad de las mujeres hacia los hombres

Aunque este capítulo se centra en que, en ocasiones, las mujeres consideran insensibles a los hombres, hay veces en que un hombre considera la reacción de una mujer como una interpretación inexacta e injusta de su comportamiento. Si bien ellos no suelen mostrar su lado vulnerable, ni mencionarlo siquiera, en nuestros talleres y seminarios se abren y mencionan las maneras en que creen que las mujeres muestran insensibilidad:

- Corregir a un hombre en presencia de otros es muy vergonzoso para él. Tanto que, por lo general, no saben cómo reaccionar en una situación así. A menudo sencillamente se paralizan y se quedan sin habla. Una mujer con inteligencia de género planteará el asunto en otro momento y en privado, cuando pueda hacer saber a un hombre cómo experimentó su conducta y él tenga la oportunidad de reflexionar y responder.
- Ofrecer a un hombre un consejo no solicitado equivale a suponer que no sabe qué hacer o que no puede hacerlo solo. La consideración de la aptitud es muy importante para los hombres. Tienden a manejar solos sus problemas; pero si necesitan ayuda, y dando por supuesto que confían en que una mujer será un recurso para ellos en lugar de una impugnadora que desea corregirlos o hacerlos cambiar, pedirán retroalimentación y consejo.
- La generalización de que "todos los hombres son iguales" tiende a hacer que un hombre se sienta culpado por algo que no

hizo o no pensó hacer. Aunque hay hombres que pueden actuar en forma excluyente o desdeñosa con una mujer, muchos otros se empeñan en actuar de modo incluyente y comprensivo. A los hombres suele agradarles que se les vea como la solución, no que se les describa a grandes rasgos.

- Sugerir que los hombres no captan tantas cosas como las mujeres los hace sentir incapaces. La verdad es que hombres y mujeres captan cosas diferentes, y ellas tienden a percibir mucho más que los hombres. No es que ellos no sean atentos, y que por tanto no les importe; simplemente, no están tan sintonizados como ellas con ciertas cosas.

En prácticamente todos los casos, el juicio de un hombre de que una mujer es insensible se deriva de que ella se tome a ofensa algo que él hizo, cuando él nunca se propuso ofenderla.

Aprendizaje igual para ambas partes

La conclusión de este capítulo, y de la totalidad de los ocho puntos ciegos de género, es que ambos géneros tienen iguales oportunidades de aprendizaje. ¿Qué otra opción tenemos sino la de hallar juntos nuestro camino al éxito en el trabajo?

No basta con que un hombre diga: "Así soy y qué", sin hacer un esfuerzo por entender mejor a sus compañeros y compañeras de trabajo y captar las situaciones a su alrededor con una conciencia más aguda. Que un hombre no esté predispuesto a ser tan sensible como una mujer no quiere decir que no pueda observar mejor su propia conducta y mostrar más interés y consideración por los demás. Dado que la mitad de la fuerza de trabajo actual se compone de mujeres, y puesto que las compañías se han convertido en combinados de culturas muy diferentes, un liderazgo exitoso requiere mayor nivel de conciencia activa y compromiso personal.

La inteligencia de género ayudará a una mujer a entender que lo que puede percibir como insensibilidad o indiferencia de parte de un hombre muy probablemente no es intencional. Esta comprensión puede ayudarla a ser más directa en sus interacciones y a formular sus conversaciones de modo que aseguren que sus compañeros entiendan mejor su significado, necesidades y expectativas. Ellos mostrarán más reconocimiento si ella los acepta y no se toma a ofensa su desatención ocasional. Y corresponderán esa muestra de comprensión con muestras de confianza en ella, así como expresando mayor interés en brindar cooperación y colaboración.

He aquí ejemplos de cómo los hombres pueden ser más receptivos a las reacciones explícitas e implícitas de sus compañeras de trabajo. Esta tabla no persigue cubrir el frente entero de emociones y situaciones, sino dar ejemplos de cómo los hombres pueden comenzar a cerrar la brecha de su atención, y por tanto enriquecer su vida profesional y personal.

LA COMUNICACIÓN DE ELLA	LA INTELIGENCIA DE GÉNERO DE ÉL	LA MEJOR REACCIÓN DE ÉL
No dice nada en una reunión.	¡Es raro que la mente de una mujer esté inactiva! Lo más probable es que ella esté esperando a que se le incluya en la conversación.	"Me interesa saber qué opinas de esto."
"Estoy bien."	Que ella dé una respuesta tan breve suele significar que hay cosas que quizá no estén bien.	"Tal vez me equivoco, pero ¿de verdad estás bien?"

LA COMUNICACIÓN DE ELLA	LA INTELIGENCIA DE GÉNERO DE ÉL	LA MEJOR REACCIÓN DE ÉL
"No hiciste lo que te pedí."	Él no se pone de inmediato a la defensiva, sino que busca una mayor comprensión.	"Quizá no capté algo. ¿Qué querías que hiciera?"
"¿Qué opinan los demás?"	Él sabe que es poco probable que ella esté insegura y que más bien busca colaboración, así que no asume el mando en forma automática.	"Pongamos a discusión esto."

Cuando un hombre pregunta: "¿Cómo estás?", y una mujer responde con un breve y rápido "Bien", ella supondrá que él puede leer entre líneas y hacerla hablar más. Para un hombre es mucho más difícil interpretar las expresiones faciales e inflexiones de voz, así que por lo general entiende literalmente las palabras de una mujer y responde algo como "Me da gusto saberlo".

¡Qué terrible malentendido por ambas partes! Es muy probable que ella concluya: "En realidad a él no le importa", mientras que él permanece ajeno a lo que ella realmente quiso decir y supone que de verdad está bien. No es que no le importe. ¡Es que sencillamente no capta lo que sucede!

Si una mujer pregunta a otra: "¿Cómo estás?" y ésta responde brevemente "Bien", la que preguntó sentirá que las cosas no están bien y dará un paso más, prestará total atención y sondeará más hondo con un comentario sincero como éste: "No pareces estar bien. ¿Qué ocurre?".

El lado personal de la vida

Sean niños, adolescentes o jóvenes, hijos e hijas comparten experiencias estresantes con sus padres en formas completamente distintas. Si una hija enfrenta un problema apremiante, se inclinará a querer hablar de él con todo detalle. Se pondrá a hablar para identificar su punto focal, y a veces iniciar su conversación con algo que parece totalmente fuera de lugar, como en el ejemplo siguiente.

"Cuando llegué a casa el sábado en la noche, no fue mi intención dejar el auto afuera, y no va a volver a suceder, papá; pero la verdad no fue culpa mía, porque primero tuve que llevar a Mona y a Charlie, ya que el auto de Mona no arrancaba. Pero bueno, camino a casa empecé a preocuparme por tener que buscar trabajo durante el año escolar…", hasta que finalmente ella llega a lo que quería decir en verdad.

Este proceso permite a una mujer concentrarse en sus prioridades y aclarar el asunto o asuntos más importantes por resolver en su mente. Una madre serena comprenderá este "hablar para precisar", se sentará pacientemente y permitirá que su hija procese sus ideas sin interrupción.

Los papás suelen distanciarse de sus hijas al ofrecerles soluciones inmediatas y no hacer suficientes preguntas. Es común que los hombres no entiendan que sus hijas no siempre buscan consejo o ayuda. Suponen equivocadamente que es su deber arreglarlo todo, cuando muchas veces una niña, adolescente o mujer madura sólo quiere que la oigan. La verdad es que a un padre sí le importa el bienestar de su hija, y por eso trabaja tanto por su felicidad, de manera que siempre se sentirá compelido a resolver sus problemas. Pero lo que a veces ella desea de papá es su paciencia y sensibilidad para cosas pequeñas que significan mucho para ella.

Lo más sensible y atento que un papá puede hacer es animar a su hija a compartir sus experiencias con él y limitarse a escuchar, ofreciendo ocasionales "Ajá", "Ya veo" y "De acuerdo". Un padre sensible apagará la televisión, dejará el smartphone, desviará la mirada de la pantalla de la computadora, se olvidará de reparar el apagador y dedicará a su hija unos minutos de absoluta atención, ¡que es todo lo que ella le está pidiendo!

Lo más insensible que un papá puede hacer es seguir en lo suyo y parar en seco a su hija con "¿Podrías ir al grano?" o "Eso no tiene importancia" o "No te preocupes".

Los hijos, por otro lado, no experimentan la misma compulsión a compartir sus sentimientos. Bajo estrés moderado, un niño, adolescente o joven querrá resolver el problema solo y encontrar una solución propia. Pero si experimenta mucho estrés, su padre o madre la dará oportunidad de abrirse si participa con él en alguna actividad para estimular la conversación y la franqueza, como ir a dar un paseo, lanzar una pelota o hacer alguna tarea juntos. Así como las hijas hablarán a menudo para hallar su punto focal, los hijos encontrarán el suyo antes de hablar, y una actividad física les ayudará a concentrarse y ordenar sus ideas.

Padres y madres tienen hoy menos tiempo que nunca para dedicarlo a la crianza de sus hijos. Con demasiada frecuencia, un hombre se siente motivado a ser el sostén de su familia, pensando que su gran empeño es todo lo que se espera de él. Pero bajo ese yugo, se pierde los momentos que realmente les importan a sus hijos, y los priva sin querer de lo que más anhelan: su tiempo y atención.

DESARROLLO DE NUESTRA INTELIGENCIA DE GÉNERO

10 Más confianza de parte de las mujeres, más credibilidad de parte de los hombres

A lo largo de este libro hemos compartido la forma en que las suposiciones y opiniones de hombres y mujeres sobre la otra parte se interponen en el camino de su trabajo y éxito común. Nosotros hemos descubierto que reconocer y eliminar nuestros puntos ciegos y comprender y valorar nuestras diferencias de género son lo más importante por hacer para crear relaciones profesionales y personales basadas en la confianza.

La confianza debe estar presente para abrirnos de buena gana a una mayor comprensión y aceptación. Ésta es la manera más efectiva de relacionarse con los demás, trabajar con ellos y obtener resultados. Todos queremos que se confíe en nosotros, responder a esa confianza ¡y prosperar gracias a ella!

Al paso de los años, en nuestros talleres hemos descubierto que mujeres y hombres tienen nociones diferentes sobre el significado de la confianza y lo que el otro género necesita para ganársela.

Las mujeres dicen: "Para que un hombre me inspire confianza, debe demostrar que le importo, exhibiendo un genuino interés en mí y valorando mis ideas. Debe hacer un esfuerzo por entender qué me motiva y por trabajar conmigo".

Los hombres dicen: "Para que una mujer me inspire confianza, debe mostrar credibilidad y capacidad, reconociendo y apreciando mis verdaderas intenciones y trabajando conmigo en busca de soluciones que den resultados".

Aunque hay una diferencia de fondo en que las mujeres buscan por lo general atención mientras que los hombres buscan capacidad, ambos géneros comparten dos necesidades: quieren ser comprendidos y valorados por su yo auténtico y quieren crear y mantener lazos en el trabajo que les permitan desempeñarse y triunfar juntos.

Ya sea en el trabajo o en la vida personal, una mujer considerará digno de confianza a un hombre si muestra interés y preocupación por las cosas más importantes para ella:

- "Quiero confiar en que me incluirás y valorarás mis opiniones."
- "...en que escuchas de verdad."
- "...en que comprenderás mis emociones."
- "...y en que me darás retroalimentación honesta."

Los hombres no están conscientes de lo importante que es generar y mantener ese nivel de confianza de parte de las mujeres. Un hombre sin inteligencia de género puede oírlas decir esas cosas sin entenderlas en absoluto. ¡Ése es su punto ciego! Los hombres no suelen saber qué buscan las mujeres en una relación de confianza, y a menudo no advierten lo importante que esa relación es para ellas. Peor todavía, muchas mujeres no entienden este desconocimiento de ellos, y por eso siguen esperando que ocurra algún progreso, en tanto que ellos siguen malinterpretando la situación y continúan atenidos a sus propias reglas.

Congruencia dentro-fuera

Una vez que un hombre le inspira confianza a una mujer, todo malentendido, error o diferencia que inevitablemente surja tenderá a parecer un mero parpadeo en la pantalla, o no sacudirá esa base de confianza. ¡Esto no indica que los hombres tengan carta blanca en su conducta! Para las mujeres, la confianza se basa en la integridad, y la manera de mostrar integridad es adoptar una conducta congruente y coherente con esa confianza, tanto en privado como en público.

Esto podría ser muy desafiante para un hombre, quien puede verse fácilmente atrapado en el código masculino de conducta en el trabajo, y mostrar, por tanto, falta de congruencia:

- Cosificando sexualmente a las mujeres por medio de bromas o comentarios.
- Excluyéndolas de reuniones o discusiones.
- Desdeñando sus preguntas o ideas.

Y aun si él no adopta abiertamente esta conducta, hay que recordar que su primera inclinación es no meter en aprietos a otros hombres. Al no querer hacer olas cuestionando el código masculino, podría no decirle nada a un colega que exhibe una conducta ofensiva, excluye a una mujer o desestima sus ideas. Y esperar a expresar más tarde su "indignación" no remedia nada. Él sabrá que ha erosionado su base de confianza con ella cuando ella diga: "No puedo creer que él haya dicho tal cosa frente a ti. ¿Por qué no dijiste nada?".

Aunque hoy muchos hombres saben que no deben cosificar a las mujeres, hace falta valor para que corrijan en público el comportamiento de otros, especialmente en compañías mixtas. No obstante, los hombres con inteligencia de género buscan maneras de dar ejemplo y educar a otros, ya sea adoptando una conducta congruente o llamando su atención a este respecto.

DATOS DE GÉNERO[1]

- Noventa y cinco por ciento de hombres y mujeres considera que la confianza es fundamental en una relación de trabajo.
- Noventa y dos por ciento de las mujeres dice que los hombres se ganan su confianza con interés y preocupación.
- Ochenta y nueve por ciento de los hombres dice que las mujeres se ganan su confianza mostrando credibilidad y destreza.

"¡Creí conocerlo!"

Anne y Phyllis salieron del restaurante sin poder creer lo que habían visto. La comida con Peter fue muy distinta a las que solían tener con él durante sus estudios de posgrado. Menos de un año antes, los tres habían recibido su título y se habían aventurado en el mundo del trabajo. A ambas les dio mucho gusto saber que Peter había conseguido un alto puesto en una compañía de prestigio, pero cuando el mesero llevó las entradas, ambas se dieron cuenta de que estaban comiendo con un completo desconocido.

Anne fue la primera en romper el silencio:

–Siempre pensé que Peter era el hombre más sensible y atento que había conocido. Invariablemente se interesaba en lo que yo decía. Ahora parece ensimismado. ¡De veras creí conocerlo!

Phyllis estuvo de acuerdo.

–¡No paró de hablar de sí mismo durante toda la comida! Claro que nos preguntó qué hacíamos, ¿pero te diste cuenta de que no dejaba de revisar sus mensajes mientras le platicabas de tu nuevo puesto?

–Y le sorprendió que tú encabeces ese proyecto, como si esto excediera tu capacidad o algo —añadió Anne—. Ya no es el mismo… Pasamos juntos momentos muy difíciles. En aquellos tiempos nos apoyábamos unos a otros.

Para muchos hombres, la vida universitaria y la laboral son mundos aparte. En ellos parece ocurrir un cambio. Tienden a ser mucho más flexibles y de mente abierta cuando se hallan en ese entorno de aprendizaje; pero una vez que emigran al mundo del trabajo, se impone de pronto otra dinámica, y ellos se sienten compelidos a competir. Se adaptan rápidamente a la jerarquía y el código masculino de conducta en el trabajo. Las mujeres no tienden a cambiar de esa manera, o no tan drásticamente. Para ellas, camaradería y colaboración continúan en el trabajo, aunque, lamentablemente, más con otras mujeres que con los hombres.

No obstante, hay hombres que tienden a exhibir una conducta coherente entre sus años universitarios y su vida laboral. Hacen un gran esfuerzo por establecer y mantener relaciones de confianza con las mujeres con las que trabajan. Ellas reconocen esto, y en nuestros talleres se refieren sistemáticamente a las formas en que ellos se ganan su confianza:

- "Valorando mis contribuciones."
- "Incluyéndome en reuniones formales e informales."
- "Tomando en cuenta mis preguntas."
- "Escuchando de verdad."

Valorar las contribuciones

Mientras que los hombres prosperan cuando se les reconoce por sus resultados, las mujeres se sienten más apreciadas y validadas cuando son reconocidas por los retos que enfrentan para obtener tales resultados. Para muchas de ellas, relatar el viaje y ser valoradas por su participación es tan importante y personalmente satisfactorio como llegar a su destino.

A menudo es muy difícil para los hombres comprender esto, porque tienden a orientarse decididamente a los resultados. Lo que no suelen entender es que lo que una mujer *hace* para cumplir un objetivo debe ser reconocido y valorado, así como ellos necesitan ser reconocidos y valorados por cumplir el propósito. Esto no quiere decir que las mujeres no se orienten a metas o que los hombres no valoren las relaciones. Unos y otras tienen simplemente diferentes orientaciones al éxito.

Los hombres con inteligencia de género perciben que la sensación de reconocimiento de una mujer puede diferir de la de sus compañeros, e inspiran confianza en sus compañeras mostrando que entienden y valoran esa diferencia tanto en lo grande como en lo pequeño.

Considérense las siguientes semejanzas y diferencias generales en el modo en que mujeres y hombres se sienten reconocidos y validados.

LO QUE LAS MUJERES APRECIAN	LO QUE LOS HOMBRES APRECIAN
Que se les elija como parte de un equipo para ejecutar una tarea.	Que se les pida trabajar en un proyecto en forma independiente.
Que se les ofrezca apoyo no solicitado, a fin de mostrar interés y atención en ellas.	Que no se les ofrezca apoyo no solicitado, a fin de mostrar confianza en sus capacidades.
Que se les hagan preguntas a lo largo del proceso, para mantener un ambiente de colaboración.	Que se les haga saber que hay alguien a su disposición en caso de que surjan preguntas.
Que se les inste a hablar, alentando su participación en reuniones.	Que no se les inste a hablar, sino que se parta del entendido de que, si tienen algo que decir, lo harán cuando estén listos.
Que se reconozcan sus retos y contribuciones en el proceso.	Que se recompensen sus resultados.

Carácter incluyente

La sensación de una mujer de no ser incluida no se deriva de una ocurrencia ocasional o un caso específico, sino de un patrón habitual de conducta masculina en el trabajo. Los hombres, por lo general, no ven esto, pero ahí está, el goteo constante de una conducta repetitiva que tiende a ignorar o desdeñar la participación de una mujer en reuniones, le impide participar en redes informales y reduce su posibilidad de beneficiarse de valiosas oportunidades de mentoría. Un hombre con inteligencia de género que supera esta barrera de exclusión, a menudo involuntaria pero omnipresente, y que demuestra que una mujer "tiene su respaldo" disfrutará siempre de su confianza y apoyo.

He aquí un ejemplo que siempre sale a colación en nuestros talleres, algo aparentemente insignificante que hacen los hombres pero que destruye la sensación de asociación y confianza de una mujer.

Un grupo de hombres se instala en la sala de juntas antes de que empiece la reunión. Hablan de algún tema que les es propio y se ríen cuando una mujer llega, momento en que la sala se sume de repente en el silencio. Ellos buscan algo que decir, pero no se les ocurre nada. Tal momento de silencio es muy frustrante para esa mujer. Ya ha estado muchas veces en la misma situación. Actúa con indiferencia, pero no hay ninguna sensación verdadera de confianza y camaradería. ¿Qué se le hace sentir? ¿Que interrumpió una sesión de reforzamiento de vínculos? ¿Que hablaban de ella? ¿Que no pertenece a ese círculo?

Un hombre con inteligencia de género será el primero en reanudar la conversación y hacer sentir incluida a aquella mujer. Ella confiará en él más que en los demás porque es atento. Él percibe la situación y actúa en consecuencia. Si la conversación es cosificadora, él no se integrará a ella. Tal comportamiento masculino resulta anticuado para él. Su abstención emite un mensaje a los demás de que esa insensibilidad es una señal de inmadurez indigna de su persona.

Son varias las formas en que los hombres con inteligencia de género incluyen a las mujeres y forjan una base de confianza. Eludir los puntos ciegos de género exige de los hombres una conciencia activa y un esfuerzo concertado.

Alienta la participación de ellas

Un líder de equipo tenderá a ignorar a un hombre que no ha hablado durante una reunión. Supondrá que, tranquilamente sentado, ese sujeto no tiene nada que ofrecer por el momento, y no lo meterá en un aprieto. Pero sabrá que las mujeres tienden a ver de otra manera la participación en equipos, y que lo más probable es que esperen ser invitadas a participar. Él hará de inmediato esta distinción, y pedirá a las mujeres compartir sus ideas.

213

Reconoce sus ideas y preguntas en las reuniones

Los hombres colaboran para competir y tienden a abordar el trabajo en equipo como un deporte colectivo. A menudo aprovechan las ideas de los demás, se retan unos a otros y no sienten la necesidad de dar crédito en el intercambio. Un hombre con inteligencia de género sabrá que las mujeres no buscan imponerse, y les dará crédito durante el intercambio de ideas.

Invítalas a eventos informales

Muchas redes y eventos informales se han diseñado tradicionalmente en torno a los intereses de los hombres, y aunque las mujeres no necesariamente quieren impedir que los hombres participen en actividades masculinas, desean sentirse parte de un equipo. Un hombre con inteligencia de género invitará genuinamente a una mujer y le permitirá aceptar o rechazar la invitación, en vez de suponer ausencia de interés de su parte. Y dado que hoy en día la mitad de la fuerza de trabajo se compone de mujeres, la inteligencia de género sugiere diseñar eventos sociales que no se centren únicamente en los intereses de los hombres.

Reconocer preguntas

Un hombre con inteligencia de género no ve las preguntas de una mujer como un impulso por tolerar, minimizar o hasta evitar estratégicamente temas sensibles. Lo considera en cambio un instinto valioso, complementario de su propia manera de pensar.

La tabla que aparece a continuación muestra que un hombre con inteligencia de género es más atento a la importancia de las preguntas de las mujeres y reacciona alentando los cuestionamientos, aunque balanceándolos con una proclividad a la acción.

LO QUE ELLA PREGUNTA	LO QUE REALMENTE QUISIERA DECIR	CÓMO RECONOCE ÉL SUS PREGUNTAS
"¿No deberíamos analizar más el resultado antes de tomar una decisión?"	"Me preocupa que cometamos un error."	"Sigues teniendo reservas por esto. ¿Qué consecuencias prevés?"
"¿Se me permite hacer una pregunta?"	"Quizá yo tenga una idea mejor."	"Claro. Me gustaría saber qué piensas de esto."
"¿Crees que valga la pena que asista a la reunión?"	"No sé si asistir o no."	"¿Qué esperas obtener de ello?"
"¿Estás de acuerdo en preparar esta presentación?"	"Estoy aquí si me necesitas."	"En cuanto tenga el primer borrador, te lo paso para que me des ideas."

Las mujeres suelen tener un punto de vista sobre situaciones y sucesos diferente al de los hombres, a causa de su capacidad para el pensamiento relacional y consecuencial. Ésta es una reacción instintiva al mundo a su alrededor y una de sus mejores contribuciones, que los hombres tienden a desdeñar, en su perjuicio. Un hombre con inteligencia de género estima las reservas de una mujer ante una decisión inminente como un sentimiento intuitivo que bien puede valer la pena investigar antes de tomar una decisión.

Escuchar de verdad

Cuando un hombre se muestra distraído, ya sea por no mirar directamente a una mujer cuando le habla, juguetear con su reloj, mirar alrededor de

215

la sala o revisar mensajes de correo en su teléfono, la mujer tiende a tomarlo personalmente. Se inclinará a concluir que "A él no le interesa lo que digo" o "No le importo".

Aunque podría estar escuchando, o haciendo todo lo posible por conseguirlo, un hombre con inteligencia de género se percatará de que su comportamiento físico puede sugerir que sus pensamientos están en otra parte. Percibe que su conducta no emite las señales correctas, así que desviará la mirada de la computadora, apagará la televisión o dejará el periódico o teléfono celular y concederá a una mujer absoluta atención.

Si está bajo presión o se siente estresado, sabrá decir: "Necesito unos minutos para terminar esto, y estaré contigo de inmediato". Le hará saber a la mujer que sus necesidades son importantes y que ella es valorada, pero que él requiere unos minutos para poner sus cosas en orden. Este gesto simple pero sincero contribuirá enormemente a reducir el estrés de ella. Emite el mensaje de que a él le importa el asunto, y que cuando se involucra, ella puede confiar en que escucha con toda atención.

Las mujeres suelen tener más tolerancia a la tensión emocional que los hombres. Dado este mayor umbral de fortaleza, pueden escuchar pacientemente las dificultades de otra persona sin sentirse impelidas a proponer una solución inmediata. Un hombre oye un problema y tiende a hacer algo al respecto de inmediato.

Cuando reacciona con "Entiendo" o "No te preocupes", lo que una mujer oye es "Ya oí suficiente y aquí está mi solución" o "No quiero escuchar más; cambiemos de tema".

Un hombre atento repara en que es muy probable que lo que ella quiere es que la oiga antes de ofrecer su punto de vista. También repara en que quizá ella no necesita su perspectiva, sino sólo alguien que la escuche mientras reflexiona en el asunto. En vez de decir al instante "Entiendo", él le da seguridades de que la escucha asintiendo ocasionalmente con la cabeza y emitiendo vocablos de reconocimiento como "Ah", "Sí" o "Hmmm".

Cuando un hombre escucha sin juzgar, sino con empatía y solidaridad con una mujer que expresa sus ideas, ella se siente oída y comprendida. Sabe que él es su caja de resonancia y confidente, alguien a quien puede retornar una y otra vez.

Comprender las emociones

Solemos hablar de las emociones en el trabajo como si fueran ajenas a él o el trabajo debiera ser un entorno en el que sólo hubiesen de prevalecer la razón y la lógica, cuando, en realidad, prácticamente todo lo que hacemos en él está movido por las emociones.

Un hombre con inteligencia de género comprende el valor de la emoción en el trabajo. Entiende que muchas de las motivaciones clave del compromiso de los empleados —como hallar significado y propósito en las labores, u orgullo en los productos o servicios de la compañía— suelen fundarse en el nivel emocional. No rehúye las muestras de emoción. Se da cuenta de que los intentos de contener las experiencias y reacciones de una mujer pueden restringir su pasión por el trabajo o mermar su deseo de dar lo mejor de sí misma.

En vez de contenerla, él le da la retroalimentación que desea. Si ella se exalta, al punto de las lágrimas, él valida sus sentimientos y exhibe su comprensión: "Veo que esto es muy importante para ti", o "¿Puedo ayudarte con esto de alguna manera?".

Él no sofoca ni desestima las experiencias o reacciones de ella, ni propone una solución instantánea como "No te preocupes" o "No es para tanto". Se percata de que ella no le pide que resuelva su problema; de que es muy probable que tenga la fuerza y los recursos necesarios para resolverlo sola, y de que se pone en contacto con sus sentimientos compartiéndolos.

Este hombre se da cuenta de que las mujeres poseen la capacidad de mostrar simultáneamente emoción y lógica, algo que a los hombres les cuesta mucho trabajo. Considera su reacción emocional en una junta como expresión de pasión, más que de enojo o incertidumbre. No da por terminada la reunión ni evita a las mujeres durante el resto de la junta, sino que sigue admitiendo que su expresión puede ser rica en ideas, experiencias afines y juicios indispensables.

Si una mujer descubre que puede compartir sus ideas con un hombre que se esfuerza en entender la naturaleza de sus sentimientos, confiará en él. Y lo recordará como alguien con quien puede intimar, sabiendo que él la escuchará con interés y empatía.

EL LADO DE LA CIENCIA

En capítulos anteriores nos ocupamos principalmente de las diferencias en la arquitectura cerebral de hombres y mujeres y la forma en que nuestras diferencias fisiológicas contribuyen a las disímiles maneras de pensar y actuar de unos y otras. Otro elemento diferenciador de la biología masculina y femenina que desempeña un papel clave en la activación y conexión de las diversas partes de nuestro cerebro son los neurotransmisores, los cuales portan mensajes, detonan respuestas y crean estados emocionales que aumentan o reducen el estrés.

A lo largo de nuestra vida, esos neuroquímicos no cesan de cambiar, instados a ellos por lo que sucede en nuestro cerebro. Éste recibe información sensorial y la procesa. Emite entonces un alud de moléculas, algunas bajo la forma de hormonas en el torrente sanguíneo, que inducen al cuerpo a reaccionar. La oxitocina es uno de tales neuroquímicos, el cual entra en la sangre en forma hormonal. "Durante décadas, los científicos creyeron que el papel de esta hormona se reducía al alumbramiento y la lactancia. No tenían idea de su efecto en las emociones."[2]

Hoy suele llamarse a la oxitocina la hormona del apego social. Aunque esta poderosa hormona está presente lo mismo en hombres que en mujeres, ejerce un papel más decisivo en la vida de una mujer. Además de estimular su conducta maternal, tiene un efecto calmante en sus emociones.

Las investigaciones han demostrado que los niveles de oxitocina en las mujeres aumentan cuando ellas se entienden con alguien a través de la confianza, la amistad, el afecto y el apoyo.[3]

Existe una correlación directa entre el apoyo que una mujer siente y el mantenimiento de un alto nivel de oxitocina. El modo en que una mujer interpreta las acciones de su pareja determinará el flujo continuo de oxitocina.

En mujeres y hombres, la oxitocina produce relajación, así como vinculación mutua. Para mantener esa sensación de satisfacción, el cerebro necesita una activación repetida, estimulada por la cercanía, el tacto y la conversación. Los hombres deben tener contacto físico dos o tres veces más que las mujeres para mantener el mismo nivel de oxitocina. Las parejas podrían no percatarse de lo mucho que dependen de la presencia física del otro hasta separarse por periodos extensos. Cuando los miembros de una pareja se apartan, la falta de contacto frecuente para el hombre, y de contacto, conversación y relato de experiencias para la mujer, agota los niveles de oxitocina del cerebro. Los integrantes de la pareja se sienten atraídos uno a otro para reabastecer su hormona del apego y volver a experimentar placer, confort y satisfacción.[4]

Mayor credibilidad de parte de los hombres

Las mujeres depositan su confianza en un hombre que muestra interés en ellas, que valora sus contribuciones, que las incluye y que las escucha con genuina atención y empatía. Y así como los hombres tienen sus puntos ciegos en la comprensión de la importancia de inspirar y mantener confianza en una mujer, ellas suelen ser ciegas a lo que alienta a un hombre a depositar su confianza en ellas. Además, a las mujeres se les dificulta en particular saber qué necesitan para ganarse la confianza de un hombre por el hecho de que él no suele comunicar sus sentimientos, necesidades y expectativas.

Nuestros talleres nos han enseñado que, para un hombre, la confianza se reduce a credibilidad: alinearse con sus metas, creer en él y ayudarlo a triunfar. En nuestros talleres, los hombres refieren las características siguientes como inspiradoras de confianza en una mujer:

- "No pretende corregirme ni hacerme cambiar."
- "Me ayuda a alcanzar mis metas."
- "Se da cuenta de que estoy interesado y escucho."
- "No supone automáticamente que soy insensible o indiferente."

Para una mujer es difícil, aunque no imposible, establecer una carrera y ascender en un mundo laboral diseñado y dominado por los hombres con su autenticidad intacta. Lo que debe saber de ellos es que lo que más les importa son los resultados, antes que los retos vencidos o las relaciones forjadas en el camino.

El hecho de que el viaje y las relaciones sean importantes para una mujer no significa que haya aquí un abismo infranqueable. Una mujer puede ser tan ambiciosa y orientada a metas como los hombres que la rodean, y por eso alinearse con las metas de un hombre puede ser auténtico para ella y sustentador para él.

Un hombre depositará su confianza en una mujer que comprenda, se alinee y actúe en consecuencia con las cosas que a él más le importan: obtener resultados y ganar. Si ella enfatiza la alineación con los objetivos de él, él la verá siempre como una colega de confianza. De no alcanzarse este entendimiento, él se inclinará a trabajar en forma independiente o se alineará con alguien que le ayude a tener éxito.

"¡No tienes que decirme lo que tengo que hacer!"

Hay excelentes *coaches* de ejecutivos, pero los mejores son los que recomiendan a sus clientes tener inteligencia de género estableciendo una base de confianza entre subordinados, compañeros y superiores. Michelle no recibió ese nivel de *coaching*, y terminó aprendiendo sobre la marcha algunas cosas nuevas acerca de lo que se necesita para ganarse la confianza de los superiores. A ella se le recomendó abordar su entrevista de ascenso como hombre, es decir: "Estudiar la situación, reunir datos y presentar soluciones con seguridad en uno mismo".

Y eso fue lo que ella hizo. De hecho, hizo lo que muchas otras mujeres: se preparó de más. Reunió todos los datos y cifras acerca de su industria, la posición de su compañía, sus retos y oportunidades. Por una hora entera, agobió a su futuro jefe, y al jefe de éste, con problemas y soluciones. Pero a lo largo de esa hora, todo lo que esos dos hombres oyeron fue: "Esto es lo que ustedes están haciendo mal y lo que deben corregir".

Michelle confió después: "A media entrevista me dio la impresión de que todo iba mal, pero no sabía por qué. Pensé que dominaba el asunto y presenté planes muy bien formulados, ¡pero al salir sentí que había equivocado por completo la puntería!".

No pudo comprender por qué había fracasado en su entrevista hasta el día siguiente, cuando el jefe de su jefe la llamó a su oficina y le dijo: "Es obvio que usted conoce su tema, ¡pero no venga a una reunión a decirme lo que tengo que hacer!".

Michelle se afligió. "Había perdido la confianza del jefe de mi jefe. Mi intención era demostrarles a ambos que estaba preparada para ascender y aceptar las responsabilidades del nuevo puesto".

Está muy bien ofrecer soluciones, pero Michelle debió haber entendido antes cuáles eran las prioridades de aquellos dos señores, reiterar sus objetivos para demostrar que advertía sus metas y se alineaba con ellas, y presentar sus soluciones como manera de ayudar a ambos a cumplir tales metas.

"No me interesa que se me haga mejorar"

Cumplir metas es muy importante para un hombre. Es su mejor modo de probar su destreza, y lo hace sentirse bien consigo mismo y con sus aptitudes.

Para sentirse bien consigo, un hombre está motivado a alcanzar solo sus metas. Nadie puede alcanzarlas por él. Para un hombre, trabajar de modo independiente es muestra de eficiencia, poder y destreza.

Comprender esta característica masculina puede ayudar a las mujeres a entender por qué los hombres se resisten a que los corrijan o les digan lo que tienen que hacer. Ofrecer a un hombre un consejo no solicitado es suponer que no sabe qué hacer o que no puede hacerlo solo.

Como ya se dijo, los hombres no suelen compartir sus sentimientos, pero en nuestros talleres expresan de la manera siguiente su necesidad de independencia y aceptación:

- "No intentes hacerme cambiar ni corregirme."
- "Valórame por lo que soy. ¡No me interesa que me hagas mejorar!"
- "Sé qué se debe hacer y puedo hacerlo."

Las mujeres deben ser muy cuidadosas al pretender hacer mejorar a un hombre cuando él no se lo ha pedido. Si él les da la oportunidad de hacerlo, perfecto. Pero una mujer deseosa de inspirar confianza debe saber que camina sobre una frágil capa de hielo si parece demasiado crítica y ofrece más consejos de los solicitados o esperados.

Las mujeres poseen la tendencia a querer optimizar las cosas, aun si éstas funcionan bien. Parten del supuesto de que "las cosas siempre pueden mejorar". Los hombres ven su mundo de otra manera. Tienden a creer que "si no está roto, para qué repararlo". Lleva esta visión al trabajo y veremos por qué muchas mujeres que asumen puestos gerenciales suelen sentir una responsabilidad automática de dirigir el trabajo de otros. Pero aunque algunas tienden a ser abiertas en este nivel de involucramiento y colaboración, este enfoque les hace perder la confianza de los hombres que las rodean.

Una mujer puede aumentar su credibilidad ante un hombre viendo primero lo bueno en él y en sus esfuerzos, y apoyando éstos en vez de corregirlos. Cuando un hombre siente que una mujer no pretende hacerlo mejorar, es mucho más probable que la busque para conocer sus ideas y recurra con frecuencia a ella para obtener retroalimentación y consejos.

Combinar preguntas con acción

En nuestros talleres, cuando exploramos los retos que hombres y mujeres enfrentan al trabajar juntos, algunos hombres dicen que su principal dificultad es que ellas tienden a hacer demasiadas preguntas, en especial en reuniones, cuando, según ellos, las preguntas impiden avanzar en puntos de acción y demoran la toma de decisiones.

Las mujeres suelen concordar en que hacen más preguntas que los hombres, pero creen que sus interrogantes son su mejor contribución, destinada a alentar la colaboración, descubrir lo importante y arribar al mejor resultado posible.

El reto para ellas no es hacer menos preguntas, sino descubrir cómo formularlas de tal manera que se ajusten mejor a los hombres. En cada uno de los ejemplos siguientes, una mujer podría ayudar a un hombre a recibir el mensaje indicado y ofrecer de inmediato su apoyo agregando simplemente un comentario positivo y alentador antes de la pregunta, o haciendo una petición clara y directa.

LAS PREGUNTAS INDIRECTAS TIENDEN A DESAFIAR	SER MÁS DIRECTA PRODUCE CREDIBILIDAD
"¿Hablas en serio?"	"¡Qué sorpresa! ¿Cómo es posible?"
"¿Qué te hace creer que eso funcionará?"	"Tu idea es buena, pero me gustaría saber cómo la implementarías."
"Pero ¿y los demás qué piensan?"	"Debemos tomar una decisión, pero confirmemos antes la aceptación de todos."

LAS PREGUNTAS INDIRECTAS TIENDEN A DESAFIAR	SER MÁS DIRECTA PRODUCE CREDIBILIDAD
"¿Es ésa la mejor dirección que la compañía puede seguir?"	"Así alcanzaremos la meta, pero creo que hay una vía más eficaz para hacerlo."

Hombres y mujeres ponen sobre la mesa diferentes puntos de vista y experiencias, y cuando trabajan en común, añaden una serie de perspectivas más rica al proceso de toma de decisiones. No es cuestión de que en los equipos haya igual número de hombres y mujeres; de lo que se trata es de tener equipos integrados por miembros con suficiente inteligencia de género para entender y valorar lo que mujeres y hombres pueden aportar a su muy peculiar manera.

No suponer insensibilidad

Hoy más que nunca, los hombres comprenden que un liderazgo exitoso requiere que sean más perceptivos de su entorno y más atentos a las necesidades, motivaciones e intereses de quienes los rodean. No obstante, ser sensibles no es una reacción natural y sencilla para ellos.

Un hombre tiende por naturaleza a pensar en silencio las cosas antes de decir lo que opina. Sin hablar y en su interior, puede deducir la respuesta más útil o correcta. Puede reaccionar de esta manera estando solo, en una conversación con otra persona o sentado en una sala bulliciosa llena de gente. Esto suele ser muy desconcertante, y hasta frustrante, para las mujeres.

Si un hombre no tiene información suficiente para responder, o la pregunta o comentario de una mujer es ajeno a su proceso lineal de pensamiento, puede decir muy poco, o nada en absoluto. Esto da a una mujer la impresión de que él no escucha, no está interesado en lo que ella dice o no le importa. Una mujer con inteligencia de género será más comprensiva cuando un hombre parezca indiferente, ensimismado o poco cooperativo. Advierte que es probable que esto no sea algo personal ni intencional, sino la simple inmersión de ese hombre en sus pensamientos.

He aquí ejemplos de cómo una mujer con inteligencia de género puede expresar su apoyo cuando un hombre está bajo estrés y parece distraído o distante. Algunas de estas sugerencias pueden no ser reacciones con las que todos los hombres se identifiquen, pero la mayoría de ellos lo harán. Téngase en mente asimismo que así como ellos se ganan la confianza de las mujeres saliendo de su zona de confort, ellas pueden ganarse la confianza de los hombres saliendo de la suya.

- Al hacer una sugerencia o presentar una propuesta o plan de acción, debes ir al grano y no hablar primero de los problemas. Debes concentrarte en lo que crees que se debe hacer.
- Sé directa al hacer una petición. No hables de un problema y esperes a que el hombre ofrezca su apoyo. Cuando las mujeres no son directas, ellos se sienten manipulados. Entre menos obligados se sientan a hacer algo, más dispuestos estarán a ayudar.
- Date crédito por tus logros, y al hacerlo pon atención en los resultados que obtuviste en vez de hablar de lo mucho que trabajaste.
- Evita referirte a la fatiga o nivel de estrés de un hombre. No digas con tono compasivo: "Pareces cansado", o "¿Qué te pasa?". Preocuparte por él puede debilitarlo aún más, lo que tenderá a ofenderle. Una reacción más relajada muestra un nivel de confianza que dice: "Estoy segura de que puedes manejarlo".
- Minimiza sus errores o descuidos. Cuando un hombre comete un error y una mujer no hace un escándalo por eso, él siente más confianza en ella y cree más en sí mismo.
- Di no con cortesía. Un hombre se fastidia cuando una mujer se sirve de lo mucho que tiene que hacer como medio para decir no. Desde la perspectiva de él, un simple "No puedo" es suficiente. Si quiere saber más, preguntará.

Al ser más directas en sus interacciones y formular sus conversaciones de modo que garanticen que sus compañeros comprendan mejor sus mensajes, necesidades y expectativas, las mujeres inducen más confianza de parte de los hombres. Ellos mostrarán a su vez más reconocimiento por el hecho de que ellas los aceptan y de que no se toman a ofensa lo que podría parecer desatención o indiferencia. Los hombres corresponderán esa comprensión mostrando confianza y expresando más interés en cooperar y colaborar con ellas.

El lado personal de la vida: un círculo de confianza

Lo que las mujeres quieren

Sarah gusta de las pequeñas cosas que su esposo, Jim, hace cada día para demostrarle que le importa. Luego de veinticinco años de matrimonio, esas pequeñas cosas le hacen saber que el amor de Jim no ha disminuido. Al oírla decir eso, se pensaría que ella y su esposo son una pareja de recién casados.

"Cada mañana, mientras me arreglo para irme a trabajar, y antes de que Jim se vaya a la oficina, él trae el periódico a casa y hace café para los dos. Él es un pájaro madrugador, así que siempre está en activo antes del amanecer. En invierno, pone a hervir agua para mí, porque sabe que la avena me ayuda a acometer una mañana fría. Y en verano, siempre hay medio vaso de jugo de naranja esperándome en la cocina, junto a la mitad de una dona. Éste es un acto de compartir que él inició hace años, y que a mí realmente me fascina.

"Podrá no parecer mucho, pero estas pequeñas cosas que él hace por mí me hacen saber que siempre estoy en su mente, que en todo momento me considera. Si él llega a casa primero, se pone a hacer de cenar. No recuerdo una sola vez en nuestro matrimonio en que yo haya llegado a casa sin que hubiera algo descongelándose, cocinándose en la estufa o calentándose en el horno.

"Cuando nuestros hijos eran chicos, él usaba su hora de comer para llevarlos al doctor, y uno de nosotros siempre estaba presente en los eventos vespertinos. Nunca me tocó a mí sola. Tuvimos nuestra ración de momentos difíciles, pero yo nunca dejé de confiar en él, y de hacérselo saber cada día."

Para las mujeres, las palabras no importan tanto como los actos. Las pequeñas cosas hacen una diferencia; las cosas sutiles que un marido hace por su esposa cuentan de verdad, y le recuerdan lo mucho que él la quiere. Esto no es nada difícil para un hombre, o al menos no debería serlo. Es una emoción y deseo honesto de su parte de dar, y seguir dando. Un hombre debe entender que si trata sistemáticamente a la mujer que ama como alguien a quien valora, inspirará rápidamente en ella una confianza asombrosa, que no hará sino afianzar su relación de pareja.

Lo que los hombres quieren

En el trabajo, un hombre deposita su confianza en una mujer a la que considera capaz y confiable, alguien que lo apoyará y le ayudará a cumplir sus metas. En su vida personal, para un hombre es igualmente importante sentirse apoyado. Además, él prospera cuando sabe que su pareja confía en él, aprecia lo que hace, admira su singularidad y cree en sus aptitudes.

Cuando la actitud de una mujer es abierta y receptiva hacia un hombre, él siente que se confía en él. Confiar en un hombre es creer que hace cuanto puede y que quiere ser lo mejor para su pareja. Cuando las reacciones de una mujer revelan una creencia positiva en las aptitudes e intenciones de su esposo, la principal necesidad amorosa de él se ve satisfecha. Automáticamente será más atento y considerado con los sentimientos y necesidades de ella.

Cuando una mujer reconoce haber recibido beneficios y valor personal gracias a los esfuerzos de un hombre, él se siente apreciado. Y cuando un hombre se siente apreciado, sabe que su esfuerzo valió la pena, y se ve alentado y motivado a dar más.

Así como una mujer necesita sentir la devoción de un hombre, él tiene una necesidad primaria de sentir la admiración de una mujer. Un hombre se siente admirado cuando ella se muestra gratamente asombrada por sus características o talentos excepcionales, como sentido del humor, fortaleza, persistencia, integridad, honestidad, romanticismo, bondad y otras virtudes que hoy muchos consideran anticuadas, pero que no lo son. Cuando un hombre se siente admirado, adquiere la seguridad suficiente para consagrarse a una mujer y adorarla.

Cuando la actitud de una mujer expresa confianza, reconocimiento y admiración, alienta a un hombre a desarrollar todo su potencial. Y sentirse alentado y digno de confianza lo motiva a darle la afectuosa seguridad que necesita. En consecuencia, ella se siente animada a aumentar su confianza en él. Es así como se cierra un círculo que se alimenta positivamente a sí mismo: ella necesita devoción; y entre más admira a su esposo, mayor devoción recibe de él.

11 Un puente entre nuestros diferentes valores

Lo que valoramos en nuestro mundo y lo que más valoramos en los demás define lo que más valoramos en nosotros mismos. Lo que consideramos importante y precioso nos define, e influye en nuestra manera de ver el mundo y nuestro lugar en él. Esto nos guía en la forma de abordar las situaciones y relacionarnos con los demás. Vivir conforme a sus valores concede a hombres y mujeres la más plena sensación de realización y éxito personal.

Hombres y mujeres suelen verse en los extremos opuestos del espectro en lo relativo a lo que valoran en el trabajo, cómo prefieren trabajar, qué esperan de los demás y qué esperan de sí mismos. Eso se refleja en estas afirmaciones:

- "Para mí es muy importante que creas en mí."
- "Aprecio que me escuchas."
- "Todos deben ser oídos."
- "Al final, lo que importa son los resultados."
- "Si alentamos el esfuerzo, mejoraremos los resultados."
- "Creo en un liderazgo fuerte y decidido."
- "Los mejores líderes comparten su liderazgo."

Lo que más valoran las mujeres es crear alianzas y desarrollar relaciones, colaborar en una meta común y mejorar, al mismo tiempo, procesos y personas. Valoran el compartir su liderazgo y toma de decisiones, y la confirmación de que todos participen. Conceden valor al mejoramiento del desempeño y la maximización de la productividad.

Lo que más valoran los hombres es obtener resultados, con base en los esfuerzos propios y ajenos. Valoran trabajar en forma independiente; y cuando se trata de un equipo, lograr que cada individuo trabaje lo más eficaz y eficientemente posible hacia una meta compartida, haciendo las cosas precisas y necesarias en el menor tiempo posible. Les gusta trabajar en jerarquías, y suelen declarar su liderazgo. Conceden valor a la alineación, el empuje y los resultados.

DATOS DE GÉNERO[1]

- Setenta y cuatro por ciento de las mujeres valora experimentar el viaje tanto como obtener resultados.
- Ochenta y cinco por ciento de los hombres concede más valor a obtener resultados y vencer a la competencia que a experimentar el viaje.

Por generaciones, los valores de los hombres han definido las reglas de acción en el trabajo. Desde fines de la década de 1940, tras la segunda guerra mundial, el modelo militar de deber, mando y liderazgo y muchos de los exitosos métodos para administrar personal y logística en diferentes continentes se trasladaron a la práctica privada. El modelo de mando y control sigue presente en numerosas prácticas de negocios y culturas de corporaciones, organizaciones y hasta instituciones educativas.

Las mujeres representan la mitad de la fuerza de trabajo desde la década de 1980. Pero los valores que los hombres practican y más les acomodan continúan definiendo casi todas las reglas, prácticas y procedimientos laborales, confrontando a menudo a hombres y mujeres en cuanto a lo que cada género valora. El cambio es lento, pero los hombres ya adoptan gradualmente nuevas prácticas para responder a un mercado de trabajo cada vez más complejo y diverso, y reconocen que la mitad de la fuerza laboral suele alinearse con y ejercer un conjunto de valores, necesidades y expectativas completamente diferente al suyo.

El punto ciego que impide el cambio es la incapacidad de hombres y mujeres para entender qué es lo que más valora el otro género y por qué. Elimínese ese punto ciego y unos y otras podrán hallar maneras de tender puentes entre sus diferentes valores en el trabajo, y de permitir a ambos géneros mantener su autenticidad y complementarse entre sí.

"Los valores no importan si no cumplimos las cifras"

El director general sube al estrado el primer día de la conferencia anual de ventas. Cinco minutos después de iniciar su discurso, proclama: "Me da mucho gusto que todos nuestros empleados aspiren a nuestros valores de colaboración y espíritu incluyente, ¡pero esos valores no importan si no cumplimos las cifras!".

Los hombres entre el público asienten con la cabeza: "Tiene razón. Debemos hacer un esfuerzo y cumplir las metas". "Tenemos noventa días para hacer una diferencia. Hay que avanzar más rápido en algunas decisiones si queremos cumplir las cifras."

Las mujeres adoptan una postura muy distinta: "¿Cómo? ¿El director acaba de decir lo que creo haber oído? Esos valores no son palabrería, son lo que las mujeres valoramos. ¡Yo estoy aquí por eso!". "Todos los participantes me motivan, y mejoran nuestra productividad. No estoy a favor de decisiones rápidas y éxito a toda costa."

Un director general con inteligencia de género habría comenzado de otro modo: "Debemos esforzarnos más por ser incluyentes y reunir nuestras mejores ideas. Nuestros valores elevan nuestra productividad y desempeño, y nos inspiran a alcanzar resultados".

Cartografiar la distancia

Mujeres y hombres suelen hallarse en extremos diferentes de un *continuum* en cuanto a lo que cada género valora. Entender qué piensa él o ella, y por qué, es la única vía para reconocernos mutuamente y acercarnos a la forma de trabajar de cada parte.

Lo que los hombres más valoran en el trabajo es el poder, la destreza, la eficiencia, la acción y el éxito. Un hombre asumirá tareas para probar su aptitud y valía, sentirse competente y seguro y desarrollar sus conocimientos y habilidades. Su concepto de sí mismo y su éxito radican en su aptitud para establecer y alcanzar objetivos.

Aunque las mujeres también respetan el éxito, para ellas son más importantes los valores de apoyo, confianza y comunicación. Sus intereses son la presencia y calidad de relaciones de trabajo y entornos cooperativos en red. Y su concepto de sí y su éxito residen en compartir y cooperar en el proceso de alcanzar sus objetivos.

He aquí los cuatros espectros de valores que más distinguen a las mujeres de los hombres. Aunque estas orientaciones a valores pueden encontrarse en muchas mujeres y hombres, no se les encontrará en todos.

ESPECTRO DE VALORES	INCLINACIÓN DE LAS MUJERES	INCLINACIÓN DE LOS HOMBRES
Mejorar *versus* mantener	"Todo puede mejorar y hacer que funcione mejor."	"Si no está roto, para qué arreglarlo."
Juntos *versus* en forma independiente	"Tengo más ideas cuando trabajo con otros."	"Tengo mejores ideas cuando puedo concentrarme solo."
Viaje *versus* resultados	"Nuestros esfuerzos conjuntos importan tanto como nuestros resultados."	"Ganar es lo que más importa."

ESPECTRO DE VALORES	INCLINACIÓN DE LAS MUJERES	INCLINACIÓN DE LOS HOMBRES
Compartir *versus* declarar	"Todos deben contribuir a la decisión."	"Un líder dirige. De mí se espera que tome decisiones."

Éstos bien pueden ser los cuatro espectros de valores que distinguen a hombres y mujeres en su enfoque del trabajo, su compromiso con los demás y su manera de dirigir, pero no necesariamente se trata de un lado "contra" el otro. Son muchas las formas en que hombres y mujeres buscan ya un terreno común y zanjan sus diferencias en el trabajo. Todo empieza por entender a qué concede mayor valor e importancia el otro género y por qué.

Mejorar o mantener

Las mujeres tienden a creer que cuando algo funciona bien, lo más probable es que pueda hacerlo mejor. Con frecuencia se sienten compelidas a mejorar su entorno, y a las personas que interactúan con ellas.

Generar cambios es la segunda naturaleza de las mujeres, debido en parte a que se trata de una actividad natural en su vida. Para ellas, dar consejos y sugerencias es una muestra de atención. Cuando les interesa alguien o algo, como tener pasión por un proyecto, producto o cliente, señalan libremente lo que puede mejorar y sugieren cómo hacerlo. Para las mujeres, ofrecer consejos y críticas constructivas es dar lo mejor de sí en el trabajo.

Pero buscar la mejora continua no siempre favorece a una mujer. Ofrecer a un hombre un consejo no solicitado o recomendarle "áreas de mejora" implica que él es incapaz de resolver un problema y hacer solo una tarea. Cuando una mujer intenta hacer cambiar o mejorar a un compañero, la interpretación inmediata de él es que cometió un error o hizo algo mal. Tenderá entonces a sentirse subestimado, se pondrá a la defensiva y a menudo se resistirá a ser corregido o a que le digan lo que tiene que hacer.

A veces la interminable búsqueda de mejoras de una mujer para corregir algo puede hacerla caer en una trampa de ciclo de mejoras —una trampa de perfeccionismo— en la que un exceso de preparación siempre consigue aumentar sus niveles de estrés sin mejorar necesariamente el producto de su trabajo.

En un discurso reciente dirigido a ejecutivas de la industria de los servicios financieros, pregunté: "¿Cuántas de ustedes creen prepararse en exceso para reuniones? ¿Cuántas tienen dificultades para saber y aceptar cuándo 'ya basta'?". Todas las mujeres en la sala levantaron la mano.

Las mujeres suelen verse en problemas a causa de su impulso a pensar de más un asunto, mejorar un informe, reescribir un artículo o perfeccionar un discurso. Es cierto que todo puede mejorar, pero ellas tienen que ser rigurosas consigo mismas para no perder su empuje. En nuestros talleres, suelen decir que les gustaría poder desentenderse tan rápida y completamente como los hombres, dejar las cosas por la paz y pasar a otro asunto y decisión.

¡Y vaya que los hombres están en el otro extremo de este espectro! Si algo funciona bien, su tendencia es no perder tiempo mejorando lo que no está roto. Su lema: "Si funciona, déjalo como está".

Mientras que en las mujeres existe un impulso a mejorar las cosas, en los hombres hay un deseo insaciable de lograr más con lo que ya se tiene. No es que quieran más de lo mismo o sean invariables por naturaleza. Al contrario. Quieren crecimiento y resultados, pero sólo se sentirán obligados a cambiar algo si deja de funcionar.

Esto es lo que se halla en la base del principio masculino de "eficiencia". Los hombres quieren hacer algo bien o arreglarlo correctamente desde la primera vez, para no tener que volverlo a reparar, ¡nunca, de ser posible! Quieren obtener la máxima utilidad de todo antes de remplazarlo o mejorarlo. Se adaptarán al cambio, pero sólo si es necesario y comprobadamente más efectivo que lo que hacían.

La historia de IKEA

IKEA fue fundada en 1943 por el adolescente Ingvar Kamprad, quien comenzó vendiendo artículos pequeños (carteras, llaveros, plumas), principalmente producidos en Suecia, a precios bajos. Cinco años más tarde, luego de publicitarse y convertir su empresa en una compañía improvisada de pedidos por correo, introdujo muebles de factura local, y publicó su primer catálogo en 1951. En 1953 abrió su primera sala de exhibición, y tres años más tarde inició el concepto de automontaje y paquete plano para embarcar sus muebles. Durante dos décadas, el modelo de negocios fundamental de IKEA fue vender muebles por catálogo. Después de hacer un pedido, los clientes recibían cajas planas eficientemente rellenadas de muebles desarmados, junto con instrucciones detalladas. En 1965, Kamprad abrió su primera tienda de autoservicio. IKEA había desarrollado un concepto de negocios muy exitoso, basado en la visión de Kamprad de almacenar y enviar eficaz y eficientemente muebles y artículos para el hogar de bajo costo de tal forma que fuera posible no "transportar y almacenar aire". En los veinte años siguientes, Kamprad difundió su visión, estableciendo tiendas inicialmente en Europa y en Canadá.[2]

En 1985, IKEA abrió en Filadelfia, Pennsylvania, su primera tienda en Estados Unidos, y lideresas en las oficinas generales de IKEA en Leiden, en los Países Bajos, recibieron la tarea de crear una experiencia diferente para este nuevo mercado. Las estadísticas indicaban que, en Estados Unidos, las mujeres tomaban noventa por ciento de las decisiones de compra de muebles, y no se inclinaban a basar su decisión en las fotografías de un catálogo.

La dirección de IKEA creía que las compradoras debían poder experimentar cómo se verían los muebles ya armados, así fuera una sala, cocina, recámara o cuarto de niños. Decidió entonces crear salas en sus tiendas en Estados Unidos y otros países que encarnaran la perspectiva de "cómo se vería si yo viviera aquí". Se agregaron así toques elegantes, con cuadros en las paredes, cojines, muebles adicionales, etcétera. La idea de esas salas también gustó a los hombres. Es mucho más fácil seguir instrucciones para armar y determinar la cantidad de espacio necesario para un mueble después de haber visto el producto completamente armado.

IKEA es un ejemplo perfecto de eficiencia de embalaje creada por hombres y adición de la experiencia de las mujeres en afán de mejorar un concepto de suyo grandioso. Las ventas de IKEA se dispararon más allá de las expectativas, y ésta es ahora la tienda de muebles más grande del mundo. Se trata, así, de un ejemplo perfecto de inteligencia de género en acción, de hombres y mujeres que tendieron un puente entre sus valores para crear un mejor producto.

Juntos o en forma independiente

Las mujeres tienen una facilidad natural para advertir patrones de asociaciones entre personas, ideas, procesos y comunidades. Esto las inspira a crear alianzas, ver la interrelación de personas y cosas y extender esas relaciones. Asimismo, las anima intuitivamente a trabajar y colaborar con los demás.

Los hombres tienden a no ser tan relacionales. Un hombre se inclina a trabajar solo al momento de resolver problemas, y disfrutará su soledad siempre y cuando sea productivo. Se sumergirá en sí mismo, se apartará del mundo exterior y terminará la tarea. Si el asunto es demasiado complicado para manejarlo solo, involucrará a otros, aunque bajo ciertas reglas.

Un hombre se inclina a abordar el trabajo en equipo como trabajo individual con otros individuos más que como el hecho de que un miembro "se haga uno" con el equipo. Mantendrá su independencia y autodeterminación y se asegurará de que su papel y lo que se espera de él sea claro e inequívoco. Si se le identifica y valora de esta forma —como individuo—, sabrá que es un bien productivo, y aportará al equipo lo mejor de sí.

La tendencia de un hombre es pensar en lo que debe hacer para alcanzar su meta de modo que el equipo tenga éxito. No le importa qué hagan los demás miembros del equipo, a menos que sus acciones tengan impacto en su propio éxito. Su sensación de realización depende de sus resultados personales.

La tendencia de una mujer es concentrarse en lo que el equipo necesita, lo que los demás requieren para que el equipo tenga éxito: un "nosotros" grande y mejorado. Si el equipo no obtiene lo que necesita, ella se quedará tiempo extra, por su sentido de responsabilidad, o de culpa. Velará por las necesidades de todos antes de ocuparse de las suyas. Su sensación de realización depende del éxito del equipo.

"Si eso te hace feliz"

Judy, veterana de Wall Street y de la maternidad, con dos hijos adolescentes, come con Margaret, mujer soltera que acaba de ingresar a la sociedad de inversión en la que ambas trabajan.

Margaret se sincera antes de tocar la ensalada:

—¿Quién fue quien dijo que las solteras no tenemos vida? Te envidio, Judy. Me gustaría conocer a alguien especial y tener hijos pronto, para que puedan ser autosuficientes como los tuyos y yo pueda continuar mi carrera siendo joven aún. El sueldo es muy bueno, pero invierto doce horas diarias y trabajo los fines de semana. Hoy es la primera oportunidad que tenemos de comer juntas en no sé cuánto tiempo. Ignoro cómo lo hiciste entonces, y cómo lo haces ahora.

Judy hace una pausa antes de responder, no queriendo estresar aún más a Margaret, pero siente la necesidad de compartir su experiencia:

—Lo siento por ti, Margaret, pero considera esta idea: las solteras quizá echan sobre sus hombros la carga de trabajo, pero las madres que trabajan portan la carga de la culpa.

Margaret inquiere:

—Estoy de acuerdo con lo de la carga, pero ¿qué te hace sentir culpable *a ti*?

—Lo mismo que te hace sentir culpable a ti cuando te tomas una tarde por motivos personales: no estar presente para compartir la carga del equipo, en especial los fines de semana. Sé que el equipo emplea aún los fines de semana. Mis hijos bien pueden ir a la escuela en la mañana y estar haciendo su tarea cuando llego a casa, pero todavía me necesitan, en especial los fines de semana, ¡cuando ustedes están trabajando! Sin embargo, estoy aprendiendo a aceptarme y a combatir esa sensación de culpa.

–¿Y Scott? —pregunta Margaret—. ¿No te ayuda?

–¡Claro que sí! Él es un gran papá y un buen marido, pero pronto comprobarás que los hombres no suelen ver el mundo y su lugar en él como nosotras. Por más que hagan, no son tan empáticos como las mujeres ni tienen el mismo sentido de responsabilidad por los demás. No es culpa suya. Así están hechos…

"Pero Scott ya trabaja en eso. Sin embargo, aunque hace cosas y se interesa por mí, yo arrastro la carga de la culpa cuando estoy en la oficina, pensando en mi familia. Y me siento culpable cuando estoy en casa, pensando en la oficina. Scott puede desconectarse (mejor que yo) al cruzar la puerta. ¡Está aprendiendo a ser como yo, y yo estoy aprendiendo a ser como él!"

–Por lo pronto —dice Margaret—, no contemplo tener hijos, y mucho menos conocer a alguien especial.

–Mira, Margaret, la empresa nunca te va animar a tomar tiempo para tener hijos. Te ofrecerá flexibilidad, pero de todas maneras tendrás que cubrir un horario. Eres talentosa y ambiciosa, y esta compañía se esmerará en retenerte. Pero si no es así, ya te querrán otras. No te sientas culpable. Puedes tenerlo todo, pero no es necesario que lo hagas todo al mismo tiempo. No obstante, si éste es tu deseo, si eso te hace feliz, ¡hazlo!

Este *continuum* de valores, de "cuidar de los demás" en un extremo y "cuidar de uno mismo" en el otro, influye en aspectos de la carrera de hombres y mujeres como la negociación. Unos y otras abordan la negociación de diferente manera, sobre todo porque ven en forma distinta los aspectos relacionales de la misma. En cierto estudio se preguntó a hombres y mujeres si la negociación es un juego de póker, un baile, una corrida de toros o una partida de tenis. Ellos fueron más propensos a responder "juego de póker", mientras que ellas describieron más a menudo la negociación como un "baile", lo que implica que la ven como una colaboración más que como una actividad en la que hay un ganador y un perdedor.[3]

En ese mismo estudio se demostró que a las mujeres no les sirve de nada actuar como hombres en la negociación. No es que ellas no sean grandes jugadoras de póker, sino que, cuando negocian, tienden a personalizar sus peticiones de mayor compensación o más recursos, lo que se entiende como una queja o disgusto. Una mujer tiende, asimismo, a disculparse o a hablar de "sentimientos" cuando negocia: "Perdona que te lo pida, pero creo merecer un aumento", o "Creo que lo valgo", o "Ve todo lo que he hecho". Afirmaciones como éstas reducen su credibilidad y el peso de su argumento.

EL LADO DE LA CIENCIA

En el capítulo 3 se explicó que el lóbulo parietal inferior (LPI) es la parte del cerebro que recibe las señales que representan la sensación del tacto, la autopercepción y la visión, las cuales integra para permitir a un individuo determinar su identidad, dirección y significado. Podría decirse que, en gran medida, el LPI influye en a qué, cuándo y cómo hombres y mujeres conceden importancia en su vida y expresan sus valores.

El LPI es más grande en el lado izquierdo —o lógico, analítico y objetivo— del cerebro de los hombres,[4] lo que los impulsa continuamente a actuar, con una concentración fija en las tareas y las metas. Ellos tienden a calibrar su aptitud y medir su valor con base en sus logros y resultados. Sienten gran alivio y aptitud cuando resuelven en aislamiento sus problemas y piensan las cosas hasta sus conclusiones lógicas.

Siendo tan orientado a metas, un hombre puntualizará la manera más efectiva y eficiente de llegar del punto A al punto B, cuáles serán las consecuencias de sus esfuerzos y si ese resultado vale la pena.

En las mujeres, el LPI es más grande del lado derecho —o intuitivo, reflexivo y subjetivo— del cerebro, y mientras que los hombres tienden a usar los lados de su cerebro uno por uno, ellas usan ambas áreas al mismo tiempo, lo que les brinda una mejor conexión visual, verbal y emocional con los demás. Las mujeres tienden a ser mejores para percibir mensajes emocionales en conversaciones, gestos y expresiones faciales.[5]

La prioridad de una mujer no es tanto hallar el camino más eficiente para realizar una tarea como establecer relaciones que den sustento a la colaboración. Las mujeres se inclinan a medirse con base en su éxito en el establecimiento de alianzas, desarrollo de personas y relaciones y compartiendo conocimientos.[6]

Nuestras diferencias de género no son en blanco y negro, y toda regla tiene excepciones. Es fácil hallar mujeres que prefieren pensar y trabajar solas y se concentran más en los resultados y menos en las relaciones. También lo es encontrar hombres que tienen sus mejores ideas cuando colaboran y son más incluyentes en su liderazgo.

Lo valioso, y lo que añade profundidad de percepción y riqueza a nuestra perspectiva, es la comprensión de nuestra naturaleza general, la del otro género y de lo que compele a muchos hombres y mujeres a pensar y actuar como lo hacen.

Todo esto se altera, sin embargo, cuando las mujeres negocian en nombre de los demás. Cuando negocian por otros —sea su departamento, equipo o causa—, su seguridad y rendimiento superan a los de los hombres.[7] A veces esto es contraproducente para ellas, pues tienden a sobrevalorar las relaciones y a subestimarse a sí mismas.

En cambio, una mujer con inteligencia de género no deja de ser buena negociadora en pro de otros, pero practica más el cuidado de sí, abordando la negociación personal con la mentalidad de que ella y la compañía se beneficiarán del resultado. Exterioriza las razones a favor de una mayor compensación o más recursos mencionando sus logros, así como el valor futuro para la organización. Éste es un razonamiento que los negociadores entienden y con el que se alinean más pronto, en especial por lo que toca al énfasis en el valor y desempeño futuros.

Viaje o resultados

Las mujeres tienden a prosperar en la colaboración, la cooperación, la comunicación y el apoyo mutuo. Se interesan en los resultados, pero obtienen igual, si no es que más, sentido de propósito y satisfacción al enfrentar y resolver los retos a lo largo del camino.

Tienden a cumplir sus objetivos estableciendo relaciones primero, y mejorándolas después en la consecución de sus metas. Con frases como "Juntos estamos logrando grandes cosas", "Gracias por reconocer mi esfuerzo" o "¡Me gusta mucho trabajar con ustedes!", una mujer comparte y se relaciona con los demás, expresando su realización en el viaje emprendido en común. Efectuar el viaje en equipo valida sus esfuerzos y da significado a su trabajo.

Los hombres tienden a abordar el trabajo y tratar a los demás de otra manera. Su inclinación es buscar la distancia más corta entre dos puntos y seguir ese curso lo más eficazmente posible, haciendo las cosas correctas y necesarias en orden de importancia. Trabajarán entonces tan eficientemente como puedan, haciendo esas cosas correctas en el menor tiempo posible y con la menor cantidad de recursos.

En un taller reciente, un alto ejecutivo lo explicó así: "Me siento realizado y satisfecho sólo cuando las cosas se llevan hasta su término. Desarrollaré una visión de túnel de lo que se espera de mí y de mi equipo hasta obtener los resultados. Veo y escucho cosas a mi alrededor, pero no las registro. ¡Hay días en los que ni siquiera sé quién estuvo en la oficina o con quién comí!".

La realización personal de un hombre llega al final del viaje, cuando puede ver los resultados de sus esfuerzos y ser reconocido y apreciado por su desempeño. Mientras que una mujer dará la bienvenida al proceso y encontrará valor en el esfuerzo, un hombre soportará el proceso y otorgará mayor valor a los resultados. Así, dirá a los miembros del equipo: "No me importa cómo lo hagan, confío en ustedes. ¡Sólo háganlo!", o "Es ganar o perder", o "Logramos nuestra meta, ahora hagámoslo de nuevo el próximo año". La orientación a metas es una capacidad natural muy arraigada en los hombres, altamente complementaria de la inclinación de una mujer a formar alianzas, desarrollar relaciones firmes y mejorar la capacidad de la gente y los procesos interconectados a lo largo del camino.

Las mujeres se inclinan a creer que su atención al proceso y a la gente implicada en las tareas forja equipos fuertes y crea entornos conducentes al éxito. Por eso conceden tanto valor al viaje: para descubrir, abrazar y mejorar esa integridad entre medios y fines.

Un hombre tiende a no mostrar el mismo nivel de conciencia o interés en los asuntos que rodean a los esfuerzos y necesidades de los demás hasta que esto afecta su aptitud para alcanzar resultados. Normalmente no se involucrará en la personalidad, emociones o situaciones de sus compañeros. Esto no significa necesariamente que no sea observador o atento. Su naturaleza es abarcar menos, concentrarse sólo en las cosas directamente relacionadas con el objetivo y hacer todo esto con menor atención a los detalles. Sin embargo, concentrarse sólo en los resultados no suele favorecer, y rara vez mantiene, la efectividad de un equipo.

"No fue sólo por el dinero"

Una veterana representante de ventas entra a la oficina del gerente de ventas y renuncia. El gerente se sorprende tanto que quisiera preguntarle por qué se marcha. Pero le disgusta que ella lo deje en la estacada, así que no sabe qué decir. Se paraliza durante lo que a él le parecen segundos y a ella horas, confirmando así los sentimientos y experiencias de la vendedora: "Ni siquiera me pregunta por qué".

Durante su entrevista de salida, ella dice al jefe de recursos humanos (RH) que renuncia porque halló otro empleo en el que le pagarán más y le darán mejores prestaciones. RH acude a la alta dirección y dice: "Tenemos que revisar nuestros paquetes de salario y prestaciones si queremos retener a nuestros empleados clave".

Tres meses más tarde, la alta dirección convoca a una reunión urgente con el vicepresidente de ventas para averiguar por qué renunciaron tres de sus mejores representantes, dos mujeres y un hombre. "Pagamos más que la competencia en salario y comisiones, pero seguimos perdiendo gente. No podemos permitirnos perder clientes por esta causa."

Seis meses después, en una entrevista posterior a su salida, la vendedora que renunció por un mejor sueldo y empleo me dijo: "No fue sólo por el dinero, aunque eso fue lo que les dije. En realidad ahora gano menos. Me gusta la cultura de esta nueva compañía. Me siento parte de un equipo allí. Mis ideas les agradan, y me piden mi opinión con frecuencia. La carga de trabajo es la misma y somos igual de competitivos, ¡pero no entre nosotros! Siento que tiramos juntos. Podrá parecer absurdo, pero allí los empleados se interesan más unos en otros. Creo que nuestros clientes potenciales captan esto en las presentaciones de ventas".

Compartir o declarar

En el capítulo 1 nos referimos a un amplio estudio global realizado por McKinsey & Company que reveló las fortalezas de liderazgo diferentes pero complementarias de hombres y mujeres. De los nueve rasgos ahí mencionados, hombres y mujeres aplican por igual la estimulación intelectual y la comunicación eficaz. Las mujeres aplican más que los hombres el desarrollo personal y la toma participativa de decisiones. Y los hombres aplican más que las mujeres la toma individual de decisiones y el control y acción correctiva. McKinsey define este último rasgo como gestión del desempeño: "Monitorear el desempeño de los individuos, lo que incluye deficiencias en metas y emprender acciones correctivas cuando sea necesario".[8] Desde el punto de vista de los hombres, la gestión del desempeño garantiza los resultados, y el estilo de liderazgo, que garantiza a su vez el desempeño, es jerárquico, organizado y dirigido.

El desarrollo personal está en el extremo opuesto de este *continuum* de fortalezas, siendo el rasgo de liderazgo más distintivo de las mujeres. McKinsey define el desarrollo personal como "generar un ambiente de equipo en el que todos sean alentados a participar en la toma de decisiones".

Nosotros distinguimos los que las mujeres y los hombres valoran y personifican en su liderazgo como "compartir el liderazgo" y "declarar el liderazgo".

Compartir puede ejemplificarse con frases como "No tomaré una decisión crucial sin la aportación equilibrada de hombres y mujeres de mi equipo", o "Confío en que tomarán la mejor decisión para su región", o "Me gustaría saber qué piensan antes de continuar".

Declarar puede ejemplificarse con frases como "Nuestro lanzamiento global tendrá lugar a principios de mes", o "Convenceré al consejo de participar en esos mercados", o "Mi decisión es irrevocable".

"Lo mejor son ambas"

La directora general de una importante compañía global me explicó recientemente cómo define su liderazgo: "Comparto mi liderazgo con los demás. Entiendo por esto depositar mi confianza en ellos para que tomen decisiones. Somos una compañía global, y sé que no puedo estar en todos lados al mismo tiempo. Así, tengo una red de líderes alrededor del mundo en la que confío plenamente. Hablamos cada semana, pero ellos tienen autonomía. Dos terceras partes de mis líderes regionales son hombres, y prosperan en esa independencia.

"Las cosas no siempre han sido así. Luché durante más de veinte años ascendiendo por el escalafón de un mundo corporativo creado en torno a los valores de los hombres. Todos los cursos de capacitación en liderazgo que tomé estaban diseñados para los hombres en la sala, no para mí. Durante dos años, fui la única mujer en el equipo ejecutivo. Como puedes imaginar, una mujer en ese entorno puede comenzar a recoger e imitar los rasgos de los hombres. ¡Es como estar rodeada de puros hermanos todo el tiempo!

"Defino mi liderazgo como uno de compartir. Todo gira alrededor del desarrollo y participación de la gente. Tal vez comprometí mis valores del pasado para llegar aquí, pero ya no lo hago. Sin embargo, desarrollé una comprensión de cómo y por qué los hombres dirigen como lo hacen y por qué la gente los sigue. Creo que el liderazgo directivo fuerte tiene su lugar para asegurar el cumplimiento de las metas de desempeño, pero el entorno más sano para tal forma de liderazgo es el de la colaboración. Dado que más de la mitad de mi personal está conformado por hombres, lo mejor son ambas formas de liderazgo: compartir y declarar."

Al incorporar un poco de la mentalidad masculina en su liderazgo, las mujeres pueden evitar un gran problema que tiende a frenarlas. El valor que conceden a las relaciones puede elevar su aptitud para trabajar con los demás y animar, motivar, desarrollar e inspirar a los miembros de su equipo. Pero esa orientación también representa un desafío clave de desarrollo para las mujeres que se consumen en la conectividad y, como vimos en un caso anterior, en la culpa. El reto para ellas es desarrollar una noción de límites a las relaciones de trabajo como lo hacen los hombres, y practicar más la atención al cuidado de sí mismas.

Desde la década de 1980 se ha transitado de un paradigma de liderazgo exclusivamente masculino a un modelo descentralizado y participativo. Gran parte de este cambio ha sido motivado por la complejidad y rapidez de los negocios globales y la necesidad de que las compañías tomen decisiones prontas e informadas, a veces de un rincón a otro del mundo. Pero el cambio es lento, aun para las compañías globales cuya fuerza de trabajo se compone de tantas mujeres como hombres y la gran mayoría de cuyos clientes son mujeres.

LIDERESAS	LÍDERES
Definen su liderazgo con base en la fuerza y poder de sus redes.	Definen su liderazgo mediante sus logros y los resultados de los demás.
Son conscientes de las situaciones y necesidades específicas de individuos y grupos y de cómo estos aspectos pueden afectar a la organización.	Están más atentos al nivel macro —las necesidades financieras y operativas de la organización— que al individual.
Descentralizan la planeación y comparten la toma de decisiones.	Centralizan la planeación con medidas de desempeño y toma jerárquica de decisiones.
Empatizan con, alientan y elogian directamente a los demás. Buscan resolver conflictos emocionales mediante la comunicación: "Hablemos del asunto".	Promueven la resolución independiente de problemas y controlan la vulnerabilidad emocional: "¡Sentir menos, hacer más!".

¿Cómo perfilar entonces el paradigma futuro del liderazgo? Se han escrito muchos libros sobre una eventual tendencia al liderazgo participativo, y hay un alto nivel de aceptación por parte de líderes de negocios y gubernamentales de que es allá donde nos dirigimos, ¡donde *debemos* ir!

La verdad es que hay valor en ambos lados del espectro del liderazgo, y por tanto en un punto medio que incorpore lo mejor que mujeres y hombres ponen sobre la mesa. Las organizaciones con una proporción más equilibrada de mujeres y hombres en el liderazgo descubren ya los puntos valiosos de unos y otras y aceleran su marcha al liderazgo compartido.

El lado personal de la vida

Margaret entra a la Grand Central Station y toma el último tren a su modesto hogar en New Rochelle. Sentada sola en el vagón casi vacío, tiene tiempo para pensar en lo que Judy le dijo durante la comida, acerca de sentirse culpable por no trabajar los fines de semana. Se le ocurre entonces esta idea: "¿Es mi sentimiento de culpa la razón de que Larry y yo ya no nos veamos tanto como antes?".

Margaret y Larry se frecuentaron ocho meses. Ella lo conoció en el hospital donde trabaja como voluntaria una o dos veces al mes, y descubrió que Larry era alguien con quien podía entenderse, alguien diferente a los hombres de la oficina.

Desde que empezaron a salir, cada fin de semana en que ella no tenía que ir a trabajar, llamaba o texteaba a Larry, sugiriéndole cosas por hacer. Pero a últimas fechas, Larry está cada vez más irritable, indiferente y de mal genio cuando se ven.

Ella comprende poco a poco: "Me siento culpable de las veces que tenía que trabajar cuando él quería ir a las montañas el fin de semana, y ahora creo que sobrecompenso cuando estoy libre. Me gustaría pasar con él todo el tiempo posible, para ver si es la persona indicada y hacerle saber que me interesa mucho".

Cerca de su parada, Margaret se sumerge en su vida personal y se olvida de la inexorable carga de trabajo de la oficina y de sus compañeros de equipo. "Ya no tenemos intimidad. ¡Él era antes tan encantador y romántico! Pero creo que lo nuestro terminó."

No necesariamente. Los sentimientos de culpa de Margaret y su búsqueda de perdón sobrecompensando cuando están juntos son la causa de que Larry se haya alejado de ella.

Además, ella lo ahuyenta molestándose con él por no mostrarse receptivo cuando están juntos.

Margaret no debe preocuparse tanto por Larry, y comenzar más bien a cuidar mejor de sí misma y de sus necesidades e intereses. Haciendo cosas que quiere hacer, expresará menos culpa, dejará su resentimiento hacia Larry y conseguirá que su felicidad sea menos dependiente de la de él, actitud que muy probablemente asfixiaba a Larry.

Cada día, trenes, autos y aviones van llenos de mujeres y hombres solteros y casados en movimiento constante, todos los cuales buscan cierto equilibrio entre su vida laboral y personal, cuando lo que realmente deberían buscar es mayor armonía entre esos dos mundos.

12 Alcanzar armonía en la vida laboral y personal

En este libro hemos explorado los retos y oportunidades que enfrentan hombres y mujeres al tratar de entenderse mejor entre sí y de buscar éxito personal en su vida laboral y personal. Este desafío se complica más todavía por el hecho de que esas dos vidas ya no están tan separadas y claramente delimitadas como hace apenas una generación.

Nuestro mayor nivel de estrés y fatiga en el trabajo y en el hogar es resultado de nuestros intentos fallidos por balancear el tiempo limitado y la menguante energía que tenemos entre esos dos mundos. Dada la complejidad y persistencia de los negocios globales y de los avances en tecnología, una jornada de trabajo de nueve a cinco o un puesto gerencial que te permite dejar el trabajo en la oficina prácticamente ya no existen.

¡Y todavía hay una dinámica más en juego! Desde 2000, ochenta por ciento de la fuerza de trabajo se compone de parejas de doble ingreso, contra veinticinco por ciento en 1980 y prácticamente cero en 1950. Esta tendencia no cede, ni se reduce a Estados Unidos o Europa. Un hogar de doble ingreso es hoy la norma social global.[1]

DATOS DE GÉNERO[2]

- Noventa y uno por ciento de las mujeres y noventa y cuatro por ciento de los hombres están de acuerdo en que les gustaría tener horarios más flexibles.

• Pero sólo quince por ciento de las mujeres y veinte por ciento de los hombres creen que acuerdos laborales flexibles no pondrían en peligro su desarrollo profesional.

Tal vez ningún otro fenómeno ha tenido en la sociedad mayor efecto que éste, alterando la forma en que hombres y mujeres interactúan y el modo en que las familias viven y pasan su tiempo. Hoy, el reto más grande que enfrentan hombres y mujeres es cómo combinar sus responsabilidades laborales y familiares de tal manera que todos los involucrados se sientan reconocidos y satisfechos.

Existen pocas diferencias entre cómo ven hombres y mujeres el equilibrio de la vida laboral *versus* la personal. Las mujeres balancean mucho más roles, pero la presión de la carga de trabajo y la pérdida de tiempo personal son igualmente sentidas por ambos géneros.

Vidas en competencia

El equilibrio vida laboral-vida personal sugiere que la gente tiene dos vidas, una en el trabajo y otra en todos los demás lugares. Sin embargo, la separación entre estas dos vidas no es tan clara. Hombres y mujeres llevan a su trabajo problemas personales y familiares irresueltos ("Tengo que llamar a la escuela para avisar que mi hijo está enfermo y se quedará en casa"), y a su hogar responsabilidades y urgencias de trabajo ("Tal vez pueda disponer de un par de horas después de cenar").

Al correr de los años, en nuestros talleres hemos descubierto que mujeres y hombres de todos los países describen de forma diferente ese desequilibrio. Ellas sienten que tienen muy poco tiempo para actividades de su vida diaria, mientras que ellos experimentan la incesante presión de desempeño y resultados.

Las mujeres dicen:

- "Cuando estoy en el trabajo pienso en la casa, y cuando estoy en la casa pienso en el trabajo."
- "Llego demasiado cansada de trabajar como para hacer labores domésticas."
- "Me siento culpable por llegar a las cinco de la tarde todos los días."

Los hombres dicen:

- "Parece como si siempre estuviera en el trabajo, aun si estoy en casa."
- "Ya no tengo tiempo para aficiones e intereses propios."
- "¡No puedo dejar la oficina para asistir a un compromiso familiar!"

La frase "equilibrio vida laboral-vida personal" sugiere la necesidad de producir igualdad de tiempo entre dos vidas en competencia, como si existiera la posibilidad de hallar una distribución óptima de tiempo entre ambas. Pero ésta es una tarea casi imposible, en particular para las mujeres. Ellas tienden a no separar ni secuenciar sus ideas tan fácilmente como los hombres. Una importante fuente de estrés para ellas es tener que combinar muchas ideas y agendas en competencia, lo que les produce la impresión de que nunca tienen tiempo suficiente para nada, así como una sensación de culpa por no poder dedicar tiempo suficiente al trabajo o la casa.

Los hombres pueden separar y aislar pensamientos rivales para concentrarse en sus asuntos uno por uno con mayor facilidad que las mujeres. Para ellos, el problema es que la presión de mejor desempeño ha creado un desequilibrio constante en su vida: una concentración casi exclusiva en el trabajo. La fuente de estrés de los hombres es tener que sacrificar su vida personal, trabajar mucho tiempo y ofrecer resultados.

Mujeres y hombres bien podrían no alcanzar nunca por completo el equilibrio vida laboral-vida personal, y están condenados a la decepción cada vez que lo intentan. Un individuo con dos vidas, cada una de las cuales compite por una cantidad de tiempo fija, no es la solución.

Vidas congruentes

El equilibrio vida laboral-personal se convierte en una preocupación por hallar y mantener un balance permanente. Esta búsqueda suele tornarse en un afán de hallar equilibrio por el equilibrio mismo, en vez de atender aquello por equilibrar. Así, lo único que termina distribuyéndose equitativamente es el estrés y la ansiedad, lo mismo que la sensación de constantemente "quedarse corto" en el trabajo y el hogar.

Buscar *armonía* en la vida laboral-personal, por otra parte, es aceptar y abrazar ambos mundos como uno, no buscar separación sino una congruencia mejor orquestada entre la vida de trabajo y la personal. La armonía vida laboral-personal se fija en la energía más que en el tiempo; en vivir plenamente el momento tal como se presenta antes que medir el tiempo asignado a cada momento.

Para muchos hombres y mujeres, la armonía vida laboral-personal significa buscar una carrera que concuerde con la vida personal. Pero esto no siempre es posible. Muchos no tienen opciones en su carrera. Muchos están atados a su empleo o insatisfechos con su trayectoria profesional. Sin embargo, esto no quiere decir que no deban tratar de alcanzar su propia coexistencia y un punto de reposo, independientemente de cuál sea su trabajo o adónde los haya llevado.

Las mujeres son las que más sufren de escasez de tiempo, y deben tener más iniciativa en la definición de los límites de su vida laboral y el periodo dedicado a ella. Ingresarán a compañías con programas de trabajo flexibles, aunque no pueden esperar que estas empresas alienten su participación.

Tienen que librarse de los sentimientos de culpa descritos en el capítulo anterior y decidirse a practicar un mayor cuidado de sí mismas. Las compañías con inteligencia de género y los líderes atentos ya se percatan de que potenciar a una mujer con flexibilidad y tiempo alivia su estrés y la inspira a contribuir más todavía.

"¡Dame los viernes y te daré doscientos por ciento!"

Durante un segmento sobre la negociación, en un taller una mujer relató su experiencia en ventas de alta tecnología antes de que se le ascendiera a la alta dirección. Ella era entonces la única mujer en el equipo de ventas, pero "¡me empeñé en demostrar que podía vender tanto como los hombres de mi departamento!". Cumplía sistemáticamente de ciento veinticinco a ciento cincuenta por ciento de sus cuotas de ventas, fueran las que fuesen.

"Mi vida familiar cayó en picada cuando la madre de mi esposo se enfermó y tuvo que mudarse a vivir con nosotros. Ya no podía vivir sola, y no íbamos a internarla en una casa de reposo, no después de todo lo que había hecho por nosotros a lo largo de los años.

"Peter y yo hicimos cuentas y vimos que no nos podíamos permitir pagar un asistente en casa cinco días a la semana. También queríamos asegurar la calidad de vida de los últimos años de Grace. Peter esperaba poder pasar más tiempo en casa, pero la naturaleza de su trabajo y su plan de viajes no lo permitieron.

"Yo no tuve otra opción que hablar con mi jefe y hacerle una propuesta que rogué al cielo que no rechazara. Le dije que necesitaba disponer de los viernes, y que a cambio cumpliría doscientos por ciento de mi cuota de ventas en vez de mi usual ciento cincuenta. Le prometí también que, si incumplía la marca de doscientos por ciento, volvería a trabajar los viernes. Lo sorprendí, pero al final estuvo de acuerdo. Creo que apreció el hecho de que le ofreciera una solución, no sólo un problema.

"Cumplí doscientos por ciento o más de mi cuota durante tres años, y fui una de las representantes de ventas que más trabajó en el equipo.

¡Hacía más en cuatro días que los demás en cinco! Cuando estaba en la oficina, trabajaba con ganas; y cuando estaba en casa ¡me entregaba a ella cien por ciento!

"Grace sigue con nosotros, y aunque ahora soy una alta ejecutiva, aún trabajo en casa los viernes. No voy a comprometer la simetría que alcancé entre mi trabajo y mi vida personal."

Como señalamos varias veces en este libro, las mujeres poseen la capacidad natural de pensamiento y tareas múltiples, pero este talento innato puede ser una maldición cuando se trata de encontrar armonía en la vida laboral-personal. Ellas tienden a extralimitarse, a prometer demasiado, a tratar de cumplir en todo y a sentirse culpables si no lo consiguen.

No se sienten tan bien como los hombres trazando una línea, fijando límites y resolviendo sus problemas uno por uno. Este tipo de pensamiento secuencial es propio de ellos. Pero hay una solución, una técnica que puede ayudar a las mujeres a vivir el momento (como ya dijimos) con una atención más concentrada.

Dividir el tiempo

En una conferencia reciente sobre inteligencia de género conocí a Helen, directora general de una compañía petrolera global con sede en Estados Unidos. Ella se me acercó luciendo una gran sonrisa, me abrazó como si fuéramos amigas de toda la vida y me dijo: "Me tocó oír tu charla de hace tres años, y recuerdo tu método de 'dividir el tiempo'. Lo he practicado desde entonces. No sólo mejoró mi productividad en el trabajo, sino también mi vida personal".

Las mujeres no pueden hacer naturalmente lo que hacen los hombres. Ellos ponen límites corteses que restringen el número de proyectos en los que se involucran. Pero esto no limita necesariamente sus contribuciones. Les permite concentrarse con singular intensidad en un proyecto hasta su consumación, y luego en el siguiente. Esto forma parte de esta idea de "dividir el tiempo".

"Yo no puedo dividir tan fácilmente mi mente", continuó Helen. "Otras actividades se filtrarán en mis pensamientos, y tengo que decirme en forma intencional que debo concentrarme en una cosa específica a una hora específica. Incluso anoto en mi agenda eventos y compromisos como si fueran citas. Al distribuir mi tiempo de esta manera, puedo concentrarme en algo o alguien y dejar de pensar demasiado en todo al mismo tiempo.

"Practico 'dividir el tiempo' incluso en casa. Cuando estoy con mi esposo, mi hija o mi hijo, no procuro la cantidad, sino la calidad del tiempo, y eso significa todo para mi familia. Mi hija prefiere cinco minutos de toda mi atención que una hora de ideas a medias y distracciones. Dejo todo cuando estoy con ella. Apago el celular y disfruto de mi tiempo con ella."

El reto para las mujeres

El cerebro de una mujer trabaja sin cesar, y entre más alto sea su nivel de estrés, en más experiencias y emociones reflexionará y buscará asociaciones y soluciones.

En el trabajo, una mujer estará al tanto de las necesidades de cada individuo de su equipo, y abordará su vida personal con igual presencia y concentración. Se fijará en las necesidades de su familia y amigos, poniendo al último las suyas propias. Parece no haber nunca tiempo suficiente en el trabajo, o incluso fuera de él, para ocuparse de todo y todos los que ella cree que merecen su atención. El reto para ella es no sólo hallar armonía entre su vida laboral y personal, sino también en cada uno de esos mundos, una coexistencia de pensamientos y actividades en el trabajo o en casa.

El reto para los hombres

Para los hombres, el reto es muy distinto. Cuando están bajo estrés, desarrollan una visión de túnel y se concentran en sus asuntos uno por uno. En términos generales, ése era normalmente el curso de su jornada de trabajo, al cabo de la cual dejaban atrás la oficina y sus problemas pensando: "¡Mañana será otro día!". Dirigían su atención a otra cosa y se olvidaban de sus preocupaciones de trabajo. Así es como separaban la vida laboral de la personal: llegaban a casa, veían las noticias, leían el periódico, hacían una reparación sencilla en el hogar o ayudaban en las labores domésticas.

Pero el acceso a internet y la computación en la nube han cambiado las tecnologías de la comunicación y los aspectos estructurales del trabajo, definiendo un nuevo centro laboral en el que los hombres están vinculados con su empleo más allá de los límites de la jornada y centro de trabajo tradicionales. Ahora ellos pueden llevar a casa la oficina y todos sus proyectos inconclusos y problemas irresueltos, lo que resulta en menos tiempo para la vida personal.

EL LADO DE LA CIENCIA

Una de las razones más importantes de que hombres y mujeres reaccionen en forma diferente al estrés son las hormonas, y tres de ellas desempeñan en particular un papel decisivo: cortisol, oxitocina y testosterona.

Cuando el cortisol irrumpe en el torrente sanguíneo de una mujer durante una situación estresante, se produce oxitocina como hormona compensadora. Liberada por el cerebro, esta última contrarresta la producción de cortisol y epinefrina y estimula emociones confortadoras y relajantes.[3]

Aunque los hombres también secretan oxitocina cuando están estresados, lo hacen en cantidades mucho menores. Ellos reaccionan a su estrés enfrentando la situación, o evitándola si resolverla resulta demasiado difícil (pelear o huir). Las mujeres tienen más probabilidades de enfrentar el asunto. Cuidarán a sus allegados, creando y manteniendo al mismo tiempo redes sociales para reducir o eliminar la situación estresante (atender y amistar). Las acciones instintivas de atender y amistar producen oxitocina en las mujeres, en tanto que las actividades de pelear o huir reabastecen de testosterona a los hombres.

Pero si bien el cortisol es un detonador importante y útil de la respuesta corporal al estrés, es importante que la respuesta de relajación del cuerpo sea activada de tal modo que las funciones físicas puedan volver a la normalidad después de un suceso estresante. Desafortunadamente, en la cultura actual de alto estrés, la respuesta física a él se activa tanto que el cuerpo no siempre tiene opción de volver a la normalidad, lo que resulta en un estado de estrés y ansiedad crónicos.[4]

La tendencia de una mujer es hacia actividades productoras de oxitocina que disminuyen su cortisol y reducen su estrés; pero cuando no puede participar en actividades de colaboración satisfactorias en el trabajo o no tiene tiempo suficiente para atender sus relaciones sustentadoras en casa, su estrés y ansiedad aumentarán más allá de su capacidad para producir una respuesta de relajación.

Los estudios han demostrado que los niveles de cortisol de las mujeres en el trabajo tienden a ser dos veces más altos que los de los hombres, mientras que en casa son cuatro veces más altos, una demostración más de la necesidad de armonía en la vida laboral-personal.[5]

"La pérdida de relaciones para las mujeres y el desempeño deficiente para los hombres suelen ser los principales estresores de cada sexo", afirma el psicólogo Carl Pickhardt. "Dado que la autoestima femenina suele basarse en la suficiencia de las relaciones y la masculina en la suficiencia del desempeño, la sobredemanda e insuficiencia" del cuidado de uno mismo afecta de manera diferente la salud mental y física de cada género.[6]

Una mujer está en riesgo de permitir que las necesidades ajenas la lleven al límite al subordinar las suyas a la satisfacción de aquéllas. Los hombres, por su parte, permiten que el reto y la competencia los lleven al límite. Un hombre tiende a permitir que lo consuman los esfuerzos de un rival o la agenda de su empleador, lo que le hace perder concentración en sí mismo y preocuparse por cumplir sus objetivos. Así, se sentirá obligado a llevar su trabajo a casa.

La armonía comienza por uno mismo

Cuando realizamos talleres sobre armonía en la vida laboral-personal, hacemos preguntas a hombres y mujeres para que identifiquen y expresen sus roles de vida. Ellas identifican invariablemente todos sus roles, y los formulan como responsabilidades para con los demás, así sean hijas, hermanas, amigas, esposas, madres o empleadas. Un rol de vida siempre ausente en la lista de las mujeres de cualquier país es el de "yo".

Es muy importante comenzar con uno mismo, porque cuando estás bien y en condiciones óptimas, puedes dar más a los demás. Es como cuando las sobrecargos piden a los adultos que viajan con niños que primero se pongan sus mascarillas de oxígeno y después ayuden a los niños a ponerse las suyas. Tienes que practicar el cuidado de ti para poder cuidar de otro, de la misma manera en que tienes que amarte y valorarte para poder amar a otro.

Al parecer, los hombres rara vez tienen problemas para identificarse a sí mismos en su lista de roles y responsabilidades de vida. Dicen, por ejemplo: "Tengo un compromiso previo", sin revelar todos los detalles al respecto. ¡Tal vez tengan que llevar a su hijo al futbol! No sienten la necesidad de justificarse al decir "Me tengo que ir", "Lo veré mañana a primera hora" o "No puedo hacerlo hasta la semana próxima".

Ya sea por sentido de responsabilidad, orientación a los demás o culpa, una mujer suele sentir la obligación de explicarse, y enlistará todos los detalles del motivo de que deba irse, o no pueda ocuparse de algo hasta el día siguiente, o tenga que dejarlo para la semana venidera.

Una mujer pierde sin querer el respeto en el mundo de los hombres al sentir la necesidad de justificar sus actos, mientras que un hombre simplemente declara su intención.

"¡Hola, tengo ocupado 98.5% de mi tiempo!"

Los despachos jurídicos tienen una cultura interesante. Todo gira alrededor de las horas por cobrar. Los socios con más horas por cobrar son los triunfadores, al servicio de los clientes más grandes y prestigiosos.

Al trabajar con un importante despacho jurídico, nosotros realizamos talleres y entrevistas personales con varios de sus socios para conocer las diferencias de género en el trabajo y el éxito en esta cultura. Nos enteramos entonces de que los abogados anunciaban sistemáticamente más horas por cobrar que las abogadas. Cuando preguntamos por qué, ellas parecieron coincidir en esto: "Tendemos a examinar en exceso nuestra facturación, preguntándonos si las horas que estamos cobrando pueden considerarse cobrables en verdad".

Los hombres tenían una postura distinta. Un abogado interesado en participar en nuestras encuestas se presentó de esta forma, con tono de orgullo: "Hola, tengo ocupado 98.5% de mi tiempo y me llamo Richard". Otro llegó al extremo de decir: "¡A un cliente le cobro hasta el tiempo que dedico a pensar en él!".

Dos abogadas a las que entrevistamos pusieron un despacho en Europa meses después. Un artículo sobre su modelo de negocios atrajo a importantes abogadas de diferentes bufetes de Europa y Estados Unidos, cansadas de trabajar tanto tiempo y de tener que justificar constantemente su facturación.

"Es molesto y vergonzoso tener que cobrar horas, y hasta minutos", dijeron. "Nosotras descubrimos otro método: precio por bloque. El consejo de administración determina el tiempo y recursos necesarios para manejar un caso específico, y cobramos al cliente la suma resultante por ese servicio particular. Los márgenes suelen favorecer al cliente, pero su lealtad creció y el número de clientes aumentó."

El modelo de horas cobrables tendía a marcar distancias con los clientes. Con el precio en bloque, ellos se sienten bien tratados. Saben de antemano cuánto pagarán, sin cobros sorpresa. Las abogadas descubrieron, asimismo, que podían dedicar tanto tiempo y atención a las necesidades de sus clientes como fuera preciso, sin tener que ver el reloj. Su atención pasó de medir el tiempo a aportar valor.

"¡Nunca comprarán esto!"

Miki, ejecutiva asiática que trabaja en Londres, me cuenta lo siguiente:

–Tengo dos vicepresidentas bajo mis órdenes, y ambas son brillantes, pero quieren dejar la organización porque no tienen suficiente equilibrio de vida laboral-personal. Dada la situación de su vida personal (una tiene preadolescentes, la otra un padre anciano), quisieran trabajar medio tiempo en condiciones poco ordinarias, pero no creen que se apruebe.

Yo le pregunto:

–¿Te has imaginado cómo vas a decírselo a tu jefe?

Ella responde:

–Sí. Voy a preguntarle si esas dos vicepresidentas pueden compartir su puesto. Esto no se ha hecho nunca, pero sería muy útil para retenerlas.

Le digo:

–Tienes que formular la petición de tal manera que un hombre la entienda y considere valioso el arreglo. Él ya sabe que esto beneficiará a esas dos mujeres. Necesita ver resultados, y entonces estará abierto a las formas más efectivas y eficientes de obtenerlos. Piensa en presentar este asunto como una idea innovadora no sólo para retener a talento de alto nivel, sino también para crear más recursos de servicio al cliente y eficiencia de costos para la compañía.

Semanas después, Miki me llama para contarme que su reformulación de la idea del puesto compartido como una mejora de desempeño permitió que aquellas dos mujeres recibieran vicepresidencias de medio tiempo. "Nunca se me habría ocurrido formular las cosas como tú me lo sugeriste. Yo le habría pedido ayuda a mi jefe para dar cabida a esas dos mujeres en vez de presentarle todo como un acierto. Éste es ya ahora un nuevo modelo para retener y atraer talento clave, sumando fuerzas para ser aún más eficaces con el cliente y pagar menos en sueldos. Hasta los hombres se interesan ya en este modelo."

"¿Cómo puedo tenerlo todo si ella no pudo?"

Antes de pronunciar un discurso frente al personal de un gran banco de inversión, fui invitada al chat room en línea de la compañía, donde blogueaban mujeres de entre veinticinco y treinta y cinco años de edad: "No puedes tener vida y carrera. Lee lo que dice esta ejecutiva en su artículo *No puedes tenerlo todo*".

La autora de dicho artículo admitía, para mujeres menores y mayores por igual, que es imposible seguir una carrera y tener vida personal al mismo tiempo, porque las mujeres hacen mucho más que los hombres y tienen mucho menos equilibrio de vida laboral-personal. Así pues, añadía, ella se daba por vencida, porque no podía tener la carrera que quería y la vida personal que deseaba en forma simultánea. Otra bloguera resumió su respuesta de esta forma: "¿Cómo puedo tenerlo todo si ella no pudo?".

Ella *puede* tenerlo todo. ¡Pero no tiene por qué hacerlo todo!

La vida laboral y la personal siempre estarán en competencia para las mujeres que buscan equilibrio en lugar de congruencia.

Una mujer *puede* ser tan ambiciosa como quiera, tener una carrera exitosa de la que pueda enorgullecerse y tener una vida personal que le dé dicha y satisfacción, sea soltera o casada, con hijos u otras personas bajo su cuidado o sin ellos.

"Ella puede tenerlo todo pero no tiene por qué hacerlo todo" es el gran mensaje que deseamos transmitir a las mujeres en este capítulo, una idea valiosa para una joven generación en el proceso de planear o consolidar su carrera.

Una mujer nunca "lo tendrá todo" si no deja de poner primero a los demás, nunca dice "no" o "después" y jamás cuida de sí misma, todo por complejo de culpa. La culpa acrecienta el estrés, y cuando los niveles de estrés de una mujer aumentan, surge la lista interminable de cosas por hacer por los demás. Las mujeres tienden a ponerse al final de esa lista.

¿Por qué van a cocteles después del trabajo o se quedan despiertas toda la noche al viajar con asociados? Los hombres no tienen empacho ni culpa en decir: "Quiero descansar. Ustedes diviértanse, muchachos". Esto no es algo personal, ni ellos suponen que otro se molestará si le dicen: "¡Nos veremos después!".

A muchas mujeres se les condiciona de jóvenes a creer que son egoístas si piensan en ellas y no en los demás. Establecer relaciones requiere empatía, dar tiempo y atención, y recibirlos a cambio después. En realidad, practicar el cuidado de sí tiende a reducir el estrés de una mujer y le permite pensar mejor. Le da la sensación de que no está sola y de que está apoyada y vinculada, lo que a la larga la vuelve más valiosa para los demás.

El lado personal de la vida

Muchos creen que el tiempo de calidad con los hijos ocurre sobre todo cuando hay cantidad de tiempo. La idea es: "Cuanto más tiempo tengo, hay más posibilidad de tiempo de calidad". Numerosos padres tienen mucho tiempo, pero no se entienden lo suficiente ni en forma memorable con sus hijos. Aparecer, estar siempre ahí o participar en todo no resulta necesariamente en tiempo de calidad.

Hubo un tiempo en que las familias estaban fundamentalmente en la granja y los hijos trabajaban cerca de sus padres y adoptaban su ética y valores. Veían cómo mamá y papá lidiaban con las situaciones y reaccionaban a los problemas, e incluso uno a otro: cómo mamá apoyaba y papá mostraba afecto. Los hijos estaban muy cerca de los padres casi todo el día en sus primeros años de desarrollo, hasta la adolescencia.

Hoy nuestros hijos asimilan los valores de sus maestros y compañeros de escuela. Muy a menudo, el abusivo del patio es el que ejerce el principal efecto en nuestros hijos, y cuya aprobación buscan.

Dado que en la actualidad ambos padres trabajan, tenemos que adaptarnos a las circunstancias desarrollando mejores habilidades de comunicación. Los adultos deben aprender a escuchar a sus hijos. Involucrarlos en la conversación les ayuda a sentirse seguros y motivados a hablar de cómo les fue en el día. Todavía podemos inculcarles nuestros valores a nuestros hijos si simplemente los escuchamos y reforzamos los momentos especiales en común.

Pregunta a los adultos qué es lo que más recuerdan de su infancia y te hablarán de sucesos centrados en una tradición o ritual de familia. La comida familiar, una reunión en un día festivo o incluso la rutina nocturna de buscar objetos en un libro antes de dormir son todos ellos acontecimientos memorables en la mente de un niño.

Los niños la pasan mucho mejor en hogares con rituales establecidos y preservados, aun de cara a problemas perturbadores como el divorcio o el alcoholismo. Cuando miembros de la familia se enojan entre sí, los rituales diarios pueden reconciliarlos y sentar las bases para resolver problemas.

Los rituales familiares favorecen la identidad de un niño, brindan estabilidad y calma en momentos de estrés y forjan lazos perpetuos entre generaciones, de hijas con su madre y su abuela. La rutina establece tantos aspectos de vivir sanamente, buenos hábitos y buena conducta que aun la estructura más frágil es valiosa para un niño, pues genera recuerdos positivos y una sensación de armonía.

Epílogo
Mujeres y hombres inteligentes que trabajan y ganan juntos

C uando cada uno de los autores de este libro inició su práctica profesional hace treinta años, estaba resuelto a ayudar a mujeres y hombres a hallar más comprensión y éxito en su vida de trabajo, lo mismo que a ayudarles, como parejas y padres, a hallar mayor comprensión, confianza y significado en su vida personal.

Aunque cada uno de nosotros siguió una ruta distinta, nos unía la creencia de que la inteligencia de género —entender, reconocer y valorar las diferencias de género— aumentaría la satisfacción profesional y personal de hombres y mujeres de todo el mundo.

Cuando nos conocimos, en 2009, supimos que nuestra confluencia y común redacción de este libro sería emblemática del deseo de hombres y mujeres no sólo de comprender y ser comprendidos en el trabajo y el hogar, sino también de hallar más armonía entre su vida laboral y personal; en otras palabras, de lograr que estas dos vidas coexistan en vez de competir entre sí. Entendimos que este reto incesante requería aún más comprensión y cooperación entre mujeres y hombres, una consideración mutua que sólo podía proceder de la inteligencia de género.

Al mirar adelante, no podemos sino imaginar cómo sería el mundo si estuviera lleno de hombres y mujeres —de todos los niveles de liderazgo y toda condición en la vida— dueños de inteligencia de género. ¿Qué pasaría si nos entendiéramos, reconociéramos y valoráramos tanto y tan genuinamente unos a otros que los hombres pudieran hablar por las mujeres y ellas por ellos?

Imagina el espíritu de colaboración, creatividad y productividad que existiría en los negocios en el mundo entero. La participación de mujeres sumamente instruidas pero subutilizadas tendría un impacto económico asombroso, en particular en países que enfrentan déficit de talento porque su cultura tradicional subestima a las mujeres y las relega a roles convencionales.

Imagina a parejas viviendo relaciones satisfactorias y encontrando más amor gracias a una mayor comprensión y apreciación mutuas. Imagina a madres y padres con inteligencia de género siendo mejores padres para sus hijas e hijos, contribuyendo a formar hijos cooperativos, seguros y compasivos y dándoles la libertad y dirección necesarias para expresar su yo auténtico.

Imagina a gobiernos trabajando juntos para encontrar vías de paz y prosperidad mediante un diálogo mejor. Imagina a líderes de países trabajando por poner fin de una vez por todas a la mutilación y matanza de sus niñas y la opresión de sus mujeres.

No es ilusión ni idealismo pensar que mujeres y hombres, trabajando juntos, pueden hacer un mundo mejor. Esto es lo que nosotros caracterizamos como inteligencia de género: hombres y mujeres que ven el mundo con los ojos de la otra parte, cuya perspectiva valoran.

Fortaleza en la diferencia

Las grandes mentes no siempre piensan igual; a menudo piensan diferente. ¡Pensar diferente suele hacer toda la diferencia en el mundo! El cerebro de hombres y mujeres posee una fuerza tremenda en el trabajo, y es más fuerte todavía cuando unos y otras se unen. El antiguo adagio de que "El todo es mayor que la suma de sus partes" no podría ser más cierto que al aplicarse a hombres y mujeres que se unen para resolver problemas, tomar decisiones y dirigir. Nosotros concebimos el pensar diferente como un valor que las compañías dinámicas y otras organizaciones seguirán descubriendo en los cada vez más diversos centros de trabajo y el mercado global.

Muchos de los estudios que hemos presentado en este libro apuntan al hecho de que los equipos con una proporción más equilibrada de mujeres y hombres obtienen mejores resultados de innovación y efectividad. Esos estudios conductuales indican que en grupos mixtos en los que todos se sienten a gusto y todas las opiniones son escuchadas, la gente es más proclive a cuestionar las normas establecidas y a poner mejores ideas sobre la mesa.

Esto no se debe a que hombres y mujeres sean básicamente distintos o a que las mujeres sean más listas, empáticas o mejores que los hombres. Se debe a que mujeres y hombres llevan diferentes puntos de vista y experiencias a la mesa, aportando así una serie más rica de perspectivas y valores al proceso de toma de decisiones. Mientras que el estilo gerencial de los hombres es más transaccional, arriesgado y orientado a soluciones, el de las mujeres se caracteriza por ser más contextual, basarse en las relaciones y alentar y potenciar más intercambios y generación de ideas.

Los valores de las mujeres en asociación con los de los hombres mejoran la calidad de vida de los empleados al llevar al trabajo la realización personal, lo que produce beneficios aún mayores gracias a que todos son incluidos y contribuyen a su muy peculiar y auténtica manera. El modo de pensar de suma cero de "Yo gano, tú pierdes" está siendo remplazado por una perspectiva incluyente de "Ganamos". Éste es uno de los principales cambios actualmente en marcha en las corporaciones.

Otro cambio importante es la definición y práctica del liderazgo incluyente. Muchas compañías siguen operando hoy en día con base en un modelo de liderazgo del héroe, creyendo que si una organización cuenta con la persona indicada, todo estará bien. Las corporaciones que operan de este modo y no involucran a todos sus sectores internos terminarán pagándolo caro en los años por venir.

Para las compañías es muy difícil escapar a la mentalidad del siglo xx y la búsqueda del líder héroe. Pero conforme cada vez nos aventuremos más en el siglo xxi, la atención de la alta dirección pasará necesariamente de líderes resueltos en su posición y poder a los que dirigen alentando ideas; de líderes que actúan como la icónica voz externa de la compañía a los que personifican la voz unificadora y potenciadora en la empresa y detrás de todo su talento.

Las compañías multinacionales enfrentan hoy oportunidades y retos de negocios sumamente complejos e interconectados. Esas organizaciones constan de miles de empleados en docenas de países con numerosas diferencias culturales y políticas y variantes en su ética de trabajo, estructuras de reporte y metas. Ningún líder puede tener todas las respuestas a todos los problemas, retos y oportunidades que esas vastas organizaciones enfrentan.

El enfoque heroico y jerárquico del liderazgo del pasado dará paso a un estilo de liderazgo conjunto en la próxima década, el que se convertirá en el rasgo dominante del líder global en los años por venir. Las responsabilidades antes dominio de un líder se dispersarán entre otros dirigentes de la empresa y otras regiones del mundo. Ya no la fuente única de conocimiento, saber y decisión, el líder del siglo XXI será un integrador de conocimientos. El líder del futuro no será un individuo singularmente poderoso propenso a tomar decisiones en soledad. Será miembro de un equipo, deseoso de colaborar y obsesionado con generar valor a través de otros, rasgos muy parecidos a los que las líderes ya ponen sobre la mesa.

Cuando las actitudes y conductas dinámicas, eclécticas y cooperativas de las mujeres se combinan con los pensamientos y acciones sistemáticos, concentrados y orientados a resultados de los hombres, se obtiene algo que ninguno de los géneros pudo esperar alcanzar nunca por sí solo. Y de ese complemento natural puede desprenderse todo tipo de cosas asombrosas, ¡y así será!

Algún día, nuestros puntos ciegos de género serán cosa del pasado y ya no se necesitará un libro como éste. Algún día, hombres y mujeres con inteligencia de género buscarán la naturaleza auténtica de la otra parte y trabajarán y vivirán juntos en forma natural y francamente tentadora. Ésta es una meta que vale la pena alcanzar: un mundo digno de todos los hombres y mujeres, asociados y unidos.

Recursos

Solicita conferencias o seminarios de Barbara Annis y John Gray.

Organiza talleres de inteligencia de género para tu compañía u organización.

¡Los momentos de "¡ajá!" te sorprenderán!

Contesta la Global Gender Intelligence Assessment©, valiosa herramienta de autoevaluación en internet concebida para ayudarte a comprender mejor todo lo relativo al género, ser más incluyente y aumentar tu eficacia en el trabajo.

Conoce más sobre la serie de seminarios de web de *Trabaja conmigo*, ¡que ayudan a individuos y equipos a identificar sus puntos ciegos y descubrir más éxito en su vida laboral y personal!

Visita
http://www.baainc.com
http://www.marsvenus.com

Notas

1. ¿DE VERAS SOMOS IGUALES?

[1] U.S. Equal Employment Opportunity Commission, Sexual Harassment Charges, EEOC & FEPAS Combined, FY1997-FY2011.

[2] Entrevistas de género, Barbara Annis & Associates, 2005-2012.

[3] Grant Thornton International Business Report, 2010.

[4] Nicholas Kristof y Sheryl WuDunn, Half the Sky: Turning Oppression into Opportunity for Women Worldwide, Nueva York, Knopf, 2009.

[5] "Female Leadership, A Competitive Edge for the Future", McKinsey & Company, 2009.

[6] "The Strengths Revolution", Gallup Management Journal, 22 de enero de 2001.

[7] "Current Population Reports: Series P-20", núm. 373, tabla 4.

[8] "Women in Senior Management", Goldman Sachs, 2010.

[9] "For First Time, More Women than Men Earn PhD", USA Today, 14 de septiembre de 2010, usat.ly/10MHY4o.

[10] "Collective Intelligence: Number of Women in Group Lead to Effectiveness in Solving Difficult Problems", ScienceDaily, 2 de octubre de 2010, bit.ly/9HpUzs.

2. ¿LAS MUJERES QUIEREN QUE LOS HOMBRES CAMBIEN?

[1] Entrevistas de género, Barbara Annis & Associates, 2005-2012.

[2] Stephan Hamann, "Sex Differences in the Responses of the Human Amygdala", The Neuroscientist, vol. 11, núm. 4, 2005, pp. 288-293.

[3] Louann Brizendine, The Female Brain, Nueva York, Three Rivers Press, 2007, bit.ly/14cFPDV.

[4] Stephan Hamann, op. cit.

[5] Anne Moir y David Jessel, Brain Sex: The Real Differences between Men and Women, Nueva York, Dell Publishing, 1992, pp. 39-49.

3. ¿LOS HOMBRES RECONOCEN A LAS MUJERES?

[1] Entrevistas de género, Barbara Annis & Associates, 2005-2012.

[2] Towers Perrin Global Workforce Study, 2007-2008.

[3] Entrevistas de género, Barbara Annis & Associates, 2005-2012.

[4] "Women-Owned Businesses in the 21st Century", U.S. Department of Commerce, octubre de 2010.

[5] M. E. Frederikse, A. Lu, E. Aylward, P. Barta y G. Pearlson, "Sex Differences in the Inferior Parietal Lobule", 1999, bit.ly/YMbuaZ.

[6] "Male vs. Female, The Brain Differences", Columbia University, bit.ly/10TUPRb.

4. ¿LAS MUJERES SON EXCLUIDAS?

[1] Entrevistas de género, Barbara Annis & Associates, 2005-2012.

[2] "US Women Lawyers Likely to Leave Employers Three Years Earlier Than Men", HRM Guide Human Resources, enero de 2001, bit.ly/10WuAdC.

[3] Kathleen M. Mahoney, "He Said/She Said: Jurors' Perceptions of Women Advocates", The Woman Advocate, American Bar Association Section of Litigation, 1999, pp. 4-6, womenaslawyers.wordpress.com/.

[4] Ibid.

[5] Ulrike Schultz y Gisela Shaw, eds., Women in the World's Legal Professions, Oxford, Hart Publishing, 2003, pp. 41-42.

[6] Shelley E. Taylor, Laura Cousino Klein, Brian P. Lewis, Tara L. Gruenewald, Regan A. R. Gurung y John A. Updegraff, "Biobehavioral Responses to Stress in Females: Tend-and-Befriend, not Fight-or-Flight", Psychological Review, julio de 2000, vol. 107, núm. 3, pp. 411-429.

[7] Michael G. Conner, "Understanding the Difference Between Men and Women", bit.ly/ZnHXjm.

[8] Shelley E. Taylor, Laura Cousino Klein, Brian P. Lewis, Tara L. Gruenewald, Regan A. R. Gurung y John A. Updegraff, op. cit.

5. ¿LOS HOMBRES TIENEN QUE ANDARSE CON PIES DE PLOMO CON LAS MUJERES?

[1] Entrevistas de género, Barbara Annis & Associates, 2005-2012.

[2] U.S. Equal Employment Opportunity Commission, Sexual Harassment Charges, EEOC & FEPAS Combined, FY1997-FY2011.

[3] Jean Hollands, Same Game, Different Rules: How to Avoid Being a Bully Broad, Ice Queen, or Ms. Understood, Nueva York, McGraw-Hill, 2002, p. xxiii.

[4] Grant Thornton International Business Report, 2012, bit.ly/10WvJSq, 3.

[5] "The Role of Emotion in Memory", www.memory-key.com/memory/emotion.

[6] "Neuroscientists Find that Men and Women Respond Differently to Stress", ScienceDaily, 1 de abril de 2008, www.sciencedaily.com/videos/2008/0403-men_are_from_mars.htm.

[7] Larry Cahill, "His Brain, Her Brain", Scientific American, mayo de 2005, pp. 46-47.

6. ¿LAS MUJERES HACEN DEMASIADAS PREGUNTAS?

[1] Entrevistas de género, Barbara Annis & Associates, 2005-2012.

[2] Louann Brizendine, The Female Brain, Nueva York, Three Rivers Press, 2007, bit.ly/14cFPDV.

[3] Michael Gurian y Kathy Stevens, "With Boys and Girls in Mind", Educational Leadership, noviembre de 2004, bit.ly/14Yz E5A.

[4] Helen Fisher, "The Natural Leadership Talents of Women", en Linda Coughlin, Ellen Wingard y Keith Hollihan, eds., Enlightened Power: How Women Are Transforming the Practice of Leadership, San Francisco, Jossey Bass, 2005, cap. 8, bit.ly/6lBeVf.

[5] "More Female Bankers Could Have Prevented the Financial Crisis", The Grindstone, enero de 2012, bit.ly/17rG7pa.

7. ¿LOS HOMBRES ESCUCHAN?

[1] Entrevistas de género, Barbara Annis & Associates, 2005-2012.
[2] "Intelligence in Men and Women is a Gray and White Matter", *Science Daily*, 20 de enero de 2005, bit.ly/dAs59C; Molly Edmonds, "Differences in Male and Female Brain Structure", *Discovery Fitness & Health*, bit.ly/dpjXix.
[3] "Intelligence in Men and Women...", *op. cit.*
[4] Tori DeAngelis, "The Two Faces of Oxytocin", *American Psychological Association Journal*, vol. 39, núm. 2, febrero de 2008, bit.ly/pRBUMG.

8. ¿LAS MUJERES SON DEMASIADO EMOCIONALES?

[1] Entrevistas de género, Barbara Annis & Associates, 2005-2012.
[2] Stephan Hamann, "Sex Differences in the Responses of the Human Amygdala", *The Neuroscientist*, vol. 11, núm. 4, 2005, pp. 288-293.

9. ¿LOS HOMBRES SON INSENSIBLES?

[1] Entrevistas de género, Barbara Annis & Associates, 2005-2012.
[2] "Collective Intelligence: Number of Women in Group Lead to Effectiveness in Solving Difficult Problems", *ScienceDaily*, 2 de octubre de 2010, bit.ly/9HpUzs.
[3] Emily Deans, "Dopamine, the Left Brain, Women, and Men", *Psychology Today*, 17 de mayo de 2011, bit.ly/jHyog7.
[4] Schulte-Ruther, Markowitsch, Shah, Fink y Pickfe, "Gender Differences in Brain Networks Supporting Empathy", Institute of Neuroscience and Biophysics, abril de 2008, p. 1, bit.ly/YMenZw.
[5] Louann Brizendine, *The Female Brain*, Nueva York, Three Rivers Press, 2007, bit.ly/14cFPDVf.

10. MÁS CONFIANZA DE PARTE DE LAS MUJERES, MÁS CREDIBILIDAD DE PARTE DE LOS HOMBRES

[1] Entrevistas de género, Barbara Annis & Associates, 2005-2012.
[2] Susan Kuchinskas, *The Chemistry of Connection: How the Oxytocin Response Can Help You Find Trust, Intimacy, and Love*, Oakland, New Harbinger Publications, 2009, pp. 6-9.
[3] Paul J. Zak, "The Neurobiology of Trust", *Scientific American*, junio de 2008, bit.ly/K6eSG0.
[4] Louann Brizendine, *The Female Brain*, Nueva York, Three Rivers Press, 2007, p. 95, bit.ly/14cFPDV.

11. UN PUENTE ENTRE NUESTROS DIFERENTES VALORES

1. Entrevistas de género, Barbara Annis & Associates, 2005-2012.
2. Historia tomada de la página en internet de IKEA, en bit.ly/lipoz.
3. Audrey Nelson, "Can Men Play the Negotiation Game Better than Women?", *Psychology Today*, 19 de junio de 2011, bit.ly/iJ5T1W.
4. M. E. Frederikse, A. Lu, E. Aylward, P. Barta y G. Pearlson, "Sex Differences in the Inferior Parietal Lobule", 1999, bit.ly/YMbuaZ.
5. "Male vs. Female, The Brain Differences", Columbia University, bit.ly/10TUPRb.

[6] M. E. Frederikse, A. Lu, E. Aylward, P. Barta y G. Pearlson, *op. cit.*

[7] Hannah Riley y Kathleen L. McGinn, "When Does Gender Matter in Negotiation?", documento de trabajo, septiembre de 2002, p. 18, bit.ly/XDZuJU.

[8] "Female Leadership, a Competitive Edge for the Future", McKinsey & Company, 2009.

12. ALCANZAR ARMONÍA EN LA VIDA
LABORAL Y PERSONAL

[1] Employment Characteristics of Families Summary, abril de 2012, 1.usa.gov/bcyxo4.

[2] Entrevistas de género, Barbara Annis & Associates, 2005-2012.

[3] "Why Men and Women Handle Stress Differently", revisado por la doctora Brunilda Nazario, bit.ly/8Hjm8r.

[4] *Ibid.*

[5] Richard Contrada y Andrew Baum (eds.), *The Handbook of Stress Science: Biology, Psychology, and Health*, Nueva York, Springer Publishing, 2010, pp. 536-539.

[6] Carl Pickhardt, citado en el artículo de WebMD, "Why Men and Women Handle Stress Differently", bit.ly/8Hjm8r.

Índice analítico

Esta obra se imprimió y encuadernó
en el mes de julio de 2013, en los
en los talleres de Egedsa,
que se localizan en la
calle Roís de Corella, 12-16, nave 1
08206 Sabadell (España).